Recovering Couples Anonymous

Anonyme Paare in Genesung

Ein Zwölf-Schritte-Programm für Paare

RCA

Blaues Buch, vierte Ausgabe
Zweite deutsche Ausgabe

Erste Ausgabe veröffentlicht 1991

Zweite Ausgabe veröffentlicht 1992

Dritte Ausgabe, erste Auflage veröffentlicht 1996

Dritte Ausgabe, zweite Auflage veröffentlicht 2003

Vierte Ausgabe (Entwurf) veröffentlicht 2005

Vierte Ausgabe (zweiter Entwurf) veröffentlicht 2006

Vierte Ausgabe veröffentlicht 2011

Die Zwölf Schritte, die Zwölf Traditionen und die Präambel wurden angepasst und gedruckt mit Genehmigung der Alcoholics Anonymous World Service, Inc.

Die Werkzeuge der Genesung wurden angepasst und gedruckt mit der Genehmigung der Workaholics Anonymous.

Das Einigkeits-Gebet wurde gedruckt mit der Genehmigung (1993) der Authorin Rosanne S. In Overeaters Anonymous wird es „Das OA-Versprechen" genannt.

Die Abdruck der Abschriften der Gastansprachen, die adaptierte Fassung des Gelassenheitsgebets sowie die Tagesmeditationen Eins bis Dreißig erfolgt mit Erlaubnis von Dr. Patrick J. Carnes.

Erste deutsche Ausgabe veröffentlicht 2018 mit Genehmigung der World Service Organization (WSO) der Recovering Couples Anonymous, Inc. (Rechteinhaber) Alle Rechte vorbehalten. © 2019

Zweite deutsche Ausgabe veröffentlicht 2019

Übersetzung ins Deutsche: Übersetzungsteam der deutschen RCA-Gemeinschaft

Erschienen im Verlag tredition GmbH, Halenreie 40-44, 22359 Hamburg

ISBN: 978-3-7469-9127-6
         978-3-7469-9128-3
         978-3-7469-9129-0

RCA - genehmigte Literatur

Inhalt

Kapitel I   11

Eine Einladung zur Genesung

Kapitel II   23

Ein Leitfaden für die 12 Schritte von RCA

Kapitel III 53

RCA-Gruppen und -Meetings

Kapitel IV   109

Heilung für Paarbeziehungen

Kapitel V   125

Paar-Geschichten

Kapitel VI   173

52 Tagesmeditationen für Paargenesung

Kapitel VII   239

Gastansprachen

Anhang

Einführung in die vierte Auflage

Seit dem Druck der dritten Auflage von Recovering Couples Anonymous (Anonyme Paare in Genesung) ist unsere Gemeinschaft weiter gewachsen und hat sich bewährt. Wir haben nun eine Webseite, über die noch leidende Paare wesentlich leichter RCA und ein Meeting in ihrer Nähe finden können. Wie bei den meisten anderen Zwölf-Schritte-Gemeinschaften gab es bei RCA auch ein paar „Wachstumsschmerzen". So wie Schmerz viele von uns überhaupt ins Genesungsprogramm brachte, so kann Schmerz auch ein Antrieb für die RCA-Gemeinschaft sein, sich zu einer gesunden und blühenden Organisation zu entwickeln, die noch leidenden Paaren die Botschaft der Hoffnung und Genesung weitergeben kann.

Seit 2005 hat RCA die Genehmigung, die Zwölf Schritte, die Zwölf Traditionen und die Präambel der Anonymen Alkoholiker in der Form zu verwenden, wie sie in dieser Auflage gedruckt wurden. Die neue vierte Auflage des Blauen Buchs wurde geschrieben, um bisherige RCA-Erfahrungen einfließen zu lassen und eine Auswahl von RCA-Gruppengewissen aus der RCA-Gemeinschaft aufzunehmen. Der Entwurf des Buchs wurde der RCA-Gemeinschaft vor der Jahrestagung im Jahr 2005 vorgestellt, so dass die Teilnehmer es in die RCA-Gemeinschaft tragen konnten. Den Entwurfsauflagen waren Fragebögen beigefügt, des weiteren wurde eine Webseite mit Fragen erstellt. Über die Fragebögen und die Webseite wurden Rückmeldungen der Gemeinschaft gesammelt, in wie weit die vierte Auflage die Erfahrung, Kraft und Hoffnung der Gemeinschaft wiedergab.

Die gesammelten Daten dienten dazu die ersten Entwürfe zu verändern. Dieses Vorgehen wurde wiederholt. Es gab umfangreiche Änderungen an diesem Entwurf, bevor er nochmals der Gemeinschaft vorgelegt und von ihr freigegeben wurde. Zum ersten Mal haben wir ein Blaues Buch vorliegen, das von der gesamten RCA-Gemeinschaft genehmigt worden ist.

Vorwort

„Die einzige Voraussetzung zur Zugehörigkeit ist der Wunsch, in einer verbindlichen Beziehung zu bleiben.“

Wir gehören zur Gemeinschaft der Anonymen Paare in Genesung (RCA). Einige von uns begannen ihre Zwölf-Schritte-Genesung in RCA, aber viele von uns hatten in unseren individuellen Programmen den Genesungsweg angefangen und merkten, dass wir nicht länger in der alten dysfunktionalen Beziehung mit unseren Partnern leben konnten. Viele von uns trennten sich oder standen kurz vor einer endgültigen Trennung oder Scheidung. Da wir unsere Partner nicht verlassen wollten, suchten wir nach Möglichkeiten, um unsere Paarbeziehungen zu heilen. In RCA lernten wir auf neue Art und Weise miteinander zu sein und neue Wege um Probleme zu lösen. Wir haben ganz neue Ebenen der Intimität entdeckt.

Wir haben das Bedürfnis, das Programm mit anderen zu teilen. Dieses Buch enthält Anregungen, denen wir in der Genesung gefolgt sind. Wir veröffentlichen sie, um anderen Hoffnung zu geben. Wir weisen ausdrücklich darauf hin, dass dies kein Kochbuch oder Selbsthilfe-Buch ist, das man alleine benutzt. Wir raten davon ab, dieses Programm alleine anzugehen. Den meisten von uns wurde dadurch geholfen, dass sie mit anderen zusammenarbeiteten. Wir haben die Schritte mit einem Sponsorpaar gearbeitet oder zumindest in einem unterstützenden Rahmen mit Menschen, die das Programm kennen. Wir besuchten RCA-Meetings und gaben unsere Erfahrungen an andere weiter, übernahmen Dienste oder wurden selbst Sponsoren. Wir betrachten dieses Buch als einen Ratgeber, eine allgemeine Beschreibung, wie wir selbst unsere Paarbeziehungen verbessert haben. Wir hoffen, dass auch ihr Genesung für eure Paarbeziehungen findet.

Vorwort der Übersetzer

Dankbar stellen wir euch hier die RCA Grundlagentexte in deutscher Sprache vor. Wir folgten bei der Übersetzung dem Ziel, original-treu zu bleiben und einen verständlichen, gut lesbaren deutschen Text zu erhalten.

Nach langem Abwägen haben wir uns dazu entschlossen, zu Gunsten von Verständlichkeit und Lesbarkeit auf die geschlechterspezifische Schreibweise zu verzichten. Anstelle von „Partner bzw. Partnerin" haben wir es bei „Partner" belassen in dem Verständnis, dass es sich um den „Menschen an meiner Seite" handelt und der Partner sowohl männlich wie auch weiblich sein kann.

Wir möchten an dieser Stelle auch allen RCA Paaren danken, die mit ihrem großen Engagement den englischen Originaltext erstellt und publiziert haben.

Der Weg der Genesung ist selten linear. Möge dieses Buch Euch als Paar auf Eurer Genesungs-Reise helfen.

Euer RCA Übersetzungs-Team

Kapitel I

Eine Einladung zur Genesung

Wer sind wir?

Wir – das sind Paare, die sich verpflichtet haben, in unseren Partnerschaften wieder aufrichtige Kommunikation, gegenseitige Fürsorge und mehr Intimität zu erleben. Wir haben viele Probleme, von denen wir einige identifiziert haben, andere aber nicht; manche wurden aufgearbeitet, andere nicht. Die Gebrochenheit in unseren Partnerschaften hat sich auch unterschiedlich stark ausgewirkt. Viele von uns hatten sich getrennt oder standen kurz vor der Scheidung. Andere sind neue Partnerschaften eingegangen und versuchen nun, gemeinsam wieder Intimität herzustellen. Wir alle haben Heilung bei *Recovering Couples Anonymous* (RCA) gesucht.

Wir alle haben zwar zahlreiche Beziehungen, aber nur eine einzige Partnerschaft: Wir haben uns auf diesen einzigen Partner beschränkt, um unsere körperliche, emotionale, sexuelle und spirituelle Liebe voll auszudrücken. Wir versuchen, diese besondere Art von Liebe anzuerkennen, indem wir mit unserem Partner spontan sind. Leicht kann es passieren, dass man von der Arbeit, den Kindern, alternden Eltern und anderen Ablenkungen so in Anspruch genommen wird, dass man den Partner vernachlässigt. Vielleicht denken wir, später immer noch Zeit füreinander zu haben und schenken dem Partner heute nicht die Aufmerksamkeit, die sie oder er verdienen. Eine fürsorgliche, gesunde Beziehung braucht aber regelmäßig unsere Aufmerksamkeit, um auf bestmögliche und zufriedenstellende Weise zu funktionieren. Wenn wir unserer Liebe die volle Aufmerksamkeit schenken, können wir möglicherweise eine Freude erleben, wie wir es niemals für möglich gehalten hatten.

Unsere Geschichte

RCA – *Recovering Couples Anonymous* – wurde im Herbst 1988 in Golden Valley, Minnesota, gegründet. Eine Reihe von Paaren nahm an einem Programm mit Namen „Wir kamen zu dem Glauben..." teil, mithilfe dessen die *Zwölf Schritte* in intimen Beziehungen durchgearbeitet werden. Unabhängig davon bildeten sich gleichzeitig RCA-Gruppen in Kalifornien. Die Paare in diesen Gruppen entdeckten allmählich, dass das gleiche *Zwölf-Schritte-Programm,* das ihnen geholfen hatte, sich individuell von diversem Suchtverhalten zu befreien, auch half, ihre Partnerschaft zu heilen.

Unsere Schritte und Traditionen begründen sich auf denjenigen der *Anonymen Alkoholiker* und sind von diesen abgeleitet. Die Minneapolis-Gemeinschaft überarbeitete die *Zwölf Schritte*, die *Zwölf Traditionen*, *Wie es funktioniert* und die *Versprechen* mit Blick auf Partnerschaften und deren Probleme. Dort entwickelte man auch einen Meetingsleitfaden und eine Liste von Kennzeichen für eine dysfunktionale Beziehung.

RCA-Gruppen finden sich in vielen Städten der Vereinigten Staaten, in Kanada und Europa, und sie breiten sich langsam auch in anderen Ländern aus. RCA-Gruppenmeetings sind im *Internationalen Meeting Directory* der RCA auf der Website www.recovering-couples.org aufgeführt.

Die *World Service Organization* (WSO) dient als Anbindungsstelle für alle Gruppen und als Freigabestelle für neue Materialien. Alljährlich wird ein Internationaler RCA-Kongress abgehalten. Der Sitz der WSO befand sich ursprünglich in Minnesota, wurde später nach St. Louis, Missouri, verlegt und anschließend, im Jahr 2000, nach Oakland, Kalifornien. 2009 wurde das WSO-Hauptquartier zu einem „virtuellen" Zentrum umgewandelt.

Wer kommt zur RCA?

Die folgenden Profile sind typisch. Wenn irgend eine dieser Eigenheiten in Eurer Partnerschaft Probleme verursacht, dann seid Ihr am richtigen Ort um Hilfe zu finden: Einige von uns verwechseln die Verstrickung mit dem Partner und vollständige Abhängigkeit mit Verliebtsein. Andere wandten sich an RCA weil sie in einer Konfliktsituation völlig außer Kontrolle geraten. Viele glaubten, es sei sicherer, mit anderen Menschen zusammen zu sein, statt allein und intim mit unserem Partner. Nicht alle Paare haben alle diese Probleme, doch den meisten sind einige davon vertraut. Vielleicht ist eines davon die Ursache für das Leid, das Euch zu RCA führte. Sollte das der Fall sein, dann seid Ihr hier richtig und die Schritte und Werkzeuge von RCA können Euch helfen.

Die folgenden Zitate stammen von RCA-Paaren. Falls Ihr Euch mit der einen oder anderen Aussage identifizieren könnt, kann Euch RCA Hoffnung und Hilfe bieten.

„Wir glaubten, in allem die gleiche Meinung haben zu müssen. Wir glaubten, an den gleichen Dingen Spaß haben zu müssen und dass wir alle Interessen teilen müssten. Zusammen unglücklich zu sein schien sicherer als Alleinsein. "

„Wir fanden es sicherer, uns über Kleinigkeiten zu streiten, statt unsere wahren Gefühle über größere Probleme auszudrücken. Es war leichter, dem Partner Vorwürfe zu machen, statt selbst Verantwortung zu übernehmen. "

„Wir befürchteten, verlassen zu werden, wenn wir den Partner wissen ließen, wie wir wirklich sind – was wir getan haben, was wir empfanden und dachten. Entweder vermieden wir unsere Probleme, oder wir glaubten, allein für die Lösung dieser Probleme verantwortlich zu sein, die wir als Paar hatten. Es war leichter, Gefühle hinter zwanghaftem Verhalten zu verbergen (oder sie zu betäuben), statt sie auszudrücken.

„Wir fanden es schwer, um das zu bitten, was wir brauchten, individuell und als Paar. Wir gingen mit Konflikten um, indem wir überhaupt nicht stritten. Wir glaubten, dass sexueller Kontakt Intimität bedeutet."

„Wir hatten vergessen, spielerisch zu sein und zusammen Spaß zu haben. Wir schämten uns als Paar. Wir sorgten uns, dass wir gesellschaftlich nicht akzeptabel und schlechte Eltern wären."

„Der Vergleich einer Partnerschaft mit einem Tanz hilft uns, unsere Interaktionen einzuschätzen. Bei einem Tanz haben mein Partner und ich unsere jeweiligen Schritte, ob beim Tango oder einem Tanz der Vermeidung, der Wut oder der Verleugnung. Um diesen Tanz zu ändern, braucht einer von uns nur einen einzigen Schritt zu ändern – individuell oder als Paar."

Unsere Philosophie

RCA ist ein Mittel zur Genesung und kein Selbstzweck. RCA existiert, um gegenseitige Fürsorge, Kommunikation und Intimität zu fördern. Eine erfolgreiche Formel von RCA lautet: Meine individuelle Genesung plus deine individuelle Genesung plus unsere Paargenesung ergeben eine gesunde und genesende Partnerschaft. Alle drei sind wichtige Faktoren für die Gelassenheit, die Stabilität und die Intimität, nach der wir streben.

Um überhaupt in einem *Zwölf-Schritte-Programm* erfolgreich zu sein, musst Du ein Minimum an Arbeit einbringen. Bei den AA bleibst Du nüchtern, bei OA abstinent, bei NA bleibst Du clean, und bei RCA *bleibst Du verbindlich.* Diese Verpflichtung, die Beziehung nicht zu verlassen, selbst wenn wir es notwendig finden, voneinander getrennt zu leben, bildet die Grundlage, mit der wir als Paar reifen können.

Wir glauben, dass eine Partnerschaft ständige gegenseitige Fürsorge und Achtsamkeit erfordert. Es ist wichtig, dass beide Partner die Verantwortung für die Probleme und die Reifung der Partnerschaft übernehmen – und weiterhin, dass jeder die individuelle Genesung als einen wichtigen Faktor bei der Genesung der Partnerschaft anerkennt.

Unsere Philosophie schließt auch das Bedürfnis ein, die Partnerschaft als eine *Einheit* zu betrachten, die *unabhängig* und *separat* von der individuellen Genesung existiert. Diese „Einheit" oder „Partnerschaft" ähnelt einem kleinen Kind, das von beiden Eltern gehegt werden muss (den beiden Mitgliedern der Partnerschaft), und sie braucht die gleiche Fürsorge und Zuwendung wie jeder einzelne Partner. Als Paare brauchen wir Meetings, Sponsoren, Dienst und ein *Zwölf-Schritte-Programm*.

Beim Genesungsprozess der Partnerschaft entsteht ein Gefühl von Hoffnung. Wir entwickeln neue, gesunde Verhaltensweisen und begegnen einander mit mehr Respekt. Wir beginnen, uns selbst zu vergeben und gehen die Zukunft positiv an. Wir glauben, dass die Heilung beginnt, wenn wir uns anfangs verpflichten, *gemeinsam* zu genesen. Für viele von uns wird dieses Datum zu einem zweiten Jahrestag.

Schlüsselbegriffe für dieses Programm sind Ehrlichkeit und persönliche Verantwortung. Vor der Genesung fühlten sich viele von uns nicht gut mit sich selber und machten andere Menschen oder Umstände dafür verantwortlich– gewöhnlich unseren Partner. Wir konzentrierten uns darauf, wie wir unseren Partner ändern wollten, statt zu erkennen, wie sehr wir uns selbst ändern mussten. Dem Partner wurde regelmäßig die Schuld zugeschoben. Mit der Durcharbeitung der *Zwölf Schritte* von RCA erkannten wir bald, dass wir die Ursache unserer eigenen Probleme waren. Wir konnten uns nur selbst ändern, und wir mussten uns ändern, wenn wir uns besser fühlen wollen. Wir mussten den Prozess, stets dem Partner die Schuld zuzuweisen, umkehren, indem wir die Verantwortung für das eigene Verhalten übernahmen. Wir erleben Ausrutscher und Rückfälle, wenn wir uns weigern, die Verantwortung für unser Verhalten, nämlich anderen die Schuld zuschieben zu wollen, anzunehmen und das Programm nicht gemeinsam durcharbeiten. Gewöhnlich merken wir es, wenn wir rückfällig werden, denn wir distanzieren uns vom Partner. Viele von uns ziehen sich dann zurück oder betäuben sich auf verschiedene Weisen, wie wir es seit unserer Kindheit kennen. Diese Distanziertheit kann zu Rückfällen in unserer individuellen Heilung führen, denn wir kehren zu den alten Bewältigungsstrategien zurück. Doch selbst wenn diese Rückfälle beim individuellen Programm gewöhnlich auch Auswirkungen auf die Partnerschaft haben, so müssen sie nicht auch zu einem

Ausrutscher in der Genesung der Partnerschaft führen – solange wir ehrlich bleiben.

Im RCA-Programm lernen wir, uns unseren Problemen als Paar zu stellen. Wir lernen, unsere wahren Gefühle auszudrücken – auch wenn es um wichtige Themen geht. Wir lernen, auf faire Weise zu streiten. Einige von uns setzen einen Vertrag für faires Streiten auf, der hilft, einen Konflikt respektvoll auszutragen (im Anhang findet sich ein Beispiel für einen solchen Vertrag, S. 289-291)

Wir erkennen und brechen die Muster des dysfunktionalen Verhaltens, die wir in unserer Herkunftsfamilie lernten. Wenn wir durch die *Schritte*, *Werkzeuge* und *Traditionen* in unserer Partnerschaft wachsen, lernen wir, wieder spielerisch zu sein und gemeinsam Spaß zu haben und auf uns als Paar stolz zu sein.

Die RCA Philosophie als Text zum Lesen in der Gruppe

In RCA glauben wir, dass eine Partnerschaft genau wie ein Säugling die ständige Fürsorge und Achtsamkeit beider Partner braucht. Es ist wichtig, dass beide Partner die Verantwortung für die Probleme oder die Entwicklung der Beziehung annehmen und darüberhinaus beide die eigene Entwicklung und individuelle Genesung als essentielle Faktoren für die Genesung der Partnerschaft erkennen.

In RCA stellen wir uns das Leben in einer Partnerschaft als einen dreibeinigen Schemel vor: Verbindlichkeit, Kommunikation und Fürsorge. Alle drei sind wichtige „Standbeine" für die Gelassenheit, Stabilität und Intimität, die wir alle suchen. Die Standbeine können auch unsere individuelle Genesung symbolisieren, die Genesung unseres Partners und die Genesung unserer Partnerschaft.

Wir alle bringen Themen aus der Herkunftsfamilie sowie unsere Geschichte von vergangenen Beziehungen mit. Wir haben beim Heranwachsen vielleicht nicht bekommen, was wir brauchten – emotional, körperlich, geistig oder spirituell. Vielleicht kam körperlicher, sexueller, spiritueller oder emotionaler Missbrauch vor. Vielleicht wurde man verlassen oder vernachlässigt. Wir bringen unser „Gepäck" mit in die Partnerschaft, so dass wir mit Erinnerungen an vergangene Verletzungen, Fehlverhalten und gebrochene Versprechen fertig werden müssen. Vielleicht der destruktivste Aspekt einer ungesunden Beziehung ist es, unserem Partner die Schuld dafür zuzuschieben. Andere zu beschuldigen wird so sehr zur zweiten Natur, dass wir uns dessen oft gar nicht bewusst sind.

Wir sind beide gleichermaßen für das Fehlen der Intimität zwischen uns verantwortlich. Sobald wir unsere Verantwortung übernehmen, sind wir bereit für die RCA-Genesung. Jeder Partner muss sich so verhalten, als würde er 100% der Verantwortung für Intimität in der Partnerschaft tragen, denn wir können nur uns selbst ändern und sicherlich nicht unseren Partner.

Ohne Hilfe werden unsere Wut, unsere Verletzlichkeit und unser Misstrauen zu viel für uns. Bei RCA-Meetings lernen wir, wie das Programm funktioniert, wie wir die *Zwölf Schritte* gemeinsam als Paar üben und wie wir alte, dysfunktionale Verhaltensmuster durch gesündere Verhaltensweisen in der Beziehung ersetzen. Die *Schritte* lehren uns, unser „Gepäck" unter die Lupe zu nehmen und den Prozess der Schuldzuweisung umzukehren. Wir gingen diese *Schritte,* die als Genesungsprogramm vorgeschlagen werden (Lest *Die Zwölf Schritte* der RCA, Seite 65).

Merkmale funktionaler und dysfunktionaler Paare

1. **Dysfunktional**: Zusammen zu sein und dabei unglücklich zu sein ist sicherer als Alleinsein.

   Funktional: Alleinsein wird als bequem empfunden, doch zusammen zu arbeiten kann uns mehr Freude und Glück bringen. Wir sind zusammen, weil wir zusammen sein wollen.

2. **Dysfunktional**: Es ist sicherer, mit anderen zusammen zu sein anstatt allein und intim mit dem Partner.

   Funktional: Allein und intim mit dem Partner sein wird zunehmend sicher, denn wir lernen, offen und aufrichtig zu sein.

3. **Dysfunktional**: Wenn wir unseren Partner wirklich wissen ließen, was wir getan haben oder was wir empfinden und denken (wer wir sind) würden wir verlassen werden.

   Funktional: Wenn wir unseren Partner wissen lassen, was wir getan haben oder was wir denken (wer wir sind), stoßen wir zu unserer Überraschung meist auf Akzeptanz und verbessern tatsächlich die Intimität.

4. **Dysfunktional**: Es ist leichter, Gefühle hinter zwanghaftem Verhalten zu verbergen oder sie zu betäuben, statt sie auszudrücken.

   Funktional: Wir lernen, unsere Gefühle auszudrücken und brauchen sie nicht mehr zu verbergen oder zu betäuben.

5. **Dysfunktional**: Verstrickung und völlige Abhängigkeit vom anderen wird als Verliebtsein wahrgenommen.

   Funktional: Gegenseitig aufeinander angewiesen sein (Interdependenz) stärkt unsere Partnerschaft.

6. **Dysfunktional**: Wir finden es schwierig, um das zu bitten, was wir brauchen, sowohl einzeln als auch als Paar.

   Funktional: Wir lernen, dass es in Ordnung ist, um das zu bitten, was wir brauchen – als Individuum wie auch als Paar.

7. **Dysfunktional**: Sex wird mit Intimität verwechselt.

   Funktional: Liebevolle Sexualität kann die Partnerschaft verbessern, aber es gibt noch viele andere Arten von Intimität.

8. **Dysfunktional**: Wir vermeiden entweder unsere Probleme oder glauben, dass wir selbst für die Lösung von Problemen in der Partnerschaft verantwortlich sind.

   Funktional: Wir lernen, uns unseren eigenen Problemen zu stellen, fühlen uns aber nicht selbst verantwortlich für alle Probleme, die wir als Paar haben. Es ist normal, dass wenn Paare Probleme haben, die nicht unmittelbar zu lösen sind.

9. **Dysfunktional**: Wir glauben, in allem einer Meinung sein zu müssen.

   Funktional: Wir lernen, dass es nicht nötig ist, in allem übereinzustimmen, um glücklich zu sein.

10. **Dysfunktional**: Wir glauben, dass wir an den gleichen Dingen Spaß haben müssen und die gleichen Interessen haben müssen.

    Funktional: Wir lernen, dass wir auch mit vielen unterschiedlichen Interessen immer noch gerne zusammen sein können.

11. **Dysfunktional**: Wir glauben, dass wir gesellschaftlich akzeptabel sein müssen, um eine gute Partnerschaft zu haben.

    Funktional: Wir glauben, dass wir uns selbst, unserer Partnerschaft und unseren Prinzipien treu sein müssen, um ein gutes Paar zu sein.

12. **Dysfunktional**: Wir haben vergessen, wie man miteinander spielt.

    Funktional: Wir entdecken die Leichtigkeit und Freude daran, zusammen spielerisch zu sein.

13. **Dysfunktional**: Es ist sicherer, sich über Kleinigkeiten aufzuregen, statt die wahren Gefühle über größere Dinge auszudrücken.

    Funktional: Wir lernen, unsere wahren Gefühle über kleinere und größere Probleme angemessen auszudrücken.

14. **Dysfunktional**: Es ist leichter, dem Partner die Schuld an etwas zu geben, anstatt die eigene Verantwortung zu akzeptieren.

   Funktional: Wir lernen, eigene Verantwortung zu übernehmen, statt uns auf den Partner zu konzentrieren.

15. **Dysfunktional**: Wir gehen mit Konflikten um, indem wir entweder völlig außer Kontrolle geraten oder überhaupt nicht streiten.

   Funktional: Wir lernen, mit Konflikten angemessen umzugehen und uns auf faire Weise zu streiten.

16. **Dysfunktional**: Wir erleben uns als unzureichende Eltern.

   Funktional: Wir lernen, unsere begrenzten Fähigkeiten als Eltern zu akzeptieren.

17. **Dysfunktional**: Wir schämen uns für unsere Partnerschaft.

   Funktional: Wir sind stolz auf die Fortschritte, die wir als Paar machen.

18. **Dysfunktional**: Wir wiederholen die dysfunktionalen Verhaltensmuster unserer Herkunftsfamilie.

   Funktional: Wir erkennen die dysfunktionalen Verhaltensmuster unserer Herkunftsfamilie und brechen mit ihnen.

Zugehörigkeit bei RCA

Die einzige Voraussetzung für die Zugehörigkeit bei RCA ist der Wunsch, in einer verbindlichen Beziehung zu bleiben.

Letztendlich meinen wir, dass es wichtig ist, dass beide Partner in einer Beziehung sich in individueller Genesung oder anderer spiritueller Arbeit engagieren müssen, damit sich echter Fortschritt in der Partnerschaft abzeichnen kann. Das ist jedoch keine Vorbedingung, um die Paargenesung zu beginnen. RCA ist ein sicherer Ort, um den Genesungsprozess in Gang zu setzen, und bietet Unterstützung für kontinuierliche, individuelle Arbeit. Wir lehnen kein Paar ab, das genesen will.

Jeder Partner muss die Verantwortung für die Störungen in der Partnerschaft akzeptieren. Wir versuchen nicht, unserem Partner Schuld zuzuschieben. Anderseits hat unser Partner sich vielleicht entschieden, das Leid der inneren Einsamkeit durch verschiedene Süchte zu betäuben. In diesem Fall versuchen wir nicht, für dieses Verhalten die Verantwortung zu übernehmen. Als zwei verschiedene Menschen bringen wir die Botschaften der Ursprungsfamilien, Missbrauchserfahrung, Erwartungen, Fähigkeiten und individuelle Bewältigungsstrategien (auch Suchtverhalten) in die Beziehung mit ein. Wir müssen die Verantwortung für diese Verhaltensweisen übernehmen und lernen, anders damit umzugehen.

Viele von uns stellen fest, dass sie vom Partner erwarten, die Belange der Herkunftsfamilie und individuelle Probleme zu lösen. Oft werden wir wütend auf unseren Partner, weil er nicht die Gefühle auflöst, die eigentlich unsere ureigenen sind. Solange unsere eigene Genesung nicht stark ist und wir die Verantwortung für dieses „Gepäck" nicht übernehmen können, wird die Paar-Genesung schwierig. In vieler Hinsicht hängt die Zwölf-Schritte-Arbeit *als Paar* von der *individuellen* Zwölf-Schritte-Arbeit ab und begleitet diese.

Das bedeutet eine starke Verpflichtung an den Zwölf-Schritte-Prozess. Wir empfehlen daher dringlich, dass beide Mitglieder der Partnerschaft individuelle Zwölf-Schritte-Programme besuchen. Beide Partner werden aufgefordert, den Zwölf-Schritte-Prozess offen anzugehen und gewillt zu sein, mehr darüber zu erfahren. Wir wissen, dass manchmal das Leiden in einer Beziehung so groß ist, dass man die unmittelbare Unterstützung unserer Gemeinschaft benötigt, besonders wenn einer der Partner oder beide neu im Genesungsprozess sind.

Herausforderungen in Paarbeziehungen

Bei RCA haben wir das Glück, erkennen zu können, dass wir mit unseren Problemen nicht mehr allein dastehen. Wir haben festgestellt, dass es bestimmte Themen gibt, um die sich Paare streiten und mit denen sie oft ernsthafte Schwierigkeiten haben. Nicht alle Paare werden mit allen dieser Themen Schwierigkeiten haben, aber die meisten von uns werden einige davon kennen. Die folgende Liste häufiger Streit-Themen erhebt weder einen Anspruch auf Vollständigkeit, noch ist sie nach einer bestimmten Rangfolge aufgestellt.

- Geld

- Sex

- Kinder

- Machtthemen: Rollen, Regeln und Grenzen

- Angst

- Groll

- Versuche, das Verhalten des Partners zu kontrollieren

- Die Familie des Partners

- Kommunikation

- Keine gemeinsamen Interessen

Viele RCA-Paare bewältigen diese Herausforderungen, indem sie von der Erfahrung anderer Paare lernen. Die Erkenntnis, dass wir nicht einzigartig sind und die Unterstützung der Gruppe haben, gibt uns den Mut, diese Stolpersteine auf dem Weg zum Glück genauer zu betrachten. Diese Unterstützung hilft uns, neue Wege des Lebens und des Liebens zu gehen. Beim Durcharbeiten der Schritte erkennen wir außerdem allmählich, dass sie nicht nur Herausforderungen darstellen, sondern auch Chancen zu Wachstum und Genesung bieten.

Kapitel II

Ein Leitfaden für die 12 Schritte von RCA

Die Schritte gemeinsam arbeiten

RCA ist in erster Linie ein Zwölf-Schritte-Programm. Die Zwölf Schritte von RCA als *Paar* gemeinsam zu arbeiten ermöglicht eine einmalige Genesungs-Erfahrung. Dieser Prozess öffnet die Türen sowohl für die *individuelle* als auch *die Genesung als Paar*. Für die Paare ist es wichtig, ein sicheres Umfeld für die Schrittearbeit zu schaffen. Die hier angebotenen Vorschläge haben bei vielen Paaren funktioniert; sie sind aber nicht die einzige Art und Weise, die Schritte zu arbeiten. Die individuellen Bedürfnisse eines jeden Paares sollten berücksichtigt werden. Viele Paare wählen Sponsorpaare, die ihnen helfen, die Schritte zu arbeiten. Dieses Buch ist lediglich ein allgemeiner Leitfaden, der zeigt, wie wir unsere Partnerschaften zum Besseren verändert haben. Jedes Paar wird seinen eigenen Herausforderungen begegnen, die am besten in Zusammenarbeit mit dem Sponsorpaar bearbeitet werden.

Wir ermutigen Paare, den im Ersten Schritt vorgeschlagenen Prozess zu nutzen, damit sie die Machtlosigkeit erkennen, die jeder der Partner über die Beziehung hat. Es kann sehr aufschlussreich sein zu sehen, wie die Beziehungen innerhalb unserer Herkunftsfamilien – und möglicherweise auch andere Beziehungen – die Art und Weise wie wir mit unserem Partner in Beziehung sind, beeinflussen.

Wir empfehlen jedem Paar, sich vor jedem Treffen darauf zu einigen, wie viel Zeit es mit der Schrittearbeit verbringen will. Häufig ist einer der Partner gewillt oder brennt sogar darauf, Schrittearbeit zu tun, während der andere eher zögert. Wir haben die Erfahrung gemacht, dass, wenn wir – vor allem anfangs – dem weniger begeisterten Partner entgegenkommen, indem wir die Meetings kurz halten, er meistens aufgeschlossener wird, weil er sieht, wie sicher der Prozess ist. Für einige kann die Vorstellung, diese Arbeit mehr als fünfzehn bis zwanzig Minuten lang am Stück zu tun, eine Herausforderung sein. Für andere Paare ist ein einstündiges Treffen gar kein Problem.

Wir ermutigen Paare, einen regelmäßigen Termin für ihre Schrittearbeit fest einzuplanen. Wenn aus irgendeinem Grund die vereinbarte Zeit verpasst wird, empfehlen wir, dass ihr sofort einen neuen Termin ausmacht. Dies hilft sicher zu stellen, dass die Schrittearbeit in der Partnerschaft Priorität bleibt.

Viele erfahrene Paare empfinden es als wichtig, die *Reihenfolge bei der Schrittearbeit einzuhalten.* Einige Paare könnten versucht sein, spezielle Probleme ihrer Partnerschaft zu lösen, bevor sie ihre Schrittearbeit gemacht haben. Unsere Erfahrung ist, dass in der Regel eine solche Abkürzung nicht funktionieren wird, wenn zuvor die grundlegende Schrittearbeit nicht gemacht worden ist.

Viele von uns kamen zu RCA, weil es uns schlecht ging und wir in Streit verfangen waren. Wir fanden es hilfreich, sofort und gemeinsam mit der Zwölf-Schritte-Arbeit zu *beginnen.* Sobald wir uns auf die Schrittearbeit konzentrierten, arbeiteten wir zusammen an dem gemeinsamen Ziel einer gesunden Intimität. Bei einigen von uns war es ein Hindernis für die Schrittearbeit, dass wir an emotional aufgeladene Themen kamen, als wir ehrlich über unsere Beziehung zu sprechen begannen. Damit wurde es für einen oder beide Partner schwierig, in dem Prozess weiterzumachen. Da unsere Situation häufig erst schlimmer wird bevor sie sich schließlich bessert, empfehlen wir Euch zu vereinbaren, die Partnerschaft nicht zu verlassen, bevor Ihr nicht eine bestimmte Zeit im Programm gearbeitet habt, möglichst sechs Monate. Viele von uns fanden es hilfreich, einen einfachen Vertrag zu schließen, in dem wir vereinbarten, bestimmte Schritte für einen begrenzten Zeitraum zu arbeiten.

Mustervertrag

(Dies ist ein Muster für einen Schrittevertrag. Weitere Musterverträge findet Ihr im Anhang.)

Ich, _____, verpflichte mich die Schritte Eins, Zwei und Drei mit Dir, _____, für _____ Stunden an jedem Samstagmorgen für die nächsten drei Monate zu arbeiten.

Ich, _____, verpflichte mich die Schritte Eins, Zwei und Drei mit Dir, _____, für _____ Stunden an jedem Samstagmorgen für die nächsten drei Monate zu arbeiten.

Wir sind uns einig, dass wir damit beginnen, das Gelassenheitsgebet in der „wir" Form zu sagen, gefolgt vom Sicherheitsleitfaden. Wir vereinbaren, unseren Partner nicht zu unterbrechen. Wir sind uns einig, uns auf uns selbst zu konzentrieren, und nicht auf unseren Partner. Wir verpflichten uns, anwesend zu bleiben und keinen „dramatischen Abgang" zu inszenieren. Für den Fall, dass einer von uns eine Unterbrechung braucht, verpflichten wir uns, bevor wir auseinandergehen, einen Termin zur Fortsetzung festzulegen. Wir verpflichten uns, jedes Treffen mit dem Gelassenheitsgebet zu schließen.

Wir vereinbaren, ein anderes RCA Paar um Unterstützung zu bitten, wenn wir bei zwei aufeinander folgenden Treffen keine Fortschritte erzielen.

Wir vereinbaren über eine Verlängerung dieses Vertrages zu verhandeln, wenn wir unsere drei Schritte während der letzten Woche des Dreimonatszeitraums nicht abgeschlossen haben.

Unterzeichnet, _____   Unterzeichnet, _____

Datum _____   Datum _____

Zeugen _____

Eine Höhere Macht in die Schrittearbeit einladen

Viele Paare fanden es hilfreich ab dem Zweiten Schritt ihre Höhere Macht in ihre Schrittearbeit einzuladen. Paare können ihre Höhere Macht so einladen wie auch immer sie es für richtig halten. Die meisten von uns haben gemerkt, dass wir nur durch das Einladen unserer Höheren Macht in unsere Partnerschaft die Gelassenheit bekommen, die wir gesucht haben. Einige von uns sprechen das Dritte Schritt Gebet, um die Paarsprache zu reflektieren. Hier eine mögliche Version:

Höhere Macht, wir legen unsere Partnerschaft
in Deine Hand, damit Du uns wandeln mögest
und damit Du mit unserer Beziehung das machst,
wovon Du glaubst, dass es zum Besten ist.

Erlöse uns von der Selbstsucht, die wir einander und
anderen Menschen in unserem Leben zumuten,
so dass wir besser Deinen Willen erfüllen können.

Nimm die dysfunktionalen Muster unserer Fürsorge,
Kommunikation und Intimität von uns,
so dass der Sieg über sie Zeugnis für Deine Kraft,
Deine Liebe und Deine Art zu leben ablegen möge –
voreinander und vor denjenigen, denen wir helfen könnten.

Fragen zur Schrittearbeit

Im Folgenden findet Ihr die Schritte, die viele RCA Paare zu besseren Partnerschaften geführt haben. Die meisten von uns wissen, was eine ungesunde Beziehung beinhaltet – *Versuche, den anderen zu kontrollieren*. In Schritt Eins gestehen wir ein, dass wir machtlos sind und Hilfe brauchen. In Schritt Zwei gelangen wir zu der Überzeugung, dass uns eine Höhere Macht helfen kann, das zu vollbringen, was wir selbst nicht schaffen. In Schritt Drei laden wir unsere Höhere Macht in unsere Partnerschaft ein, um spirituelle Möglichkeiten zu finden, mit unseren Problemen fertig zu werden. In Schritt Vier legen wir die Probleme in unserer

Partnerschaft offen. In Schritt Fünf geben wir gegenüber unserer Höheren Macht, gegenüber uns selbst und gegenüber einem anderen Paar zu, dass diese Probleme existieren und wir akzeptieren unsere persönlichen Anteile daran. In den Schritten Sechs und Sieben bitten wir um Hilfe, unser Verhalten zu ändern. Die Schritte Acht und Neun sind dafür da, unsere vergangenen Fehler wieder gut zu machen. Schritt Zehn befähigt uns, den Prozess von Schuldzuweisung und Beschämung umzukehren, und inspiriert uns, unsere Partner mit Dankbarkeit und Wertschätzung zu betrachten. Schritt Elf erlaubt uns, eine tiefere Wahrnehmung dafür zu bekommen, wie wir durch die Schritte und die Höhere Macht geführt und getragen werden, während wir zusammenarbeiten. Schritt Zwölf hält uns an, die Botschaft an andere leidende Paare weiterzugeben – eine wesentliche spirituelle Erfahrung für viele von uns.

Erster Schritt

Wir gaben zu, dass wir unserer Beziehung gegenüber machtlos sind – und unser gemeinsames Leben nicht mehr meistern konnten.

Die meisten von uns haben Probleme, die aus unseren Herkunftsfamilien stammen und jeder bringt seine Geschichte mit ein. Als wir heranwuchsen haben wir vielleicht nicht das bekommen, was wir brauchten, sei es emotional, körperlich, geistig oder spirituell. Vielleicht wurden wir auch missbraucht oder misshandelt (körperlich, sexuell, emotional oder religiös), allein gelassen oder Zuwendung wurde uns vorenthalten. Wir kommen alle mit „Gepäck" in unsere Partnerschaft. Durch die Schritte lernen wir, dieses Gepäck anzuschauen und den Prozess, stets dem Partner die Schuld zuzuweisen, umzukehren.

Wir sind jeder gleichermaßen für das Vorhandensein oder Fehlen der Intimität zwischen uns verantwortlich. Sobald jeder von uns diese beiderseitige Verantwortlichkeit akzeptiert, sind wir bereit für den Ersten Schritt von RCA. Der Erste Schritt erfordert es, dass die volle Verantwortung übernommen wird, sowohl für die Gesundheit als auch für das Kranksein der Beziehung. Jeder trägt 100%. Manche Paare mögen in ihrer individuellen Genesung noch nicht weit genug fortgeschritten sein (oder noch gar nicht in Genesung), um die nachfolgenden Fragen beantworten zu können. Sie geraten in Streit, wenn bestimmte Themen angeschnitten werden. Sollte dies der Fall sein, so empfehlen wir, dass die Schrittearbeit nur zusammen mit einem Sponsorpaar begonnen wird.

Paare kommen in unterschiedlichen Stadien ihrer Beziehung zu RCA. Der Erste Schritt beinhaltet, dysfunktionale Muster zu verstehen. Er beinhaltet ebenfalls, Themen aus der Herkunftsfamilie, persönliche Eigenheiten und auch individuelle Themen, die unsere gegenwärtige Beziehung beeinflussen, zu verstehen.

Das Aufschreiben ist wichtig um Klarheit und Gründlichkeit zu bekommen. Wir schlagen Folgendes vor:

1. Lest laut den Sicherheitsleitfaden (siehe S. 67)

2. Nehmt einen Stift und ein Blatt und beginnt die Arbeit gemeinsam. Bei RCA geht es um das „Wir" und das „Uns" in unserer Beziehung. Bei den Anonymen Paaren in Genesung öffnen wir uns für eine neue Art und Weise im Denken und Leben in einer Paarbeziehung.

3. Trefft eine Paar-Entscheidung: Wer hält den Stift und schreibt? Seid ihr fähig, euch auszutauschen, etwas auszuhandeln oder Kompromisse zu schließen? Gibt es einen Machtkampf? Seid ihr bereit für den Ersten Schritt?

4. Teilt das Papier durch einen Längsstrich in zwei Hälften.

5. Macht eine Liste der Beziehungsthemen, denen gegenüber Ihr machtlos seid.

6. Alternativ teilt Euch die Aufgaben des Schreibens und Diktierens oder jeder schreibt seinen eigenen Teil.

Wir schlagen vor, dass Ihr folgende Fragen beantwortet:

1. Welche dysfunktionalen Rollen haben wir aus unseren Herkunftsfamilien mitgebracht?

2. Welches Beziehungsmodell haben wir aus unseren Herkunftsfamilien mitgebracht?

3. Wenn wir Erfahrungen von Missbrauch/Misshandlungen hatten, in welcher Weise haben diese Einfluss auf unsere Fähigkeit, mit anderen in Beziehung zu sein, Intimität zu erfahren und Sexualität zu leben?

4. Wie beeinträchtigen unsere jeweiligen Süchte oder Dysfunktionen unsere Paarbeziehung?

5. Was sind die nicht lösbaren Probleme, über die wir uns nie einigen können (z.B. wie wird Geld ausgegeben, gemeinsam Zeit verbracht, Kinder erzogen, häusliche Pflichten aufgeteilt, Feiertage/Urlaub gestaltet etc.?)

6. In welcher Weise machen diese Themen uns wütend und welches sind die Muster, Ärger auszudrücken?

7. In welchen Bereichen spüren wir Hoffnungslosigkeit in unserer Beziehung?

8. Zu welchen Maßnahmen haben wir gegriffen, um unsere Beziehung zu retten, die offenbar nichts gebracht haben?

9. In welcher Weise streiten wir unfair?

Es ist wichtig zu verstehen, dass wir über unsere Beziehung machtlos sind und diese nicht meistern können. Wir erinnern uns daran, dass wir ein schönes und einmaliges Paar sind und Genesung verdienen. Wenn wir in unserer Kapitulation soweit gekommen sind, sind wir bereit für den Zweiten Schritt.

Zweiter Schritt

Wir kamen zu dem Glauben, dass eine Macht größer als wir selbst, uns unsere Verbindlichkeit und Intimität wiedergeben kann.

Im Ersten Schritt haben wir zugegeben, dass wir machtlos über unsere Beziehung waren. Der Zweite Schritt besteht darin, zu einem gewissen Einverständnis darüber zu gelangen, worauf wir als Paar vertrauen und woran wir glauben. Dies ist der Beginn einer spirituellen Entdeckungsreise. Wir bemühen uns, unsere individuellen Wertvorstellungen miteinander zu verweben und etwas zu finden, an das wir als Paar gemeinsam glauben. Wir beginnen damit, zunächst unsere individuelle Vorstellung einer Höheren Macht zu identifizieren. Wenn beide Partner eine Vision ihrer Höheren Macht haben, können wir aus diesen Bildern die Aspekte, die unserer beider Vorstellung gemeinsam sind, heraussuchen. So entsteht die Höhere Macht des Paars. Jeder einzelne Partner kann eine eigene Vorstellung von seiner Höheren Macht haben, aber viele Paare glauben, dass das Ziel eine gemeinsame Höhere Macht sein sollte, die beide teilen.

Ein Ansatz den wir hilfreich finden, ist es, Bilder oder Texte aus Zeitschriften auszuschneiden, die wir mit unserer Höheren Macht verbinden. Wir erstellen Collagen um ein sichtbares Bild unserer „Höheren Macht" zu haben. Durch diese Collagen gewähren wir einen tiefen, intimen Einblick in unsere Überzeugungen und Gefühle. Indem wir Aspekte von uns zeigen, können wir eine besondere Verbindung finden. Wir fanden es hilfreich, diese Collagen zu rahmen und sie uns als Paar leicht zugänglich zu machen und sie mit anderen Paaren teilen zu können. Wir sind bereit, eine Höhere Macht anzuerkennen und unsere Beziehung mit einem Gefühl der Hoffnung und Freiheit zu pflegen.

Wir fanden es auch hilfreich, den Zweiten Schritt schriftlich zu bearbeiten. Wir schlagen vor, dass ihr euch einen Stift und ein Blatt Papier teilt, wenn ihr an den Schritten arbeitet. Es folgen jetzt Fragen, die euch hilfreich sein können und Euch bei eurer Genesungsreise unterstützen können. Wir raten Euch, jetzt eine Pause zu machen und laut den Sicherheitsleitfaden zu lesen (siehe Seite 67), bevor ihr weitermacht.

1. Welche Botschaften über Religion oder Spiritualität habt ihr aus euren Herkunftsfamilien in die Beziehung eingebracht?

2. Welche Art Unterweisungen, Vorbilder, Unterricht etc. über Religion oder Spiritualität habt ihr erfahren?

3. Welche spirituellen Anleitungen habt ihr von euren Eltern erhalten?

4. Gab es Missbrauch und/oder dysfunktionale Überzeugungen über Paare die ihr aus eurer Religion gelernt habt?

5. Gab es gesunde und hilfreiche Überzeugungen die ihr in eurer Kirche, Synagoge oder anderen spirituellen Gemeinschaften gelernt habt?

6. Habt ihr spirituellen Missbrauch erfahren?

7. Gibt es Beispiele dafür, dass ein Elternteil in eurer Herkunftsfamilie die „Höhere Macht" war?

8. Gibt es Beispiele dafür, dass Vertreter oder Vertreterinnen der Kirche oder Religionslehrer bzw. -lehrerinnen gemein, beschämend, verurteilend oder herabsetzend waren?

9. Seid ihr wütend auf Religion, Gott oder über das, was euch mitgegeben wurde?

10. Welche religiösen Überzeugungen oder Traditionen eures Partners akzeptiert ihr und welche lehnt ihr ab?

11. Beschreibt eure Vision einer Höheren Macht.

12. Wie wäre es, eine Beziehung mit dieser Höheren Macht zu haben?

Viele von uns haben unsere Partner zu unserer Höheren Macht gemacht. Wir konzentrierten uns auf unsere Partner und gaben unserem Partner die Macht, unser Leben zu regeln. Aus diesem Grund fanden wir es notwendig, eine spirituelle Verbindung mit einer Höheren Macht, einem Zentrum für unser Leben zu finden, anstatt uns auf das zu konzentrieren, was andere taten. Wenn wir spirituell verbunden sind, stört uns das, was unser Partner macht, nicht annähernd so viel, als wenn wir es nicht sind. Darüber hinaus kann es hilfreich sein, sich an HALT zu erinnern. Wenn wir hungrig, wütend, einsam oder müde (Hungry, Angry, Lonely, Tired) sind, können wir die Verbindung zu unserem spirituellen Zentrum verlieren. Dann müssen wir zu unserem spirituellem Zentrum zurückkehren, anstatt mit unserem Partner zu kämpfen. Der Zweite Schritt ermöglicht es uns, zu glauben, dass eine Höhere Macht uns unsere Verbindlichkeit und Intimität wiedergeben kann. Der Dritte Schritt gibt uns die Möglichkeit, eine Beziehung zu unserer Höheren Macht zu entwickeln.

Dritter Schritt

Wir fassten den Entschluss, unsere Willen und unser gemeinsames Leben der Fürsorge Gottes, so wie wir Gott verstanden, anzuvertrauen.

Zusammen bilden zwei Menschen, die in einer verbindlichen Beziehung stehen, eine Partnerschaft, eine Einheit, die dann ein ganz eigenständiges und separates Wesen ist. Diese Paarbeziehung hat ein eigenes Dasein und muss gehegt und gepflegt werden. Die Paar-Genesung hängt von dieser Pflege ab. Beide Partner brauchen je für sich ihre eigene Genesung: Meetings, Sponsoren, Unterstützung von anderen, Spiritualität, Erholung, Beruf und andere individuelle Interessen. Die Partnerschaft braucht dasselbe für die Paar-Genesung.

Vertrauen ist ein wichtiges Thema für Paare, weil fast alle Paare in der Vergangenheit Vertrauensbruch erlebt haben. So wie es im Zweiten Schritt darum ging, worauf wir gemeinsam vertrauen wollen, so geht es im Dritten Schritt darum, wie wir unsere Entscheidung umsetzen, unsere Paarbeziehung unserer „Höheren Macht" anzuvertrauen.

Gelassenheit in Bezug auf das Ergebnis ist besonders hilfreich. Viele von uns wollten zwanghaft Ereignisse kontrollieren, in dem Glauben, dass unser Glück von für uns vorteilhaften Lösungen abhängt, nur um enttäuscht festzustellen, dass das erwartete Glück nur vorübergehend oder gar nicht existent war. Spirituell ausgerichtete Paare versuchen einfach, ihr Bestes zu tun und das Ergebnis ihrer Höheren Macht zu überlassen.

Manche Paare finden einen „Gott-Box" hilfreich zum Zeichen ihres Kontrollverzichts. Paare schreiben ihre Beziehungsprobleme auf und legen sie in den Kasten, den sie symbolisch an ihre Höhere Macht übergeben. In ähnlicher Weise übergeben einige Paare ihre Probleme in einer Zeremonie dem Feuer oder lassen sie mit der Flut wegspülen.

Die Praxis von Meditation und Gebet, vor allem dem Gelassenheitsgebet, ist das geistige Bollwerk der meisten Paare. Die Konzentration auf Einsicht, Mut, Bereitschaft und Akzeptanz scheint der Schlüssel zum Loslassen zu sein.

Ein wesentlicher Bestandteil eines jeden Dritten Schritts ist es, mehr in einer RCA-Gruppe integriert zu sein. Das Teilen unserer Ängste und Geschichten in der Gruppe und auf Sponsor-Ebene ist ein emotionales Loslassen. Es erlaubt uns auch in Beziehung mit anderen zu kommen und dadurch unser Gefühl von Isolation und Einzigartigkeit zu verlieren. Die Teilnahme an einem Meeting kann zu einer Veränderung unserer Perspektive führen und einer Rückkehr zur Vernunft. „Loslassen" bedeutet auch „nicht allein gehen".

Viele Paare gehen als Teil ihres Dritten Schritts auf eine „spirituelle Entdeckungsreise". Diese spirituellen Entdeckungsreisen können sehr unterschiedlich aussehen und können z.B. Folgendes beinhalten:

- jeden Tag mit Dankbarkeit beginnen

- gemeinsames Lesen relevanter spiritueller Literatur

- Meditieren

- in ein Gotteshaus oder an andere spirituell bedeutsame Orte gehen

- Genesungs-Gruppen besuchen

- Beten

- gemeinsamer Besuch einer Freizeit für spirituelle Besinnung oder geistliche Einkehr

Solch eine geistliche Entdeckungsreise mag Tage, Monate oder Jahre dauern. Wir hoffen, dass euer eigener spiritueller Ausblick als Paar vertieft wird. Wir ermutigen euch, eine Vereinbarung oder einen Vertrag für diese Entdeckungsreise zu schreiben. Das kann mit der Hand geschrieben oder ausgedruckt werden, so dass man es einrahmen kann. Als „Zeugen" können ein Freundespaar oder das Sponsorpaar unterzeichnen. Dies ist für alle Beteiligten eine wirklich warmherzige, unterstützende und wertschätzende Erfahrung. Darüber hinaus schlagen wir vor, dass ihr dann ein RCA-Schritte-Meeting leitet und eure Erfahrung, Kraft und Hoffnung mit anderen Paaren teilt.

In letzter Konsequenz beinhaltet der Dritte Schritt, dass wir unsere Beziehung übergeben. Viele von uns fanden es wichtig, etwas Bedeutsames, vielleicht sogar Formelles zu tun, um unsere geistige Erneuerung zu feiern, zum Beispiel die Erneuerung feierlicher Gelöbnisse in Gegenwart von Freunden. Das kann überall geschehen: In einem Gotteshaus genauso wie im Rahmen eines informellen Picknicks oder zuhause. Wir laden euch ein, kreativ zu werden und ein würdiges Fest zu gestalten, mit dem ihr eure neue Verbindlichkeit zu einander und zu eurer Beziehung feiert.

Wir machen uns bewusst, dass wir beide zusammen auf einem geistigen Weg sind. Unsere Beziehung in die Hände unserer „Höheren Macht" zu legen, soll bedeuten, dass wir unsere Machtkämpfe und unsere Kontrollversuche beenden. Wir fassen einen Entschluss. Wir kapitulieren. Dies ist das tragende geistige Prinzip, auf dem der Dritte Schritt beruht.

Vierter Schritt

Wir machten gemeinsam eine gründliche und furchtlose Inventur von unserer Paarbeziehung.

Wir schlagen vor, dass jeder Partner die Wirkung seines eigenen Verhaltens auf die Beziehung anschaut. Zuerst könnt ihr die jeweiligen individuellen Inventuren miteinander besprechen. Als nächstes kann die Inventur der Paarbeziehung folgen. Das Ziel dieser Inventur ist, dass wir uns des Ausmaßes unserer Dysfunkionalität bewusst werden. Wir alle müssen unsere Inventuren ohne Angst angehen. Wenn ein Paar in der Lage ist, sich ehrlich mit seiner Realität auseinanderzusetzen, so kann seine Liebe wachsen. Die folgenden Fragen können euch bei eurer individuellen Inventur helfen:

1. **Unerledigte Dinge:** Wo habe ich etwas mit meinem Partner offen gelassen, so dass aus den ungelösten Themen Groll erwachsen ist?

2. **Falsche Wachsamkeit:** Wo habe ich darauf gelauert, dass Dinge falsch laufen?

3. **Eigenverantwortung:** Wo habe ich versäumt, für meine Handlungen die Verantwortung zu übernehmen?

4. **Wohlbefinden und Gefühle:** Wo habe ich es versäumt meinem Partner unangenehme Gefühle mitzuteilen?

5. **Genauigkeit und Ehrlichkeit:** Wo habe ich meinen Partner beschwichtigt oder vermieden, meine eigenen Wahrnehmungen mitzuteilen?

6. **Verbindung:** In welcher Art und Weise war ich für meinen Partner nicht erreichbar? Wie habe ich mich um Verbindung bemüht?

7. **Stress:** In welcher Art und Weise zogen mein übermäßiges „Agieren" und mein Stress meinen Partner in Mitleidenschaft?

8. **Eigenleben:** Auf welche Art und Weise habe ich mir ein eigenes Leben getrennt von meinem Partner geschaffen?

9. **Persönliche Bedürfnisse:** Auf welche Art und Weise musste mein Partner meine Bedürfnisse erraten oder „wissen"? Bitte ich in klarer Weise darum, dass meine Bedürfnisse erfüllt werden?

10. **Scham und Schuldzuweisung:** In welcher Art und Weise versuchte ich, meinem Partner Schuld zuzuschieben oder ihn zu beschämen?

11. **Schmerztoleranz:** In welcher Art und Weise habe ich emotionalen Schmerz ausgehalten, wo es gar nicht nötig war und Distanz zwischen mir und meinem Partner geschaffen?

12. **Klarheit in der Wahl:** In welcher Art und Weise war ich im Unklaren über meine Alternativen, sei es, dass ich Dinge unentschieden gelassen oder meinem Partner überlassen habe?

Wir vervollständigen die Paar-Inventur, indem wir diese Fragen gemeinsam anschauen und unsere Antworten auf ein Blatt Papier schreiben. Schreiben hilft, Klarheit in eure Gedanken zu bringen. Wir beginnen damit, dass wir den Sicherheitsleitfaden (siehe Seite 67) laut lesen.

Beantwortet die folgenden Fragen gemeinsam als Paar:

1. Auf welche Art und Weise haben wir Angst und Groll unsere Paarbeziehung beeinflussen lassen? Welche Auswirkungen hat das auf unsere Intimität gehabt?

2. Auf welche Art und Weise haben wir Krisen produziert, wenn es gar keine gab?

3. Auf welche Art und Weise haben wir gestritten, ohne dass es irgendetwas gebracht hat?

4. In welcher Art und Weise haben wir unsere Beziehung vernachlässigt?

5. Auf welche Art und Weise haben wir Intimität vermieden?

6. Auf welche Art und Weise haben wir so getan, als ob diese Probleme nicht existieren?

7. Auf welche Art und Weise haben wir uns von anderen Paaren oder von Freunden, die uns in unserer Beziehung hätten unterstützen können, isoliert?

8. In welcher Art und Weise haben wir uns so auslaugen lassen, dass wir einander nichts mehr geben konnten?

9. Auf welche Art und Weise haben wir Missbrauch geduldet?

10. Welches waren unsere Verluste (z.B. unerreichte wirtschaftliche Ziele, Problemkinder, dysfunktionale Sexualität etc.)?

11. Auf welche Art und Weise haben wir diese Verluste betrauert?

12. Auf welche Art und Weise haben wir unseren Partner und die Paarbeziehung wertgeschätzt? Was sind unsere Stärken als Paar?

Nachdem wir durch den Vierten Schritt ein besseres Verständnis dafür bekommen haben, wie oft unsere Probleme aus uns selber entstanden und nicht als Ergebnis äußerer böser Kräfte, finden es viele von uns befreiend, unsere Probleme vor einem anderen Paar – oft unserem Sponsorpaar – offenzulegen. Obwohl das Teilen unserer Probleme oft beängstigend war, war die Erleichterung riesig, wenn wir feststellten, dass wir angenommen wurden. Während wir vor unserem Fünften Schritt dachten, dass einzig und allein wir diese Probleme hätten, stellten wir hingegen fest, dass die Paare, mit denen wir unsere Inventur teilten, oft mit den gleichen Themen zu tun hatten.

Fünfter Schritt

Wir gaben Gott, einander und einem anderen Paar gegenüber die genaue Art unserer Fehler zu.

Die meisten von uns entschieden sich dafür, unseren Vierten Schritt mit einem Sponsorpaar oder einem anderen Paar zu teilen, das lange genug im Programm war, um in den Zwölf Schritten gearbeitet zu haben. Es ist auch wichtig, diese Inventur mit einem Paar zu teilen, das im Programm zu leben scheint. Den Fünften Schritt zu machen ist ein Weg, uns selbst zu akzeptieren. Scham machte dies möglicherweise schwierig. Wie auch immer, dies ist eure Chance, Scham in Demut verwandeln zu lassen.

Wir empfehlen euch, mit einem Moment der Stille zu beginnen und dann das Gelassenheitsgebet zu sprechen. Lest anschließend den Sicherheitsleitfaden (siehe Seite 67). Wir empfehlen euch, eure Erfahrungen in einem Tagebuch zu erfassen und eine Rückmeldung vom Sponsorpaar zu bekommen. Wir stellten fest, dass ehrliches und offenes Teilen mit anderen Paaren heilsam war, weil wir erkannten, dass wir als Paar trotz unserer dysfunktionalen Verhaltensweisen Annahme erfuhren. Der Fünfte Schritt befreite uns für einen Neubeginn.

(Informationen über Sponsoren und was man tun kann, wenn kein Sponsorpaar, das die Schritte gearbeitet hat, zur Verfügung steht, findet ihr in dem Abschnitt über Sponsorschaft in Kapitel IV, Seiten 109–117.)

Sechster Schritt

Wir waren völlig bereit, all diese Fehler des Charakters, der Kommunikation und der Fürsorge von Gott beseitigen zu lassen.

Der Sechste Schritt enthält eine klare Botschaft: Seid bereit für Veränderungen! Die ersten drei Schritte zeigten uns, dass wir uns nicht alleine ändern konnten, aber dass wir die benötigte Macht zur Änderung finden konnten. Dann hat uns der Vierte Schritt geholfen, unsere Fehler zu erkennen. Der Fünfte Schritt hat uns erlaubt, viel von unserer Scham loszuwerden. Mit Schritt Sechs werden wir bereit, unsere Höhere Macht diese Mängel beseitigen zu lassen. Wir müssen *Verhaltensweisen* nicht loswerden. Wir müssen nur die *Bereitschaft* dafür haben, dass unsere Mängel entfernt werden. Je mehr wir das RCA-Programm arbeiten, desto williger werden wir.

Jedes Paar in Genesung hat eine Reihe von dysfunktionalen Verhaltensmustern. Sie treten normalerweise dann auf, wenn wir unter großer Stressbelastung stehen oder in einer Phase übermäßiger Anspannung oder Erschöpfung sind. Oft treten sie auch auf, wenn es eine Gelegenheit zur Intimität gibt. Einer oder beide Partner benutzen die alten Muster, um Nähe zu vermeiden. Paare in Genesung müssen diese Muster erkennen lernen.

Hier sind ein paar Warnsignale dafür, dass alte Muster auftauchen:

- Wiederkehrender Streit

- Häufige Phasen der Verleugnung

- Unproduktive Kommunikation

- unter extremer Anspannung oder Erschöpfung leiden

- Sachen behaupten, die wir nicht so meinen

- Dunge tun, die wir nachher bereuen

- Auseinandersetzungen wegen unwichtiger Themen

- Aussagen wie „Du hast *immer* . . .“ oder „Du hast *nie* . . .“

Wir schlagen vor, dass ihr eure dysfunktionalen Muster auflistet. Macht diese Listen gemeinsam und wählt einen Zeitpunkt zum Austausch aus, an dem ihr euch beide ausgeglichen fühlt. Ihr seid jetzt bereit. Genießt eure Entwicklung. Seht den Humor darin. Öffnet euch für die Heilung in eurer Beziehung. Fangt immer damit an, den Sicherheitsleitfaden (siehe Seite 67) laut vorzulesen. Nehmt euer Blatt Papier und sammelt mehr Information für eure Beziehung indem ihr die folgenden Fragen beantwortet:

1. Was sind eure dysfunktionalen Beziehungsmuster?

2. Was sind eure dysfunktionalen Kommunikationsmuster?

3. Was sind eure dysfunktionalen Fürsorgemuster?

4. Was sind eure dysfunktionalen Muster gegenseitiger Zuwendung?

5. Was sind die dysfunktionalen Muster eurer Sexualität?

6. Was sind eure dysfunktionalen Muster wenn ihr streitet?

Wenn wir als Paar nicht an unserer Beziehung arbeiten, werden wahrscheinlich ähnliche Streitpunkte mit Partnern in einer nächsten Beziehung auftauchen. Das heißt, dass wir *jetzt* mit unserem Partner Genesung als Paar üben sollten. Die Themen, mit denen wir in unserer jetzigen Beziehung zu tun haben, sind höchstwahrscheinlich dieselben wie die in vorherigen Beziehungen.

Siebter Schritt

Demütig baten wir Gott, unsere Mängel von uns zu nehmen.

Im Siebten Schritt müssen wir eine funktionierende Partnerschaft mit unserer Höheren Macht aufbauen. Wir üben Demut. Für *Demut* gibt es einige Definitionen, unter anderem: die Fähigkeit, der Wirklichkeit ins Auge zu sehen; zu wissen, dass es eine Höhere Macht gibt und dass weder wir noch unser Partner das sind; nicht weniger von uns selbst zu denken, sondern weniger über uns selbst zu denken; sich anderen Menschen oder Paaren gegenüber nicht über-, aber auch nicht unterlegen fühlen. Die wirkliche Veränderung geschieht, wenn wir unseren falschen Stolz loslassen und in Partnerschaft mit unserer Höheren Macht an der Veränderung arbeiten.

Wir bitten unsere Höhere Macht häufig darum, unsere Mängel von uns zu nehmen. Wir wissen, dass wir unsere alte Art und Weise, Dinge zu machen, alleine nicht ändern können, aber in Partnerschaft mit unserer Höheren Macht können wir es. Je mehr wir das RCA-Programm arbeiten, desto mehr werden unsere Mängel von uns genommen. Viele von uns haben Verträge als ein wichtiges Instrument empfunden um unsere Mängel zu überwinden, weil dadurch Verantwortlichkeit hinzugefügt worden ist (für Informationen zu Verträgen siehe Anhang, S. 282-291). Wir lernen es zu vermeiden, dass wir zu hungrig, wütend, einsam und müde werden (HALT = Hungry, Angry, Lonely, and Tired), da diese Zustände unsere Mängel noch schlimmer zu machen scheinen. Zumindest vermeiden wir es, wichtige Entscheidungen in diesen Zuständen zu fällen.

Ein vorgeschlagenes Siebter-Schritt-Gebet (oder Meditationsthema):

Ich möchte empfindsamer gegenüber meinem Partner sein, weil Empfindsamkeit gegenüber meinem Partner das Bewusstsein zu meinem innersten Selbst zugänglich macht.
Höhere Macht, hilf mir offener und bewusster zu werden.

Ich muss meine eigene Angst hinter meinen Mängeln sehen: meine Tendenz sarkastisch und stur zu sein, meine Tendenz meinem Partner die Schuld zuzuschieben und ihn oder sie falsch sein zu lassen,

mein Bedürfnis, meinem Partner das Gefühl zu geben, dass er nicht respektiert wird und „weniger als" ist.
Höhere Macht, hilf mir den Mut zu finden, um meine eigenen Mängel zu erkennen, statt mich auf die meines Partners zu konzentrieren.

Ich verspreche zu versuchen, die Paar-Werkzeuge anzuwenden, die ich gelernt habe: aufhören meinen Partner zu unterbrechen, in „Ich-Aussagen" zu sprechen, und die Stärken anzuerkennen, die mein Partner in unsere Paarbeziehung bringt.
Höhere Macht, lehre mich Demut und nimm meine Charakterfehler von mir, so dass ich aufrichtiger und vollständiger lieben kann.
Amen.

Achter Schritt

Wir machten eine Liste aller Personen, denen wir Schaden zugefügt hatten und wurden bereit, ihn bei allen wieder gutzumachen.

Der Achte Schritt betrifft die Menschen, uns selbst eingeschlossen, denen wir durch unser dysfunktionales Beziehungsverhalten Schaden zugefügt haben. Dazu gehören Familienmitglieder, Kinder, Freunde, Kollegen, usw. In diesem Schritt machen wir mit unserer Paar-Inventur weiter. Dieser Schritt hilft uns, mit anderen Menschen auf eine neue Weise umzugehen. Er fordert uns auf, unser Verhalten zu verändern.

Im Achten Schritt müssen wir den Schaden feststellen, den wir angerichtet haben. Um welche Art von Schaden handelt es sich? Es ist hilfreich, unsere Vergehen in die folgenden vier Gruppen aufzuteilen:

Emotionale Vergehen

- Wutausbrüche
- Grollen
- Informationen vorenthalten
- unseren Partner anschweigen
- Schuldzuweisungen und Beschämen

Materielle Vergehen

- Geld zum eigenen Vorteil ausleihen, verschwenden, veruntreuen
- Betrug, Verträge oder Termine nicht einhalten
- Die Grenzen des anderen in Bezug auf persönliche Dinge verletzen
- gemeinsames Eigentum zerstören

Moralische Vergehen

- Ein schlechtes Beispiel abgeben
- Sexuelle Untreue, gebrochene Versprechen, Lügen
- emotionale, körperliche, sexuelle oder verbale Gewalt

Spirituelle Vergehen

- Vernachlässigung von Verpflichtungen dir selbst, deiner Familie, deinen Freunden oder der Gemeinschaft gegenüber
- Vermeidung von Selbst-Entwicklung
- Mangel an Dankbarkeit
- Vernachlässigung der spirituellen Entwicklung
- Mangel an Demut
- Selbstgerechtigkeit
- Besorgtsein bis hin zur emotionalen Abwesendheit

Wir schlagen vor, dass ihr euch jetzt die Fakten anschaut und euch folgende Fragen stellt:

1. Was sind eure Gedanken und Gefühle über den Schaden, den ihr angerichtet habt?

2. Welche Ängste habt ihr in Bezug auf eine Wiedergutmachung?

3. Was ist der Grund für den Widerstand, den ihr in Bezug auf die Wiedergutmachung verspürt?

4. Welche Konsequenzen eurer schädlichen Verhaltensweisen seid ihr bereit zu akzeptieren?

5. Auf welche Art und Weise plant ihr, Wiedergutmachung zu leisten?

Jetzt, wo ihr eine bessere Vorstellung davon habt, wie eure dysfunktionalen Verhaltensweisen euch und andere betroffen haben, macht ihr eine Liste der Menschen, denen ihr geschadet habt, einschließlich euch selbst. Geht eure Wiedergutmachungs-Liste mit eurem Sponsorpaar durch. Bittet um Führung, wie die Wiedergutmachung gelingen kann, ohne andere zu verletzen. Wenn direkte Wiedergutmachung nicht in Frage kommt oder nicht möglich ist, schlagen wir vor, eine andere Form der Wiedergutmachung zu suchen wie z.B. für das Wohlergehen dieser Menschen zu beten, nett und verantwortlich zu eurem Partner und anderen zu sein, Dienst an der Gemeinschaft zu tun oder eine Spende an eine Wohltätigkeitsorganisation zu leisten.

Wir werden bereit, bei unserem Partner, bei uns selbst und bei anderen Wiedergutmachung zu leisten, indem wir den Schaden anerkennen, der wir angerichtet haben. In dem Maße, in dem wir bereit werden, unser eigenes Verhalten zu sehen, werden wir toleranter und verzeihender, weniger starr und wertend. Als Ergebnis unserer Beteiligung in diesem Prozess beginnen sich unsere Sichtweise, unsere Haltung und unsere Glaubenssätze zu verändern. Wir sollten nun bereit sein, zum Neunten Schritt überzugehen.

Neunter Schritt

Wir machten bei diesen Menschen alles wieder gut – wo immer es möglich war – es sei denn, wir hätten dadurch sie oder andere verletzt.

Auch dies ist ein Schritt bei dem etwas aktiv getan wird und er verlangt die Bereitschaft, uns mit schwierigen Themen auseinanderzusetzen. Um unbeabsichtigte Schäden zu vermeiden, könnt ihr die Vorschläge für eure Wiedergutmachung mit eurem Sponsorpaar überprüfen. Zum Beispiel könnten Eltern oder Kinder dadurch geschädigt werden, wenn sie von zwanghaften Verhaltensweisen erfahren. Dieser Schritt erfordert Mut, ein gutes Urteilvermögen und ein behutsames Zeitgefühl.

Viele von uns fangen den Neunten Schritt mit unseren Kindern an. Abhängig von ihrer Reife sprechen wir über unsere ungesunden Verhaltensweisen nur dann, wenn es klar ist, dass sie dadurch nicht verletzt werden. Wir können bei unseren Kindern darüber hinaus Wiedergutmachung leisten, indem wir sie als Individuen respektieren, unsere eigene Genesung voranbrengen und indem wir daran arbeiten, selber gesunde und glückliche Erwachsene zu sein.

Nehmt euch davor in Acht, *Entschuldigungen* nicht mit *Wiedergutmachung* zu verwechseln. Manchmal sind Entschuldigungen erforderlich, dennoch ersetzen Entschuldigungen keine Wiedergutmachung. Wiedergutmachung geschieht dadurch, dass, wo es möglich ist, der angerichtete Schaden repariert und dann das Verhalten geändert wird. Wir können uns z.B. zehn Mal dafür entschuldigen, dass wir zu spät zu einer Besprechung kommen, aber dies ist *noch keine Wiedergutmachung* für unser Verhalten. Es wird unsere Wiedergutmachung sein, unser Verhalten zu ändern und pünktlich zu erscheinen.

Wenn wir den Schaden wieder gutmachen, den wir anderen zugefügt haben, dann heilen wir unsere eigene Beziehung damit. Das Wissen, dass wir alles tun, um jede Art von emotionalen, materiellen, moralischen oder spirituellen Schulden abzubezahlen, gibt uns ein Gefühl der Befriedigung.

Als Vorbereitung für die praktische Wiedergutmachung schlagen wir Folgendes vor:

1. Lest den Sicherheitsleitfaden (s. S. 67)

2. Reserviert Zeit für Gebet oder Meditation

3. Überlegt, was ihr sagen möchtet

4. Seid klar – wenn möglich schreibt eure Wiedergutmachung auf

5. Sorgt für eine komfortable und sichere Umgebung.

Für die tatsächlichen Wiedergutmachung empfehlen wir euch:

1. Haltet es einfach (Keep it simple)

2. Drücket euren Wunsch aus und/oder fragt um Erlaubnis: Ich (wir) müssen den Schaden, den ich (wir) angerichtet haben, zugeben und Verantwortung für meine (unsere) Handlungen übernehmen. Ich (wir) möchten das bei Dir/Euch wiedergutmachen. Bist du/seid ihr bereit, eine Wiedergutmachung anzunehmen?

Der Text für eine Wiedergutmachung kann sich z.B. so anhören:

• Ich (Wir) möchten Wiedergutmachung leisten für _____ .

• Ich (Wir) bitten um Vergebung.

• Ich (Wir) planen mein (unser) Verhalten zu ändern, indem

_____ .

Im Rahmen unserer Wiedergutmachung müssen wir auch bei uns selbst und bei unserem Partner Wiedergutmachung leisten. Wie können wir bei uns selbst etwas wiedergutmachen? Wir entwickeln neue Einstellungen, die die Bereitschaft widerspiegeln, uns zu lieben und uns selbst zu vergeben. Das Format für die Wiedergutmachung an einem einzelnen oder an der Paarbeziehung kann so ähnlich sein wie das für andere, aber vielleicht möchtet ihr diesen Textvorschlag verwenden:

Ich möchte eine Wiedergutmachung an unserer Paarbeziehung machen in Bezug auf _____ .

Ich wünsche mir Deine Vergebung für all die Worte, die auf Grund von Angst (Gedankenlosigkeit, Unüberlegtheit, Ärger, Unreife, Selbstbezogenheit, Selbstgerechtigkeit usw.) gesagt worden sind und aus meiner eigenen Verwirrung heraus.

Ich bitte Dich um Verzeihung.

Ich möchte mein Verhalten ändern, indem ich _____

Als Ergebnis unserer Wiedergutmachungen kommen wir in unserer Genesung voran. Wir bitten unsere Höhere Macht für Mut und Weisheit, uns jeder neuen Herausforderung in unserer Paarbeziehung stellen zu können. Wir übernehmen Verantwortung für unsere Fehler und lernen aus unseren Erfahrungen.

In den letzten drei Schritten geht es darum, das in die Praxis umzusetzen, was wir in den ersten neun Schritten gelernt haben.

Zehnter Schritt

Wir setzten die Inventur bei uns fort und wenn wir Unrecht hatten, gaben wir es sofort zu – gegenüber unserem Partner und anderen, die wir verletzt hatten.

Mit dem Zehnten Schritt setzen wir unsere Beziehungsinventur in Bezug auf unser Verhalten fort. Ein empfohlender Weg, um diese Inventur zu machen ist zu fragen: „Was hat mein Partner getan um unserer Paarbeziehung zu helfen?" und „Was habe ich getan, das der Paarbeziehung geschadet hat?", oder „Was haben wir als Paar getan, was anderen geschadet oder geholfen hat?" Dies kann täglich oder wöchentlich erfolgen, einzeln oder als Paar. Ein großer Teil unseres schädlichen Verhaltens besteht darin, unserem Partner die Schuld zuzuschieben. Eine tägliche oder wöchentliche Inventur hilft uns, das Verhalten der gegenseitigen Beschuldigungen umzukehren. Es lässt uns auch in Worte fassen, was wir am anderen mögen und schätzen. Beim ersten Durchgang des Zehnten Schritts kann es hilfreich sein, diese Inventur schriftlich zu machen. Es liegt in der Natur des Zehnten Schritts, dass er ein kontinuierlicher

Prozess ist, der so oft wie nötig wiederholt wird. Unsere Hoffnung ist, dass uns dieses neue Verhalten in Fleisch und Blut übergeht.

Die laufende Praxis des Zehnten Schritts bewahrt unsere Ehrlichkeit und Demut. Wenn wir bequem werden und schließlich meinen, dass wir nicht länger den Zehnten Schritt praktizieren oder regelmäßig an Meetings teilnehmen brauchen, neigen wir dazu, reizbar und aufbrausend zu werden, haben negative Gedanken oder fallen in alte Verhaltensmuster zurück. Beispiele für einen Rückfall in alte Verhaltensmuster können sein: Vermeidung, exzessives Arbeiten, Kaufrausch, Isolation, Überaktivität, Kontrolle, Manipulation, Gefühlskälte und Schwierigkeiten, Intimität zuzulassen. In unserem Leben oder unserer Paarbeziehung bleibt nichts gleich. Wir werden entweder wachsen oder Rückschritt erleben.

RCA schlägt drei Arten der ständigen Inventuren vor:

1. *Sofort Inventur:* (Wann immer ihr ängstlich oder aufgeregt seid, macht eine Pause und sucht nach unterschwelligen Motiven)

2. *Tägliche oder wöchentliche Inventur:* Was habe ich getan, das schädlich für unsere Paarbeziehung ist? Was hat mein Partner getan, das hilfreich für unsere Paarbeziehung ist?

3. *Langzeit-Inventur:* (eventuell einmal im Jahr eine spirituelle Besinnungsmöglichkeit, wo ihr betrachtet, wie eure Beziehung gewachsen ist (oder auch nicht) und welche Rolle du oder dein Partner bei diesem Wachstum gespielt haben.)

Der Zehnte Schritt ist ein laufender Prozess und nie ganz fertig. Nichtsdestotrotz beweist er unsere Bereitschaft und befähigt uns, unsere eigene Rolle in unserem Beziehungs-Tanz vollständig zu verstehen und zur Spiritualität des Elften Schritts weiter zu gehen.

Elfter Schritt

Wir suchten durch gemeinsames Gebet und Meditation die bewusste Verbindung zu Gott – wie wir Gott verstanden – zu vertiefen. Wir baten nur darum, uns Gottes Willen erkennbar werden zu lassen und um die Kraft, diesen auszuführen.

Im Elften Schritt haben wir die Möglichkeit, eine tiefere Beziehung mit unserer Höheren Macht zu entwickeln. Bei diesem Schritt geht es um unser spirituelles Erwachen. Wir verbessern unseren bewussten Kontakt mit unserer Höheren Macht durch Gebet und Meditation. Ein angemessenes Gebet ist aufrichtig, demütig und nicht auf den eigenen, egoistischen Gewinn ausgerichtet. Wir beten darum zu verstehen, was der Wille unserer Höheren Macht für uns ist und für die Bereitschaft, diesen auszuführen. Meditation ist eine alte Kunst, den Geist zur Ruhe zu bringen. Manchen von uns fällt es schwer, still zu sitzen und zu entspannen oder unsere ruhelosen Gedanken zu bremsen, aber mit etwas Übung gelingt das immer besser.

Paare, die bei diesem Schritt einige Fortschritte erreichen, können ein größeres Gefühl der Dankbarkeit entwickeln. Viele von uns empfinden ein Gefühl der Verbundenheit, des Geführtseins und des Getragenseins, während wir als Paar zusammenarbeiten.

Es ist hilfreich, täglich gemeinsam intime Zeit zu verbringen. Wir finden, dass Intimität mit unserem Partner nicht nur auf einer emotionalen Verbindung beruht, sondern auch auf einer geistigen. Wenn wir mehr Vertrauen in unsere Höhere Macht entwickeln, können wir uns verletzlicher zeigen und eine tiefere gegenseitige Annahme finden. An dieser Stelle könnt ihr eure spirituelle Suche vom Dritten Schritt noch einmal anschauen und überprüfen, was ihr hinzufügen oder ändern möchtet.

Wenn ihr Schwierigkeiten mit dem Beten oder wenig Erfahrung mit Gebet und Meditation habt, schlagen wir vor, das Gelassenheitsgebet zur Hilfe zu nehmen.

Gott, gebe uns die Gelassenheit,
die Dinge anzunehmen, die wir nicht ändern können;
den Mut, die Dinge zu ändern, die wir ändern können
und die Weisheit, das eine vom anderen zu unterscheiden.

Gott, gebe uns die Gelassenheit

Mit **Gelassenheit** ist gemeint, dass wir nicht mehr vor unserer Vergangenheit zurückschrecken, nicht in Angst leben wegen unseres gegenwärtigen Verhaltens oder in Sorge sind um die Zukunft. Um Gelassenheit zu bewahren, suchen wir regelmäßig gesündere Verhaltensweisen. Wir versuchen Erschöpfung zu vermeiden, die uns für Verzweiflung und alte selbstzerstörerische Verhaltensweisen anfällig machen.

Die Dinge anzunehmen, die wir nicht ändern können

Annahme bedeutet anzuerkennen, dass es Situationen gibt, über die wir keine Kontrolle haben. Indem wir unser Verhalten ändern, vermeiden wir das Leiden, das dadurch entsteht, wenn wir uns an etwas klammern was nicht mehr existiert.

Den Mut, die Dinge zu ändern, die wir ändern können

Der **Mut, etwas zu ändern** beinhaltet, dass wir unsere Versuche aufgeben, die Ergebnisse zu kontrollieren, aber es erfordert nicht, dass wir unsere Grenzen oder Bemühungen aufgeben. Es bedeutet eine ehrliche Einschätzung der Grenzen dessen, was wir ändern können.

Und die Weisheit, das eine vom anderen zu unterscheiden.

Weisheit in RCA kommt oft aus schmerzhaften Erfahrungen, in denen wir versuchten, Situationen die uns Angst machten zu kontrollieren, nur um zu entdecken, dass wir das nicht konnten. Weisheit ist die Fähigkeit, unsere Erfahrungen aus der Vergangenheit zu bewerten, von ihnen zu lernen, und sie loszulassen. Weisheit ist von entscheidender Bedeutung um zu entscheiden, welche Dinge wir ändern können und welche nicht. Sobald wir ein gewisses Maß an Akzeptanz haben und beginnen los zu lassen, finden wir eine neue Energie und Begeisterung für das Leben.

Zwölfter Schritt

Nachdem wir durch diese Schritte ein spirituelles Erwachen erlebt hatten, versuchten wir, diese Botschaft an andere Paare weiter zu geben und diese Grundsätze auf alle Aspekte unseres Lebens, unserer Beziehung und unserer Familien anzuwenden.

Im Zwölften Schritt geht es darum, die Botschaft der Paargenesung an andere Paare weiter zu geben. Diejenigen, die die Zwölf Schritte gearbeitet haben, können anderen Paaren viel bieten. Wenn wir das Licht unserer eigenen Erfahrungen mit der Genesung so hell scheinen lassen, dass andere ihren eigenen Weg finden können, dann praktizieren wir den Zwölften Schritt.

Wir finden, dass spirituelles Erwachen selten ein plötzliches Ereignis ist, sondern im allgemeinen allmähliche Veränderung der Perspektive. Dieses spirituelle Erwachen passiert oft, wenn Paare die Schritte von RCA zusammen arbeiten. In der Regel gewinnen wir ein Bewusstsein für die Bedeutung unserer Paarbeziehung als *„ eine Einheit und ein Einssein, "* und erreichen so neue Ebenen der Verbindlichkeit. Wenn wir lernen, dass *keiner von uns das Zentrum des Universums ist,* können wir in der Lage sein zu sehen, wie wir zusammenpassen und wie unsere Paarbeziehung zum Rest der Welt passt. Dieses Erwachen verwandelt uns sowohl einzeln als auch als Paar.

Wir bekommen eine neue Tiefe und Verständnis für die Weisheit der Zwölf Schritte. Wir sehen wie andere Paare um uns herum verändert werden und werden Zeugen dafür, wie die spirituelle Natur des Programms wirkt. Wir beginnen an Wunder zu glauben.

Genau wie in unseren individuellen Programmen, tragen wir in der RCA Gemeinschaft die Botschaft auf viele Arten weiter, darunter:

1. Als Paar in RCA-Meetings teilen

2. Dienste suchen und annehmen

3. Sponsoren und temporäre Sponsoren sein

4. Die Botschaft der Hoffnung an andere weiter geben:

- Auf spirituellen Freizeiten

- In unseren individuellen Meetings, zum Beispiel durch Flyer verteilen oder Anzeigen im Wochenblatt oder indem wir Menschen mit "Paarthemen" von RCA erzählen

- Durch die Weitergabe der Information an Menschen in Helferberufen (spirituellen, medizinischen, rechtlichen und therapeutischen)

- Durch Bekanntgabe der RCA-Meetings-Termine

5. Das Ländertreffen durch Teilnahme, Abstimmung als delegiertes Paar und Spenden unterstützen

6. Einen Dienst in der World Service Organization (WSO) Board of Trustees oder in einem WSO Dienst-Team übernehmen, sich ehrenamtlich engagieren

7. Unsere Paargeschichte aufschreiben und sie mit anderen teilen (besonders indem wir sie im RCA *Blauen Buch* veröffentlichen)

Nachdem wir diese zwölf Schritte gearbeitet haben, ist es wichtig, sich daran zu erinnern, dass die Schrittearbeit eine Arbeit fürs Leben ist. Indem wir diese Schritte üben haben wir ein besseres Verständnis für unsere Geschichte, unser Leben, unsere Paarbeziehung und unsere Höhere Macht. Indem wir unsere Erfahrung, Kraft und Hoffnung teilen, sehen wir die positiven Auswirkungen auf unsere Beziehungen und wenn wir Kinder haben, können wir die Ketten brechen, die Familien seit Generationen gefesselt haben. Wir lernen von jenen Paaren, die diesen Weg vor uns gegangen sind. Die Botschaft, die wir weitertragen, ist befreiend. Mit Neulingen zu arbeiten ist nicht nur eine lohnende Erfahrung; es zeigt uns, wo wir herkommen und wohin wir gehen müssen.

Kapitel III

RCA-Gruppen und -Meetings

Warum sind Meetings so wichtig?

Wir nehmen an RCA-Meetings teil, um zu verstehen wie das Programm funktioniert und um unsere Erfahrung, Kraft und Hoffnung mit anderen Paaren zu teilen. Wir erkennen, dass unsere Probleme nicht einzigartig sind und fangen an zu hoffen, dass unsere eigene Partnerschaft wiederhergestellt und sogar verbessert werden kann. Und aus der Hoffnung wächst die Gewissheit.

Bei der ersten Teilnahme sind sich manche Paare noch nicht darüber im Klaren, ob RCA das Richtige für sie ist. Die Teilnahme an Meetings kann ihnen dabei helfen, sich einen Eindruck zu verschaffen, wie das Programm ihrer Partnerschaft helfen könnte. Manche Gruppen empfehlen, dass Paare an mindestens sechs Meetings teilnehmen, bevor sie sich entscheiden, ob sie weitermachen wollen oder nicht. Einige von uns stellten fest, dass wir zu ein paar RCA-Meetings gehen und zuhören mussten, wie die Partnerschaften anderer Paare geheilt wurden, bevor wir darauf vertrauen konnten, dass wir gut genug miteinander auskommen konnten, um an unserer eigenen Partnerschaft zu arbeiten.

In den Meetings erhalten wir einen Einblick in die Macht der spirituellen Verbindung, die erfolgreiche Paarbeziehungen von anderen Beziehungen unterscheidet. Außerdem können wir in den Meetings andere Paare beobachten und von ihnen hören, wie sie die RCA-Empfehlungen in die Tat umsetzen, um ihre Paarbeziehung wiederherzustellen, zu entwickeln und zu verbessern. Wir können erfolgreiche Paare sehen, die wir als Sponsorpaare wählen können. Die Arbeit mit einem Sponsorpaar ist ein wesentlicher Bestandteil der Paargenesung. Die meisten Paare in Genesung sind sich darüber einig, dass die regelmäßige Teilnahme an Meetings wesentlich zum spirituellen Wachstum unserer Paarbeziehungen beiträgt.

Dem Programm eine Chance geben

Wir empfehlen neuen Paaren, dass sie für einen bestimmten Zeitraum verbindlich zusammen bleiben, wenn sie gemeinsam an den Meetings teilnehmen. Manche Paare können es kaum abwarten, ein Sponsorpaar zu bekommen und sofort zusammen an den Zwölf Schritten zu arbeiten. Für andere Paare können die ersten paar Monate bei RCA überwältigend sein. Ein erstes Ziel kann sein, einfach zu lernen, zuzuhören und nicht zu streiten. Es ist in Ordnung, wenn ihr ein paar Monate lang den Meetingsprozess lediglich mitverfolgen und aufnehmen wollt. Durch die Teilnahme an Meetings lernen wir, dem Prozess der gemeinsamen Arbeit im RCA-Programm zu vertrauen.

Intimitäts-Rückschlag

Meetings bringen Paare einander näher und fördern die Kommunikation. Aber viele Paare haben ihre schlimmsten Auseinandersetzungen nach ihrem ersten RCA-Meeting oder nach einem besonders innigen Meeting. Dieses Phänomen nennen wir **Intimitäts-Rückschlag**. Das kommt nicht nur bei Neulingen vor. Wir finden es hilfreich, uns regelmäßig daran zu erinnerin, dass es Intimitäts-Rückschläge gibt. Es ist wichtig, nicht zu vergessen, dass wir in diesen Situationen vorübergehend in alte Verhaltensmuster zurückfallen. Wir müssen uns und auch den Partner daran erinnern, dass es sich um einen *vorübergehenden* Rückfall handelt. Wir sind in Wirklichkeit auf dem richtigen Weg und machen Fortschritte. Kommt wieder.

Teilen in Meetings

Viele von uns glauben, dass der Erfolg unserer Paar-Genesung direkt von unserer Bereitschaft abhängt ist, offen zu teilen. Durch unser Zuhören und die *ehrliche* Teilnahme finden wir die Genesung, die wir suchen. Es ist beängstigend, sich dem Partner gegenüber ehrlich und verwundbar zu zeigen, aber es lohnt sich unbedingt. Wenn wir das tun, erleben wir die Wirksamkeit des Programms und entdecken Hoffnung und Spiritualität. Manche Paare wollen bestimmte Themen nicht unbedingt bei einem Meeting besprechen. Wir können mit unserem Sponsorpaar über Angelegenheiten reden, die wir lieber nicht mit allen Meetings-Teilnehmern teilen wollen.

Diversität bei den Meetings

RCA (Paare in Genesung) steht allen erwachsenen Paaren offen, die in ihrer Partnerschaft verbindlich sind und eine liebevolle, verbindliche und intime monogame Beziehung anstreben, wobei Alter, sexuelle Orientierung, Geschlechtsidentifizierung, Religion, Kultur, Rasse, Klasse, Herkunft, physische oder geistige Fähigkeiten oder Parteizugehörigkeit keine Rolle spielen. Die RCA-Gemeinschaft ist aktiv bestrebt, Diversität sowohl innerhalb der Partnerschaften als auch zwischen den Paaren zu achten und wertzuschätzen. In unseren Partnerschaften und Gruppen verpflichten wir uns, unsere Unterschiede zu achten und die Hindernisse auf dem Weg zur Gelassenheit zu überwinden. Diversität ist wichtig für unsere Paarbeziehungen und für die RCA-Gemeinschaft, da jeder von uns durch sein Anderssein zu einem umfassenderen Ganzen beiträgt. Jedes einzelne Meeting ist autonom, außer in Dingen, die andere Gruppen oder RCA als Ganzes betreffen. Eine Liste von Gruppen in Deutschland findet ihr auf www.recovering-couples.de. Bitte setzt euch mit dem Gruppen-Kontakt-Paar per Telefon oder Email in Verbindung, bevor ihr an einem neuen Meeting teilnehmt.

Ein sicheres Umfeld in den Meetings schaffen

Paare, die zu RCA kommen, bringen den selben Ballast mit wie Alkoholiker, Co-Abhängige oder andere Süchtige in ihrem jeweiligen Genesungsprogramm. Der wichtigste Unterschied zwischen der Person, die als Individuum im Programm arbeitet und dem Paar, das zu RCA kommt, besteht darin, dass das Paar *als Paar* am Programm teilnimmt. Dies mag als nicht besonders problematisch erscheinen, aber wir haben herausgefunden, dass gerade dies eine große Hürde sein kann!

Prinzipien über Personen zu setzen wird hierbei zu einer der größten Herausforderungen. Die Dynamik ist nämlich nicht auf die Beziehung innerhalb eines Paares beschränkt, sondern es kommen auch Interaktionen *zwischen* den verschiedenen Paaren sowie zwischenmenschliche Wechselbeziehungen zwischen allen einzelnen Teilnehmern aller anwesenden Paare hinzu. Prinzipien spielen daher eine sehr wichtige Rolle.

Es bedarf schon viel, bis eine Person zu einem Zwölf-Schritte-Programm kommt. Es kann noch schwieriger sein, dass beide Personen einer Paarbeziehung bereit sind, an RCA-Meetings teilzunehmen. Es bedarf einer Höheren Macht, um beide Partner zur Kooperation auf ein gemeinsames Ziel hin zu bewegen! Es fällt schon schwer genug, die andere Person in unserer eigenen Partnerschaft nicht zu verurteilen. Schwerer noch ist es, mehrere Paare davon abzuhalten, andere zu verurteilen oder die Inventur der Beziehung der anderen zu machen. Die meisten Gruppen kommen zu dem Schluss, dass die Einhaltung des RCA-Sicherheitsleitfadens (siehe S. 67) in ihren Meetings unabdingbar ist, um ein sicheres Umfeld zu schaffen.

Wir haben entdeckt, dass so wie eine Paarbeziehung in einer sicheren Atmosphäre aufblüht, auch Meetings wachsen, wenn Sicherheit gewährleistet ist. Kommunikation ist wichtig. Doch viele Paare, die zu RCA kommen, *streiten* sich anstatt miteinander zu *kommunizieren*. Es gibt aber auch Paare, die nicht streiten, sondern voneinander distanziert sind und emotional dicht machen. Wir bemühen uns um sichere Kommunikation, um die Intimität herzustellen, in der Paare mit ihren Konflikten auf gesunde Art und Weise umgehen können. Wir finden, dass es in Ordnung ist, Gefühle zu haben und diese klar und respektvoll zum Ausdruck zu bringen. Es ist auch in Ordnung Fehler zu machen und diese Fehler wieder gutzumachen. Es ist okay unterschiedlicher Meinung zu sein und zu akzeptieren, dass wir unterschiedlicher Meinung sind. Es ist auch okay, Bedürfnisse zu haben und zu lernen, respektvoll darum zu bitten, dass diese Bedürfnisse angehört werden.

Einhalten des Sicherheitsleitfadens

Um sicherzustellen, dass der Sicherheitsleitfaden (siehe S. 67) während des Meetings eingehalten wird, lesen die meisten Gruppen diese Richtlinien vor, normalerweise bevor mit dem Teilen begonnen wird. In manchen Gruppen achtet der Meetingleiter auf das Einhalten der Richtlinien, in anderen wird der Zeitnehmer mit dieser Aufgabe betraut.

Den RCA-Fokus im Auge behalten

Unsere RCA-World Service Organization (RCA-WSO) bietet RCA-Genehmigte Literatur an. Ein Großteil dieser Literatur ist im RCA-Meeting-Starterpaket enthalten. Wir bleiben auf die RCA-Botschaft fokussiert, indem wir dieses Material in unseren Meetings einsetzen. Den Meetingsablauf und viele der gängigen Texte, die für die Verwendung in Gruppen empfohlen werden, findet ihr auf der offiziellen Webseite sowie in den Meeting-Texten im Anschluss an diesen Abschnitt. Durch den Gebrauch einheitlichen Materials können Paare überall in der Welt eine RCA-„Heimat" finden.

Unseren Meetingsablauf planen

Jede Gruppe ist selbstständig und kann ein Meetingsformat entwickeln, das speziell auf die Bedürfnisse ihrer Teilnehmer zugeschnitten ist. Wir empfehlen, dass Gruppen bei der Entwicklung eines Meetingsablaufs die RCA-Traditionen berücksichtigen. Die RCA-Traditionen (siehe S. 68) sind Richtlinien für unser Verhalten in RCA.

Wir empfehlen, dass jedes Meeting den jeweiligen Meetingsablauf durch ein Gruppengewissen bildet und ihn schriftlich vorliegen hat. Es gibt unterschiedliche Formate für RCA-Meetings. Sprecherpaare können ihre Geschichte erzählen oder ihre Erfahrungen mit einem RCA-Schritt oder einem RCA-Werkzeug teilen. Das kann persönlich, per Telefon oder als Textbotschaft per Kassette bzw. CD geschehen. Bei manchen Gruppen gibt es Textstudien. Es gibt „Teilen und Feedback"-Meetings, Schritte-Meetings, Reflektions-Meetings, Traditions-Meetings und Themen-Meetings. In manchen Gruppen gibt es in jeder Woche des Monats einen anderen Schwerpunkt. Im Folgenden findet sich ein empfohlener Grundablauf für die Meetings. Auf der Webseite www.recovering-couples.org gibt es viele andere Beispiele für Meetingsabläufe.

Vorgeschlagener Meetingsablauf

(Bitte passt den Ablauf euren jeweiligen Gruppengegebenheiten an.)

Teilt diese Texte zum Vorlesen an die Teilnehmenden aus:

- Die Präambel (siehe S. 63)
- Wie es funktioniert Teil I (siehe S. 64)
- Die Zwölf Schritte (siehe S. 65)
- Wie es funktioniert Teil II (siehe S. 66)
- Die Zwölf Traditionen (siehe S. 68)
- Den Sicherheitsleitfaden (siehe S. 67)
- Die Versprechen (siehe S. 71)

Auch diese Texte können vorgelesen werden:

- Die Reflektionen (siehe S. 173-238)
- Charakteristische Merkmale von funktionierenden und nicht funktionierenden Paaren (siehe S. 18-20)
- Die Werkzeuge von RCA (siehe S. 118-123)

„Willkommen zu dem Treffen *(Name der Gruppe oder Wochentag/ Zeit)* der Anonymen Paare in Genesung (RCA). Mein Name ist *(dein Vorname)* und ich bin ein Mitglied RCA. Wir hoffen, dass Du in dieser Gemeinschaft die Hilfe und Freundschaft findest, die wir hier erfahren und genießen durften. Lasst uns das Meeting mit einem Moment der Stille beginnen, gefolgt von dem Gelassenheitsgebet. In dieser Gruppe wird das Gelassenheitsgebet in der „Wir" - Form mit den Worten „wir" und „uns" gesprochen (S. 72) *(Die Gruppe spricht nun das Gelassenheitsgebet)*.

- **„Ein Mitglied liest die RCA Präambel."** (S. 63) *(Das Mitglied liest vor)*.
- **„Ein Mitglied liest Wie es funktioniert Teil I. "** (S. 64) *(Das Mitglied liest vor)*.
- **„Ein Mitglied liest die Zwölf Schritte von RCA."** (S. 65) *(Das Mitglied liest vor)*.

- **„Ein Mitglied liest Wie es funktioniert Teil II. "** (S. 66)
  (Das Mitglied liest vor).
- **„Ein Mitglied liest die Tradition des Monats"** *(oder alle Zwölf Traditionen.)* (S. 68)
  (Das Mitglied liest vor).

Weitere Lesevorschläge. *(In der Regel entscheidet die Gruppe, wie viel Zeit für das Vorlesen der Texte und für das Teilen der anwesenden Paare festgelegt wird).*

„Jetzt ist der Zeitpunkt, uns vorzustellen. Mein Name ist _____ *(nenne deinen Vornamen)* **und ich bin in Genesung mit** _____ **"** *(nenne den Vornamen deines Partners. Der Partner stellt sich ebenso vor. Die Gruppe begrüßt das Paar.)*

"Hallo _____**." "Hallo** _____**."**
(Andere Teilnehmende machen weiter, indem sie ihren Vornamen und eine ähnliche Formulierung wählen. Alle werden einzeln von der Gruppe begrüßt.)

„Wir lassen eine Telefon- und Email-Liste für dieses Meeting herumgehen. Alle, die ihren Namen auf diese Liste setzen, sind bereit, programmbezogene Anrufe und Emails zu erhalten. Telefonanrufe und Emailaustausch sind hilfreiche Werkzeuge dieses Programms. Schreibe deine Telefonnummer und Emailadresse auf die Liste, wenn du magst."
(Die Meetingsleitung gibt die Telefon- und Email-Liste herum.)

Hausregeln *(z.B. Rauchverbot, kein Crosstalk, Parkmöglichkeiten, Literatur, Toiletten, Kaffee, kein Parfüm, usw.)*

„Das Format dieses Meetings ist _____**."**
(Ein Sprecherpaar-Meeting oder Schrittearbeit oder eine Tägliche Reflektion (Kap.VI), eine Tradition usw.). Oft gibt es während eines Monats eine bestimmte Abfolge. Zum Beispiel: 1. Woche: Sprecherpaar-Meeting; 2. Woche: Schritt des Monats; 3. Woche: Tägliche Reflektion; 4. Woche: Tradition des Monats; 5. Woche (falls es eine gibt): Spezielles Thema (z.B. wie wird ein Gruppengewissen gebildet,

Sponsorschaft, was RCA für unsere Partnerschaft gebracht hat, der Wert von RCA-Freizeiten, informelles Treffen, Picknick, Deutschlandtreffen usw.).

„Jetzt können wir unsere Erfahrung, Kraft und Hoffnung teilen. Wenn einer der Partner spricht, kann der andere als nächstes sprechen. Er oder sie kann auch schweigen und das Wort an jemand anderes weiter geben. Bitte haltet eure Beiträge kurz. Wir vermeiden sogenannten Crosstalk, das bedeutet, dass wir einander nicht unterbrechen, keine anderen Beiträge kommentieren oder uns darauf beziehen, sondern uns mit unseren Redebeiträgen an die ganze Gruppe wenden."

Falls dies ein Sprecherpaar-Meeting ist, sagt die Meetingsleitung: **„Die Sprecherin und der Sprecher werden jeweils 10 Minuten über ein selbst gewähltes Thema sprechen.** *(Die Meetingsleitung stellt die Sprecher vor.)* **„Jetzt möchte ich unsere Sprecher für den heutigen Abend willkommen heißen."** *Falls dies ein Schritte-Meeting, ein Reflektions-Meeting oder eine Traditionen-Meeting ist, bittet die Meetingsleitung:* **" Würde bitte jemand** *(den Schritt oder die Reflektion oder die Tradition)* **vorlesen?"** *(oder)* **„Würdest du bitte den ersten Absatz lesen und den Text dann deinem Nachbarn/deiner Nachbarin geben?"**

Wenn das Vorlesen beendet ist oder die Sprecher fertig sind, bittet die Meetingsleitung: **„Würde bitte jemand den RCA-Sicherheitsleitfaden vorlesen?"** (S. 67)

Nachdem der RCA-Sicherheitsleitfaden vorgelesen wurde, sagt die Meetingsleitung: **"Das Meeting ist nun offen für Beiträge."** *In manchen Meetings sind die Redebeiträge zeitlich begrenzt. Falls dies zutrifft, sagt die Meetingsleitung:* **"Das Teilen ist auf ____ Minuten begrenzt. Am Ende der Redezeit bitte ich Dich, so schnell wie möglich zum Schluss zu kommen, damit jeder die Chance hat, sich mitzuteilen."**

(Die Teilnehmenden teilen.)

Etwa 15 Minuten vor dem Meetingsende kann die Meetingsleitung sagen: **"Möchte jemand von den Neuen etwas teilen?** *(und/oder)* **„Hat noch jemand das dringende Bedürfnis, etwas zu teilen?"**

Etwa 5 Minuten vor dem Meetingsende beendet die Meetingsleitung das Meeting mit den Worten: **" Ich erinnere an die Siebte Tradition, welche besagt, dass jede RCA Gruppe sich selbst erhält und von außen kommende Unterstützung ablehnt. Unsere Spenden werden für die Miete und Literatur sowie zur Unterstützung unseres Nationalen Dienstbüros verwendet."**

Wenn es ein Sprecherpaar-Meeting war, sagt die Meetingsleitung: **"Vielen Dank an unsere Sprecherin und unseren Sprecher."**

"Unser nächstes Arbeitsmeeting ist am _____."

"Gibt es irgendwelche andere RCA bezogene Ankündigungen?"

(Die Teilnehmenden geben die Ankündigungen bekannt.)

"Möchte jemand die Versprechen vorlesen?" (S. 71). *Jemand liest.*

Die Meetingsleitung verteilt Fotokopien des Verbundenheitsgebets.)

"Lasst uns nun das Meeting mit dem Verbundenheitsgebet beenden." *(siehe S. 72; bzw. mit dem Gelassenheitsgebet oder einem anderen Gebet).*

Das Meeting ist nun beendet.

Lesevorschläge für das Meeting

Präambel

(übernommen mit Genehmigung von AA Grapevine, Inc.)

Wir sind eine Gemeinschaft von Paaren auf dem Weg der Genesung. Wir leiden unter vielen verschiedenen Süchten und Störungen und teilen unsere Erfahrung, Kraft und Hoffnung miteinander, um unsere gemeinsamen Schwierigkeiten zu lösen und anderen genesenden Paaren zu helfen, ihre Beziehungen wiederherzustellen. Die einzige Voraussetzung für die Zugehörigkeit ist der Wunsch, miteinander verbindlich zu bleiben und neue Intimität zu entwickeln.

Wir erheben keine Mitgliedsbeiträge sondern erhalten uns durch freiwillige Spenden. Wir sind mit keiner Organisation verbunden und nehmen keine Stellung zu Fragen außerhalb unserer Gemeinschaft.

Obwohl es keine organisatorische Verbindung zwischen den Anonymen Alkoholikern und unserer Gemeinschaft gibt, gründen wir auf den Prinzipien und Traditionen der A.A. Unsere Hauptaufgabe ist es, verbindlich in liebevollen und intimen Partnerschaften zu bleiben und anderen Paaren dabei zu helfen, Freiheit von süchtigen und zerstörerischen Beziehungen zu erlangen.

Wie RCA funktioniert – Teil I

Basierend auf dem Buch „Anonyme Alkoholiker"
© 1939, 1955, A.A. World Services, Inc.

Selten haben wir ein Paar scheitern sehen, das sorgfältig unserem Weg gefolgt ist. Diejenigen die nicht genesen sind Menschen, die sich diesem einfachen Programm nicht vollständig überlassen können oder wollen. Sie sind von ihrer Veranlagung her nicht in der Lage, eine Lebensweise zu begreifen und zu entwickeln, die eine beiderseitige und absolute Ehrlichkeit erfordert. Dann gibt es auch solche, die sich ihrem Partner gegenüber nicht festlegen können oder wollen. Außerdem gibt es einige, die an schweren emotionalen und psychischen Störungen leiden und dennoch genesen, wenn sie die Fähigkeit besitzen, ehrlich zu sein.

Unsere Lebensgeschichten offenbaren im Allgemeinen, wie wir einmal waren, was passiert ist und wie wir heute sind. Wenn ihr euch entschieden habt, das zu wollen was wir haben und wenn ihr willens seid alles Erdenkliche zu tun, um es zu erreichen, dann seid ihr bereit, bestimmte Schritte zu tun.

Vor manchen Schritten scheuten wir uns. Wir dachten wir könnten einen leichteren, bequemeren Weg finden. Aber das konnten wir nicht. Mit all der uns zur Verfügung stehenden Ernsthaftigkeit bitten wir euch, von Anfang an furchtlos und gründlich zu sein. Einige von uns haben versucht, an ihren alten Vorstellungen festzuhalten und das Ergebnis war gleich Null bis sie absolut losließen.

Denkt daran, dass wir es mit Süchten zu tun haben – listig, verwirrend, mächtig. Wir haben auch mit all den Erinnerungen an vergangene Verletzungen, Fehlverhalten und gebrochene Versprechen zu tun. Ohne Hilfe sind unsere Wut, unser Schmerz und unser Misstrauen zu groß für uns. Aber es gibt etwas, das alle Macht hat – und das ist Gott. Möget ihr Gott jetzt finden.

Halbe Sachen nützten uns nichts. Wir standen am Wendepunkt. Wir baten Gott rückhaltlos um Schutz und Fürsorge. Hier sind die Schritte, die wir gegangen sind und die als Programm zur Genesung empfohlen werden.

Die Zwölf Schritte von RCA*

1. Wir gaben zu, dass wir unserer Beziehung gegenüber machtlos sind – und unser gemeinsames Leben nicht mehr meistern konnten.

2. Wir kamen zu dem Glauben, dass eine Macht größer als wir selbst, uns unsere Verbindlichkeit und Intimität wiedergeben kann.

3. Wir fassten den Entschluss, unsere Willen und unser gemeinsames Leben der Fürsorge Gottes, so wie wir Gott verstanden, anzuvertrauen.

4. Wir machten gemeinsam eine gründliche und furchtlose Inventur von unserer Paarbeziehung.

5. Wir gaben Gott, einander und einem anderen Paar gegenüber die genaue Art unserer Fehler zu.

6. Wir waren völlig bereit, all diese Fehler des Charakters, der Kommunikation und der Fürsorge von Gott beseitigen zu lassen.

7. Demütig baten wir Gott, unsere Mängel von uns zu nehmen.

8. Wir machten eine Liste aller Personen, denen wir Schaden zugefügt hatten und wurden bereit, ihn bei allen wieder gutzumachen.

9. Wir machten bei diesen Menschen alles wieder gut – wo immer es möglich war – es sei denn, wir hätten dadurch sie oder andere verletzt.

10. Wir setzten die Inventur bei uns fort und wenn wir Unrecht hatten, gaben wir es sofort zu – gegenüber unserem Partner und anderen, die wir verletzt hatten.

11. Wir suchten durch gemeinsames Gebet und Meditation die bewusste Verbindung zu Gott – wie wir Gott verstanden – zu vertiefen. Wir baten nur darum, uns Gottes Willen erkennbar werden zu lassen und um die Kraft, diesen auszuführen.

12. Nachdem wir durch diese Schritte ein spirituelles Erwachen erlebt hatten, versuchten wir, diese Botschaft an andere Paare weiter zu geben und diese Grundsätze auf alle Aspekte unseres Lebens, unserer Beziehung und unserer Familien anzuwenden.

Wie RCA funktioniert – Teil II

Basierend auf dem Buch „Anonyme Alkoholiker"
© 1939, 1955, A.A. World Services, Inc.

Viele von uns riefen aus: „Was sind das für Vorschriften! Das schaffen wir nie! Unsere Liebe ist verloren, unsere Versprechen für immer gebrochen, unsere Kommunikation zerstört, unsere Familien zerrüttet."

Lasst euch nicht entmutigen. Kein Paar unter uns war in der Lage, diese Prinzipien auch nur annähernd vollständig zu befolgen.

Wir sind keine Heiligen, unsere Liebe ist nicht perfekt, unsere Energie nicht unbegrenzt, unsere Beziehungen nicht vorbildlich. Es gibt nicht so etwas wie den grenzenlos fürsorglichen und nährenden Partner oder die vollkommene Intimität. Es geht vielmehr darum, dass wir bereit sind, nach spirituellen Grundsätzen gemeinsam zu wachsen. Die von uns aufgestellten Prinzipien sind Wegweiser zum Fortschritt. Wir streben eher nach spirituellem Fortschritt als nach spiritueller Perfektion. In unserer Spiritualität wollen wir mehr Fürsorge, Kommunikation und Intimität erreichen.

Durch das Verstehen unserer Süchte, Dysfunktionen und unserer persönlichen Lebensgeschichten vor und nach der Genesung erkennen wir drei wesentliche Dinge:

1. Dass wir unsere Paarbeziehung nicht mehr meistern konnten. Dass wir trotz unserer besten Bemühungen vor Trennung und/oder Scheidung standen.

2. Dass wahrscheinlich keine menschliche Macht unsere Verbindlichkeit und Intimität wiederherstellen konnte.

3. Dass Gott dies könnte und würde, wenn wir Gott suchten.

Der RCA-Sicherheitsleitfaden

Anonymität und die beiderseitige Respektierung von Grenzen sind wesentlich, um jeder und jedem von uns eine heilende Erfahrung zu ermöglichen. Die meisten von uns hatten große Schwierigkeiten damit ihre Grenzen zu bestimmen, ihr Selbstwertgefühl aufzubauen und ihren persönlichen Raum zu entfalten. Wir sind empfindlich gegenüber Unterbrechungen, Kommentaren und ungebetenen Rückmeldungen. Unser Ziel ist nicht, Ratschläge zu geben oder zu versuchen, uns gegenseitig aus der Klemme zu helfen. Vielmehr wollen wir eine sichere Umgebung schaffen, in der wir unsere Schmerzen spüren und teilen können. Wir haben Folgendes herausgefunden:

1. Es ist in Ordnung, zu fühlen.

2. Es ist in Ordnung, Fehler zu machen.

3. Es ist in Ordnung, respektvolle Auseinandersetzungen zu haben.

4. Es ist in Ordnung, Bedürfnisse zu haben und darum zu bitten, dass sie erfüllt werden.

5. Es ist wichtig, andere (d.h. den Partner und andere Gruppenmitglieder) zu respektieren. Es ist wichtig, selbstgerechte Aussagen zu vermeiden, ebenso Reizwörter oder Aussagen, die den anderen oder die andere bewusst in Rage bringen. Wir tragen kein Beweismaterial zusammen, machen nicht die Inventur eines anderen oder reden darüber.

6. Es ist wichtig, uns selbst zu respektieren und zu vermeiden, uns selbst herabzusetzen und in Selbstmitleid zu verfallen. Es ist hilfreich, zu unserer eigenen Geschichte zu stehen und unsere Fortschritte und die Arbeit in der Genesung zu würdigen.

7. Anonymität ist unsere spirituelle Grundlage. Wen Du hier siehst, was Du hier hörst, wenn du gehst, bitte lass es hier.

Wir achten sorgfältig auf uns selbst und unsere Partnerschaft. Bei unseren Treffen empfangen und bieten wir unseren Beziehungen die Nahrung, die sie zum Wachsen und Fortbestehen brauchen. Aus diesem Grund ist es wichtig für uns, mit unseren Partnern und anderen respektvoll umzugehen. Indem wir dies tun, würdigen wir die Gruppe und die Beziehungen in ihr.

Die 12 Traditionen von RCA**

1. Unser gemeinsames Wohlergehen sollte an erster Stelle stehen; die Genesung eines Paares beruht auf der Einigkeit der Anonymen Paare in Genesung.

2. Für den Sinn und Zweck unserer Gruppe gibt es nur eine höchste Autorität – einen liebenden Gott, wie Er sich in dem Gewissen unserer Gruppe zu erkennen gibt. Unsere Vertrauensleute sind nur betraute Diener; sie herrschen nicht.

3. Die einzige Voraussetzung für die RCA-Zugehörigkeit ist der Wunsch, in einer verbindlichen Beziehung zu bleiben.

4. Jede Gruppe sollte selbstständig sein, außer in Dingen, die andere Gruppen oder die RCA-Gemeinschaft als Ganzes angehen.

5. Die Hauptaufgabe jeder Gruppe ist, unsere Botschaft anderen genesenden Paaren zu bringen, die noch leiden.

6. RCA sollte niemals irgendein außenstehendes Unternehmen unterstützen, finanzieren oder mit dem RCA-Namen decken, damit uns nicht Geld-, Besitz- und Prestigeprobleme von unserem eigentlichen Zweck ablenken.

7. Jede RCA-Gruppe sollte sich selbst erhalten und von außen kommende Unterstützung ablehnen.

8. Die Tätigkeit bei den Anonymen Paaren in Genesung sollte immer ehrenamtlich bleiben, jedoch dürfen unsere zentralen Dienststellen Angestellte beschäftigen.

9. RCA als solches sollte niemals organisiert werden. Jedoch dürfen wir Dienst-Ausschüsse und -Komitees bilden, die denjenigen verantwortlich sind, welchen sie dienen.

10. Anonyme Paare in Genesung nehmen niemals Stellung zu Fragen außerhalb ihrer Gemeinschaft; deshalb sollte der RCA-Name niemals in öffentliche Streitfragen verwickelt werden.

11. Unsere Beziehungen zur Öffentlichkeit stützen sich mehr auf Anziehung als auf Werbung. Deshalb sollten wir auch gegenüber Presse, Rundfunk, Film und Fernsehen stets unsere persönliche Anonymität wahren.

12. Anonymität ist die spirituelle Grundlage aller unserer Traditionen, die uns immer daran erinnern soll, Prinzipien über Personen zu stellen.

RCA-Werkzeuge der Genesung

Wir finden diese Werkzeuge der Genesung nützlich, um die Verbindlichkeit, Intimität und Freude in unseren Paarbeziehungen wiederherzustellen und zu erhalten. (Siehe Kapitel IV, S. 118–123 für detailliertere Beschreibungen der Werkzeuge.)

1. Meetings besuchen und dort teilen

2. Ein Zweiermeeting einberufen

3. Einen „Waffenstillstand" oder eine „Auszeit" ausrufen

4. Verträge zur Konfliktlösung und schriftliche Vereinbarungen (siehe Anhang, S. 285–291)

5. Ein Unterstützungsnetzwerk innerhalb und außerhalb von RCA aufbauen

6. "Ich"-Aussagen

7. Zuhören und sich mitteilen

8. Die Schritte lesen und arbeiten

9. Genesungsliteratur lesen

10. Dienst

11. Sponsorschaft

12. Den Sicherheitsleitfaden benutzen (siehe S. 67)

*) Übernommen von: Die zwölf Schritte der Anonymen Alkoholiker, die lauten:

1. Wir gaben zu, dass wir dem Alkohol gegenüber machtlos sind – und unser Leben nicht mehr meistern konnten. 2. Wir kamen zu dem Glauben, dass eine Macht, größer als wir selbst, uns unsere geistige Gesundheit wiedergeben kann. 3. Wir fassten den Entschluss, unseren Willen und unser Leben der Sorge Gottes – wie wir Ihn verstanden – anzuvertrauen. 4. Wir machten eine gründliche und furchtlose Inventur in unserem Inneren. 5. Wir gaben Gott, uns selbst und einem anderen Menschen gegenüber unverhüllt unsere Fehler zu. 6. Wir waren völlig bereit, all diese Charakterfehler von Gott beseitigen zu lassen. 7. Demütig baten wir Ihn, unsere Mängel von uns zu nehmen. 8. Wir machten eine Liste aller Personen, denen wir Schaden zugefügt hatten und wurden willig, ihn bei allen wieder gutzumachen. 9. Wir machten bei diesen Menschen alles wieder gut – wo immer es möglich war – es sei denn, wir hätten dadurch sie oder andere verletzt. 10. Wir setzten die Inventur bei uns fort, und wenn wir Unrecht hatten, gaben wir es sofort zu. 11. Wir suchten durch Gebet und Besinnung die bewusste Verbindung zu Gott – wie wir Ihn verstanden – zu vertiefen. Wir baten Ihn nur, uns Seinen Willen erkennbar werden zu lassen und uns die Kraft zu geben, ihn auszuführen. 12. Nachdem wir durch diese Schritte ein spirituelles Erwachen erlebt hatten, versuchten wir, diese Botschaft an Alkoholiker weiterzugeben und unser tägliches Leben nach diesen Grundsätzen auszurichten.

**) Mit Genehmigung übernommen von den Zwölf Traditionen der Anonymen Alkoholiker, die lauten:

1. Unser gemeinsames Wohlergehen sollte an erster Stelle stehen; die Genesung des Einzelnen beruht auf der Einigkeit der Anonymen Alkoholiker. 2. Für den Sinn und Zweck unserer Gruppe gibt es nur eine höchste Autorität – einen liebenden Gott, wie Er sich in dem Gewissen unserer Gruppe zu erkennen gibt. Unsere Vertrauensleute sind nur betraute Diener; sie herrschen nicht. 3. Die einzige Voraussetzung für die AA-Zugehörigkeit ist der Wunsch, mit dem Trinken aufzuhören. 4. Jede Gruppe sollte selbständig sein, außer in Dingen, die andere Gruppen oder die Gemeinschaft der AA als Ganzes angehen. 5. Die Hauptaufgabe jeder Gruppe ist, unsere AA-Botschaft zu Alkoholikern zu bringen, die noch leiden. 6. Eine AA-Gruppe sollte niemals irgendein außenstehendes Unternehmen unterstützen, finanzieren oder mit dem AA-Namen decken, damit uns nicht Geld-, Besitz- und Prestigeprobleme von unserem eigentlichen Zweck ablenken. 7. Jede AA-Gruppe sollte sich selbst erhalten und von außen kommende Unterstützung ablehnen. 8. Die Tätigkeit bei den Anonymen Alkoholikern sollte immer ehrenamtlich bleiben, jedoch dürfen unsere zentralen Dienststellen Angestellte beschäftigen. 9. Anonyme Alkoholiker sollten niemals organisiert werden. Jedoch dürfen wir Dienst-Ausschüsse und Komitees bilden, die denjenigen verantwortlich sind, welchen sie dienen. 10. Anonyme Alkoholiker nehmen niemals Stellung zu Fragen außerhalb ihrer Gemeinschaft; deshalb sollte der AA-Name niemals in öffentliche Streitfragen verwickelt werden. 11. Unsere Beziehungen zur Öffentlichkeit stützen sich mehr auf Anziehung als auf Werbung. Deshalb sollten wir auch gegenüber Presse, Rundfunk, Film und Fernsehen stets unsere persönliche Anonymität wahren. 12. Anonymität ist die spirituelle Grundlage aller unserer Traditionen, die uns immer daran erinnern soll, Prinzipien über Personen zu stellen.

Die Zwölf Schritte und Zwölf Traditionen der Anonymen Alkoholiker wurden mit der Genehmigung der Alcoholics Anonymous World Services, Inc. („AAWS") nachgedruckt und übernommen. Die Genehmigung zum Nachdruck und der Übernahme bedeutet jedoch nicht, dass AAWS an dieses Programm angegliedert ist. AA ist ausschließlich ein Programm zur Genesung von Alkoholismus – die Verwendung der AA-Schritte und Traditionen oder einer übernommenen Fassung ihrer Schritte und Traditionen in Verbindung mit Programmen und Aktivitäten, die denen der AA nachempfunden sind, aber andere Probleme angehen oder eine Verwendung in allen sonstigen nicht AA-bezogenen Zusammenhängen lässt nichts Gegenteiliges schließen.

Abschlusstexte

Die Versprechen von RCA

Basierend auf dem Buch Anonyme Alkoholiker, Kapitel 6 – „In die Tat umgesetzt" (Seite 83) © 1939, 1955, A.A. World Services, Inc.

Wenn wir uns ehrlich einlassen und sehr gründlich gemeinsam in den Zwölf Schritten arbeiten, so werden wir schnell begeistert feststellen, wie rasch unsere Liebe zurückkehrt. Wir werden eine neue Freiheit und ein neues Glück kennenlernen. Wir werden lernen, wie wir zusammen spielen und Spaß haben können. Während wir gegenseitige Vergebung erfahren, werden wir die Vergangenheit weder bereuen, noch die Tür hinter ihr zuschlagen. Das Vertrauen ineinander wird zurückkehren. Wir werden verstehen, was das Wort Gelassenheit bedeutet und erfahren, was Frieden ist.

Wie nah wir dem Zusammenbruch auch gekommen sind, wir werden doch erkennen, dass unsere Erfahrungen für andere hilfreich sein können. Das Gefühl von Nutzlosigkeit, Scham und Selbstmitleid wird verschwinden. Wir werden das Interesse an selbstsüchtigen Dingen verlieren und Interesse an unserem Partner, unseren Familien und anderen Menschen gewinnen. Unsere Selbstbezogenheit wird verschwinden. Unsere ganze Haltung und Einstellung zum Leben wird sich ändern. Die Angst vor Menschen und vor wirtschaftlicher Ungewissheit wird uns verlassen. Wir werden intuitiv wissen, wie wir mit Situationen umgehen können, die uns früher umgeworfen haben. Wir werden bessere Eltern, Arbeitende, Helfende, Freunde und Freundinnen sein. Plötzlich wird uns bewusst, dass Gott für uns das tut, wozu wir alleine nicht in der Lage sind.

Sind das alles übertriebene Versprechen? Wir meinen nicht. Sie werden an uns erfüllt, manchmal schneller, manchmal langsamer. Sie werden sich immer verwirklichen, wenn wir daran arbeiten.

Für diejenigen unter euch, die neu in unserer Gemeinschaft sind: es gibt keine Probleme, die ihr erlebt habt, die vielen von uns nicht auch vertraut sind.

So wie unsere Liebe für unsere Partner unvollkommen war, so kann es sein, dass wir nicht immer in der Lage sind, die tiefe Liebe und Akzeptanz, die wir für Euch fühlen, zum Ausdruck zu bringen. Kommt wieder, der Prozess der Liebe und Kommunikation wächst in uns und miteinander, Tag für Tag.

Bitte erinnert Euch, dass alles, was hier gesagt wurde, hier bleibt.

Verbundenheitsgebet

Ich lege meine Hand in deine Hand und zusammen schaffen wir, was wir alleine nie geschafft hätten.

Nicht länger sind wir hoffnungslos, nicht länger abhängig von unserer unbeständigen Willenskraft.

Gemeinsam strecken wir nun unsere Hände nach einer Kraft und Stärke aus, die grösser ist als wir selbst.

Und indem wir uns bei den Händen nehmen, erfahren wir Liebe und Verständnis, die unsere kühnsten Träume übertreffen.

(Das Verbundenheitsgebet wird gedruckt mit Erlaubnis (1993) von Rosanne S., der Autorin. Bei den Anonymen Esssüchtigen ist es auch bekannt als das OA Versprechen.)

Gelassenheitsgebet für Paare

Gott, gebe uns die Gelassenheit, die Dinge anzunehmen, die wir nicht ändern können; den Mut, die Dinge zu ändern, die wir ändern können und die Weisheit, das eine vom anderen zu unterscheiden.

Vorgeschlagene Meetingsthemen

1. Ein Paar ist eine Einheit.

Zwei Menschen, die zusammen in einer verbindlichen Beziehung sind, bilden eine *Partnerschaft*, einen *Verbund*, eine eindeutige und separate *Einheit*. Diese Partnerschaft hat ein eigenes Leben und muss angemessen gepflegt werden. Die Paargenesung hängt von dieser Pflege ab. In einer dysfunktionalen Beziehung müssen beide Partner ihre individuelle Genesung betreiben: Meetings, Sponsoren, Therapie, eine unterstützende Gruppe, Spiritualität, Freizeit, Beruf und andere Einzelinteressen. Eine Partnerschaft benötigt dieselben Bausteine für die Paargenesung. Es gibt drei Bausteine der Genesung bei Paaren. Unsere individuellen Genesungen sind die zwei grundlegenden Bestandteile. Die Genesung der Partnerschaft ist der dritte Baustein. Eines der Symbole von Anonyme Paare in Genesung ist der dreibeinige Schemel.

Jedes Bein verkörpert einen der Bestandteile. Falls ein Bein fehlt, kippt der Schemel. Wenn einer der Bausteine fehlt, kann die Beziehung scheitern.

Deshalb wissen viele von uns z.B., wie schwer es für einen Partner ist, als der Süchtige ausgemacht zu sein und an der Genesung zu arbeiten, während der andere Partner nichts für seine individuelle Genesung tut. Ein Partner entwickelt sich und der andere nicht. Wenn nur ein Partner an seiner individuellen Genesung arbeitet, wird dies mehr Distanz in der Beziehung schaffen.

2. In süchtigen Beziehungen wird der Partner des Hauptsüchtigen als Co-Süchtiger bezeichnet.

Die Suchttheorie geht davon aus, dass einer oder beide Partner oft ein Co-Abhängiger und/oder Ermöglicher/Auslöser ist. Manche Co-Süchtige haben gedacht, dass, wenn der Süchtige nüchtern wird, sie nicht mehr co-abhängig sind. Das ist nicht wahr. Co-Abhängigkeit ist eine eigenständige Krankheit. Co-Abhängige wachsen oft in Familien auf, in denen sie lernen, mit Süchten aller Art umzugehen. Sie könnt sogar erkennen, dass sie ihr Leben lang Beziehungen mit Süchtigen eingegangen sind.

Ihr aktueller Partner kann nur ein weiterer auf einer langen Liste sein. Sie werden von Vertrautem angezogen und wählen so unbewusst auch den jetzigen Partner. Sie werden nicht von selber dadurch gesund, dass ihr Partner in die Genesung geht. Sie müssen lernen, selber die Muster der Co-Abhängig zu durchbrechen. Co-Abhängige müssen *für sich selbst* an ihrer Genesung arbeiten.

Nüchternheit für Co-Abhängig beinhaltet:

- Gesunde Selbstfürsorge zu lernen;
- Klare Kommunikation ihrer Gefühle, Bedürfnisse und Sorgen;
- Respektvolle Abgrenzung.

Mit den RCA Werkzeugen lernen Co-Abhängige persönliche Grenzen zu entwickeln und ihre Individualität auszudrücken. Co-Abhängige können ihre eigenen primären Süchte haben. Es ist nicht ungewöhnlich, dass zwei Süchtige eine Beziehung eingehen und jeweils vom anderen co-abhängig sind. Für beide, den Süchtigen und den Co-Abhängigen, können die Lektionen, die sie in ihren Herkunftsfamilien gelernt haben, die Wurzel des Übels sein.

Manchmal lösen aktuelle Krisen ungesunde Bewältigungsstrategien aus. Co-Abhängige können sich zum Beispiel mit Essen trösten, wenn sie sich vom süchtigen Partner verlassen fühlen. Essen als Stimmungsaufheller oder Liebesersatz zu benutzen kann z.B. in der Kindheit von einem Elternteil erlernt worden sein, der die innere Leere mit Essen gefüllt hat. Andere Co-Abhängige können sich in die Arbeit stürzen oder übertrieben beschäftigt sein. Beide Partner müssen an ihrer eigenen Genesung arbeiten, wenn ihre Paarbeziehung genesen soll und wenn sie die Auswirkungen von Altlasten aus der Familie auf ihre Kinder und zukünftige Generationen stoppen möchten.

3. Beide Partner müssen Verantwortung für die Gesundheit oder Dysfunktionen ihrer Partnerschaft annehmen.

Jeder von uns bringt seine eigenen Süchte, seine eigene Persönlichkeit, seine eigenen Verhaltensmuster aus der Herkunftsfamilie und die eigenen Dysfunktionen in die Beziehung mit hinein. Die Partnerschaft erzeugt diese Dysfunktionen nicht, kann sie aber antriggern oder verstärken. Es sind die Bestandteile, *die durch beide Partner eingebracht werden*, die das Wesen der Beziehung ausmachen.

Das bedeutet nicht, dass einer der beiden für das süchtige oder dysfunktionale Verhalten seines Partners verantwortlich ist. Die Verantwortung für solches Verhalten liegt bei jedem selbst und reflektiert die Entscheidungen, wie er oder sie mit Gefühlen umgehen will. (einschließlich der Gefühle, die durch die derzeitige Situation in der Beziehung verursacht werden). *Beide Partner* sind verantwortlich für die An- und Abwesenheit von Intimität.

4. Beide Partner können co-abhängig sein.

Gegenseitige Co-Abhängigkeit kann eine Seite gemeinsamer Sucht sein. Co-Abhängigkeit vom Partner entsteht beispielsweise durch die Angst verlassen zu werden, durch tiefe Scham oder dem Bedürfnis nach Anerkennung. Manchmal kommt es zu Verstrickungen in der Paarbeziehung, was dazu führt, dass jeder versucht, den anderen zu kontrollieren, meistens um zu verhindern, dass man vom Partner verlassen wird.

Es können zwei Formen der Kontrolle eingesetzt werden: *manipulativ* und *bevormundend*. Die *manipulativen* Co-Abhängigen wollen den Partner dadurch festhalten, indem sie immer das tun, was ihre Partner wollen oder brauchen. Das zwingt diese Co-Abhängen zum Verlust ihrer eigenen Identität und manchmal sogar dazu, für den Partner fast ihr Leben zu lassen. Diese Art der meist unbewussten Kontrolle kann auch bedeuten, dass man eine Opferhaltung einnimmt und sich als arme, elende, misshandelte Person sieht, die niemand jemals verlassen darf.

Die *Bevormundung* ist eher eine Form der direkten Kontrolle. Die bevormundenden Co-Abhängigen benutzen Ärger (oder sogar Wutausbrüche), strenge Befehle, Forderungen, Auseinandersetzungen, Drohungen und Unterstellungen (mit unterschiedlichen Methoden, mehr oder wenig subtil), um sich über die Anderen zu stellen und das Verhalten der Partner zu kontrollieren.

Egal welche Form einer ausübt, *beide Partner haben Angst, vom anderen verlassen zu werden* und benutzen ihren persönlichen co-abhängigen Stil, um das Verlassenwerden zu verhindern. In der Genesung dagegen können Partner lernen, wie sie sich *frei für die Paarbeziehung entscheiden*. Bevor die Genesung einsetzt, fehlt den Partnern diese freie Wahl. Sie fühlen sich aus dem Zwang ihrer gemeinsamen, gegenseitigen Sucht heraus in die Paarbeziehung genötigt.

5. Beide Partner leiden wahrscheinlich an einer Intimitätsstörung.

Eine Intimitätsstörung basiert auf einem individuellen Schamgefühl, das sagt: *„Wenn du mich wirklich kennen würdest, würdest du mich hassen."* Diese Störung verursacht Angst vor Intimität und die Unfähigkeit, unserem Partner gegenüber ehrlich und verwundbar zu sein.

Einer der Grundsätze einer Intimitätsstörung ist, dass wir *am wenigsten aufrichtig mit derjenigen Person sein werden, die wir am meisten fürchten zu verlieren*. Diejenigen von uns, die mit einer Intimitätsstörung leben, sind oft sehr verbittert, weil unsere Partner scheinbar mit verhältnismäßig fremden Menschen völlig aufrichtig sein können, während sie es mit uns nicht sind. Wir müssen uns vergegenwärtigen, dass der Grund, warum wir die Wahrheit als letzte erfahren, nicht der ist, dass unser Partner uns vorsätzlich belügen will oder weil wir ihm egal sind, sondern weil er eine Riesenangst davor hat, uns zu verlieren.

Letztlich bedeutet Intimität, eine ehrliche Risikobereitschaft zu üben. Wir müssen lernen, das große Risiko auf uns zu nehmen, die Wahrheit über uns zu erzählen, die Wahrheit über aktuelle Verhaltensweisen, Gefühle, Ansichten, Vorlieben und Bedürfnisse, ebenso wie über altes Verhalten, sofern diese Enthüllungen den anderen nicht verletzen. Wenn wir diese Risiken auf uns nehmen, werden wir entdecken, dass unsere Partner uns gewöhnlich nicht verlassen, sondern dass sie dankbar sind für unsere Aufrichtigkeit. Ehrlichkeit zu üben kann Vertrauen und Intimität aufbauen, ohne Ehrlichkeit passiert das nicht.

6. Normalerweise haben beide Partner erhebliche Muster aus der Herkunftsfamilie.

Es gibt zwar nur wenige Forschungsarbeiten bezuglich süchtiger Paare; diese legen aber nahe, dass eventuell beide Partner Opfer irgendeiner Form von Vernachlässigung oder Missbrauch sind. Süchtige Paare haben wahrscheinlich ungesunde Beziehungen in ihren Herkunftsfamilien gelernt, wo sie kein gesundes Vorbild für Intimität und Fürsorge erhalten haben.

Jeder Partner kann Opfer eines Übergriffs geworden sein, in dem die persönlichen Grenzen emotional, physisch, sexuell oder spirituell verletzt wurden. Solcher Missbrauch erzeugt oft unterdrückte Wut, gepaart mit schwerer Angst und innerer Unruhe. Süchte können als Ausweg entwickelt werden, um diese Gefühlen aushalten zu können.

Beide Partner können auch Opfer von Vernachlässigung geworden sein, wenn ihre Grund-Bedürfnisse in Bezug auf Fürsorge oder Sicherheit von einem oder beiden der Elternteile (oder Betreuern) nicht befriedigt wurden. Diese Art von Missbrauch hinterlässt eine tiefe emotionale Leere und große Einsamkeit.

Menschen können die Erinnerungen an einen Missbrauch verdrängen. Die damit verbundenen Gefühle können jedoch ausgelöst werden, ohne dass die alten Erinnerungen bewusst werden. Unser Partner kann etwas tun oder sagen, was uns unbewusst an unseren Missbrauch erinnert. Das kann die alten, vergrabenen Gefühle auslösen. Unsere Reaktionen wie Verzweiflung, Angst oder Wut können in der entsprechenden Situation unverhältnismäßig erscheinen.

Viele Paare z.B. streiten aus banalen Gründen. Ihre Wut oder Traurigkeit mag scheinbar total unangemessen sein oder gar nichts mit der gegenwärtigen Situation zu tun zu haben. Ungelöste Auseinandersetzungen und „unerklärliche" emotionale Reaktionen können oft auf Erfahrungen in unseren Herkunftsfamilien zurückgeführt werden.

Wenn es in einer Herkunftsfamilie zu Vernachlässigung gekommen ist, kann dadurch die Co-Abhängigkeit entstehen, die im 4. Meetings-Thema beschrieben ist. Co-Abhängigkeit entsteht aus der Angst vor Verlassenwerden. Oft hoffen wir, dass unsere Partner dafür sorgen, dass wir uns gut fühlen. Wir mögen denken, dass unser Partner der fürsorgliche Elternteil ist, den wir in unserer Kindheit nicht hatten. Folglich kann der Partner, an den diese Erwartung gestellt wird, dann rebellieren und sagen: *„Ich bin doch nicht deine Mutter (oder dein Vater)."*

Ein Partner kann niemals einen Elternteil ersetzen. Wenn uns diese Tatsache klar ist, wird unser Partner davon entlastet, jemand zu sein, der er niemals sein kann. Dann kann sich ehrliche Intimität in der Partnerschaft entwickeln.

7. Um zusammenzubleiben muss einer oder beide Partner sich von seinen Eltern „scheiden lassen".

Hierbei nehmen wir an, dass zumindest ein Elternteil missbräuchlich war. Es kann nötig sein, sich von dem missbräuchlichen Elternteil bzw. Elternteilen abzugrenzen, auch wenn es nur in unseren Erinnerungen möglich ist. Das kann bedeuten, dass man diesen Elternteil nicht mehr sieht oder spricht oder die Häufigkeit oder Intensität der Besuche einschränkt. Dies ist umso wichtiger, wenn zu befürchten ist, dass die Eltern bzw. ein Elternteil das missbräuchliche Verhalten mit den Enkelkindern weiterführen werden.

Wenn es einen Beziehungsabbruch oder Vernachlässigung gab, müssen wir diesen Verlust betrauern. Dies kann erhebliche Therapiearbeit und/oder Unterstützung durch die Gruppe erfordern. Wir haben erfahren, dass *Trauerbewältigung verbalen Ausdruck erfordert.* Dadurch wird dem Partner der Druck genommen, perfekte Fürsorge geben zu müssen. *Wenn wir uns von unseren missbräuchlichen Eltern trennen*, müssen wir uns nicht voneinander trennen.

8. Paare haben jede Menge illusorische Vorstellungen von idealen Beziehungen.

Abhängige Paare können eine Liste von Ansprüchen haben, von denen sie glauben, dass sie ein „gutes Paar" ausmachen. Sie können z.B. meinen, dass sie dadurch, dass sie ihr Eheversprechen gebrochen haben, nicht mit Geld zurechtkommen oder keine perfekten Eltern sind, niemals für eine Paar-Beziehung geeignet wären.

Manchmal werden diese Maßstäbe durch idealistische Überzeugungen oder religiöse Werte verstärkt. Ein Paar könnte zum Beispiel denken: *"Die Sonne soll nie über unserem Zorn untergehen."* Diese Paare können bis spät in die Nacht streiten um es *"richtigzustellen."*

Wir ermutigen Paare in der Genesung eine Liste dieser Ideale zu machen und zu überprüfen, welche ihrer Erwartungen vollkommen unrealistisch sind. Einige Paare werden zum Beispiel nie so ein Glück erreichen wie sie es sich vorgestellt hatten oder von dem sie meinten, dass sie es haben sollten. Ihre Kinder werden nie perfekt sein. Um ein Leben voller Enttäuschungen zu vermeiden, sollten Paare sich von solchen falschen Idealen trennen und gegebenenfalls diesen Verlust betrauern.

Unter Umständen haben die süchtigen Partner unrealistische Erwartungen in Bezug auf Geld. In diesem Fall könnten sie Hilfe brauchen um zu lernen, wie man einen vernünftigen Haushaltsplan aufstellt, sein Bankkonto ausgeglichen hält oder kluge Investitionen tätigt. Um dieses Ziel zu erreichen kann das Paar sich geeignete Sponsoren suchen, wie zum Beispiel ein Paar mit Erfahrungen im finanziellen Bereich oder sie besuchen eine Gruppe, die sich auf gesunden Umgang mit Geld spezialisiert hat.

Es ist wichtig und wertvoll, sich nach Hilfe umzusehen, um sich von diesen Illusionen zu lösen. Genesende Paare müssen lernen, dass sie nicht alleine sind. Sie müssen auch ihre eigenen Grenzen annehmen.

9. Genau wie Einzelpersonen haben auch Paare Ausrutscher.

Genau wie Einzelpersonen in Genesung wissen, dass ihre Sucht ein Leben lang andauert und sie ihr Programm bis ans Lebensende arbeiten müssen, müssen die Partner einsehen, dass sie den Genesungsweg der Partnerschaft ein Leben lang beibehalten müssen. Erfahrungen haben gezeigt, dass, wenn Paare das Programm verlassen, die alten, dysfunktionalen Verhaltensweisen wahrscheinlich zurückkommen werden. So wie einzelne Süchtige Ausrutscher haben, werden auch Paare ausrutschen. Diese Ausrutscher passieren, wenn:

- die Kommunikation unterbrochen wird.
- alter Streit und alte Verhaltensmuster zurück kommen.
- Partner anfangen, auf Abstand von einander zu gehen.

Paare in Genesung lernen diese Verhaltensmuster zu erkennen und fühlen, wenn die Intimität verloren geht. Sie erkennen, dass die bekannten Gefühle von Isolation und Einsamkeit sie wieder verfolgen. Alter Ärger und Groll wird hervorgeholt und die Angst verlassen zu werden gewinnt wieder die Oberhand. Ein Rückfall in alte dysfunktionale Verhaltensmuster kann ein Paar in Hoffnungslosigkeit stürzen.

Wenn Gefühle von Einsamkeit zurückkommen, können sie wieder altes individuelles Suchtverhalten auslösen. Als Reaktion darauf können die Partner sich gegenseitig ihr altes Suchtverhalten vorwerfen, was wiederum dazu führen kann, dass die Partner noch weiter auf Distanz zum anderen gehen. All das führt zu einem Rückfall in die alten, dysfunktionalen Verhaltensweisen und zu immer größerer Distanziertheit von einander – der „Suchtzyklus eines Paares".

In solchen Zeiten müssen wir uns erneut unsere Machtlosigkeit und Handlungsunfähigkeit eingestehen und die Werkzeuge von RCA benutzen, um aus diesem Abgrund herauszukommen. Wir müssen uns an unser Sponsorpaar wenden und RCA-Meetings besuchen.

10. Es mag nur wenig gesellschaftliche Unterstützung für ein genesendes Paar geben.

Wenn Paare anfangen zu genesen, kann das gesellschaftliche Umfeld die Veränderungen der Partner unter Umständen nicht verstehen oder akzeptieren und wird diese Anstrengungen der Partner nicht unterstützen. Wir haben jedoch festgestellt, dass RCA eine hilfreiche Unterstützung bei unseren Bemühungen um Veränderung ist.

Manche Familienmitglieder oder alte Freunde, die nicht in Genesung sind, haben unter Umständen ein Interesse daran, dass alles beim Alten bleibt und können eventuell jede Art von Veränderungen untergraben. Diese hinderliche Dynamik kann auch von den Kindern eines Paares ausgelöst werden, die die neue Lebensart der Eltern nicht befürworten. Ihnen ist die alte, dysfunktionale Beziehung mit den Eltern vertraut. Die durch die Genesung bedingten Veränderungen bringen neue familiäre Dynamiken mit sich und alte Beziehungen ins Wanken, was für die Kinder sehr beunruhigend sein kann. Sie haben vielleicht auch gelernt, die

Eltern gegeneinander auszuspielen um dadurch die Zustimmung von einem der Elternteile zu „gewinnen". Zu oft ist der Preis für diese Erfolge der Verlust gesunder Beziehungen in der Familie.

Ein ausgewogenes Verhältnis zwischen gemeinsamer Zeit und Zeit für sich selbst ist die Formel für eine lebendige Familie in Genesung. Die Familiensituation wird sich verbessern, wenn die Partner sich um ihre eigene Genesung und die Paar-Genesung kümmern. Wenn Paare ihren Horizont erweitern, können Kinder in einigen Fällen Verhaltensweisen an den Tag legen, die ihre Angst vor dem Verlassen-werden zeigen. Hier können beide Partner den Kindern versichern, dass sie geliebt sind und ihnen besondere Zeit und Aufmerksamkeit geben.

Alte Freunde, die nicht in Genesung sind, können das genesende Paar eventuell nicht verstehen. Im Verhältnis zu diesen Freunden kann es zu Spannungen kommen. Außerdem kann weiterer Kontakt zu diesen Freunden zum Rückfall in alte Suchtmuster führen. Auch wenn sich niemand gerne von alten Freunden trennen will, so ist hier doch Vorsicht geboten. Im Laufe der Zeit werden beide Partner erfahren, dass sie neue, genesende Freunde finden und sie werden sich zu ihnen hingezogen fühlen.

Ökonomische und gesellschaftliche Umstände können die Paargenesung erschweren. Wenn zum Beispiel die Notwendigkeit besteht, dass beide Partner arbeiten müssen, bleibt wenig gemeinsame Zeit. Wenn die Partner sich darüber hinaus die Verantwortung für Haushalt, Kinder und ältere Eltern teilen, sind sie auf flexible Arbeitszeiten angewiesen. Arbeitgeber können unter Umständen dieses Bedürfnis nicht verstehen oder akzeptieren. Alte Schulden und andere wirtschaftliche Sorgen können die Genesung eines Paars zusätzlich bedrohen. Ein Paar in Genesung entdeckt vielleicht, dass seine Ersparnisse durch den alten, unkontrollierten Lebenswandel aufgebraucht sind. Hier kann kreative Budgetplanung und die Unterstützung der Sponsoren einen Weg aufzeichnen, auf dem das Paar innerhalb der eigenen Möglichkeiten leben kann.

Letztendlich muss ein genesendes Paar bereit sein, alles irgendwie mögliche für seine Genesung zu tun. Wenn die Partner sich um die eigene Genesung und die der Partnerschaft bemühen, sollte es ihnen möglich sein, ihren Lebensstil so zu verändern, dass er ihre Genesung unterstützt.

Vielleicht müssen sie den Verlust familiärer Unterstützung, Freundschaften, sogar ehemaliger Jobs, Häuser oder Gemeinschaften betrauern. Es kann notwendig sein, dass Paare von verführerischen Menschen, Orten und anderen Dingen, die ihre Genesung gefährden, Abstand nehmen müssen.

11. Grundlegende Beziehungsprobleme zu lösen unterstützt die eigene wie auch die Paargenesung.

Trennung und Scheidung sind im Allgemeinen keine Lösung für Beziehungsprobleme. Wenn die Partner in der aktuellen Beziehung nicht an den Problemen arbeiten, werden dieselben Themen in zukünftigen Beziehungen wahrscheinlich wieder auftauchen. Wir haben festgestellt, dass die Annahme dieser Prämisse unseren Willen verstärkt hat, mit unserem jetzigen Partner an unserer Paargenesung zu arbeiten.

Wenn wir nach Jahren individueller Genesung neu zu RCA kommen, stellen wir oft mit Erstaunen und Enttäuschung fest, dass unsere „neuen" Beziehungsprobleme dieselben sind, die wir in früheren Beziehungen schon einmal durchlebt haben. Selbst wenn wir hart daran gearbeitet haben eine „super-gesunde" Person zu werden, werden unsere Beziehungsprobleme weiterhin die gleichen bleiben, wenn wir uns nicht einigen grundlegenden Problemen in der Paargenesung stellen. Die Lösung dieser strittiger Themen kann uns mit unserem Partner heilen lassen, zur Veränderung unserer Partnerschaft führen und uns gleichzeitig zu gesünderen und fröhlicheren Menschen machen.

Das soll aber nicht heißen, das jeder in einer Partnerschaft bleiben muss, koste es was es wolle. Wenn einer oder beide Partner *missbräuchlich* sind, ist es eine Frage der emotionalen und körperlichen Sicherheit, sich aus der bedrohlichen Situation zu lösen und in einer sicheren Umgebung an der eigenen Genesung zu arbeiten. In RCA wollen wir wachsen, indem wir gesunde Beziehungen zu unserem Partner, zu unserer Höheren Macht und zu uns selbst erlernen. Schlussendlich müssen beide Partner die Wege akzeptieren, die ihre Höhere Macht ihnen zeigt.

12. Paare können sich genauso schämen wie Einzelpersonen.

Wir müssen uns darüber im Klaren sein, dass sich unsere persönliche Scham in einer Partnerschaft verdoppelt, wenn wir davon überzeugt sind, dass wir ein schreckliches Paar sind. Manchmal fühlen wir uns als „schreckliche" Freunde, Eltern, Sexualpartner, Kommunikatoren, Geldverwalter – die offensichtlich nicht so gut klar kommen wie z.B. andere Paare in RCA. Wir nennen das *Paarscham*. Wir können glauben, dass wir in der schlimmsten Paarbeziehung sind, die man sich vorstellen kann. Wenn wir in dieser Gemütsverfassung sind, scheint uns das Beenden der Partnerschaft die einzige Lösung zu sein.

Die Lösung für Paarscham ist dieselbe wie für individuelle Scham. Indem wir unsere Geschichte anderen Paaren erzählen, stellen wir fest, dass wir mit unseren Problemen nicht alleine sind. Auf diese Art können wir auch Bestätigung für die Fortschritte in unserer Genesung erfahren. Zusätzlich können wir durch die Wahl eines Sponsorpaars, durch die Arbeit an den Zwölf Schritten und die Arbeit in unserem individuellen Programm unsere Heilung voranbringen. Nach und nach können wir dann eine Intimität erfahren, wie sie nur wenige Paare haben.

Wenn wir die Dysfunktionen süchtiger Paare verstehen, können wir unsere Scham abbauen. Wen wundert es, dass wir Probleme in einer intimen Beziehung haben, wenn wir zumeist aus dysfunktionalen Familien kommen? Als Paar in Genesung müssen wir lernen unsere Beziehung zu pflegen. Eine Beziehung voller Liebe und Unterstützung ist möglich, aber nur, wenn wir als Paar in den Zwölf Schritten arbeiten und gemeinsam in unserer Genesung wachsen.

Die Entwicklung von RCA-Gruppen

Ein fundiertes Gruppengewissen: Wie wird RCA geführt?

In der Zweiten Tradition heißt es „Für alle Angelegenheiten unserer Gruppe gibt es nur eine höchste Autorität – einen liebenden Gott, wie ihn unser Gruppengewissen versteht. Unsere Leiter sind betraute Diener, sie herrschen nicht." Wenn eine Gruppe sich um ein Problem kümmern muss, besorgt sie sich alle verfügbaren Informationen und die Mitglieder treffen sich, um die Angelegenheit zu besprechen. Wir bitten darum, von einer Höheren Macht geführt zu werden, um einen Beschluss zu fassen, der für die Gruppe als Ganzes gut ist. Dieser Beschluss wird allgemein *Gruppengewissen* genannt, und er ist meistens weiser als die Schlussfolgerung eines einzelnen Mitglieds.

In vielen RCA-Gruppen kommt es vor, dass das Gründer-Paar zur *De-facto-Autorität* der Gruppe wird. Unter diesen Umständen – und oft mit den besten Absichten – werden Personen über Prinzipien gestellt. Häufig können solche schwierigen Themen durch ehrliches Teilen und den Prozess des Gruppengewissens freundlich und positiv besprochen werden, im Sinne einer liebevollen Diskussion.

Unsere Leiter in RCA sind wie in allen Zwölf-Schritte-Gemeinschaften lediglich betraute Diener und sie haben nur begrenzte Autorität. Wenn eine Gruppe neu gegründet worden ist, sind es normalerweise zunächst die schon erfahreneren Paare, die das Meeting leiten und sich um die meisten der anfallenden Aufgaben kümmern. Wenn die Gruppe jedoch fest etabliert ist, ziehen diese Paare sich vorsichtig zurück. Sie können im Bedarfsfall beratend zur Verfügung stehen und sollten das Prinzip der rotierenden Dienste nicht behindern. Gemeinsam Verantwortung zu tragen und zusammen zu arbeiten ist die Grundlage für die effektive Entwicklung eines Gruppengewissens.

Seit das Konzept erstmalig bei den Anonymen Alkoholikern entwickelt wurde, haben jahrelange Zwölf-Schritte-Erfahrungen gezeigt, dass die Vorgehensweise mit dem Gruppengewissen *wirklich funktioniert*. Eine simple Mehrheitsfindung ist etwas anderes als das mächtige *Gruppengewissen*. Wenn Menschen, die sich gemeinsam einer spirituellen Sache verpflichtet haben, sich respektvoll zuhören, bis sich ein gemeinsamer Standpunkt ergibt, können sie über die belanglosen Sorgen Einzelner hinauswachsen und sich in einem gemeinsamen Anliegen einigen. In RCA ist unser übergeordnetes Anliegen, in liebenden Beziehungen verbindlich und intim zu bleiben und anderen genesenden Paaren zu helfen, ihre Paarbeziehung wieder herzustellen.

Wie unterscheidet sich das Gruppengewissen vom Mehrheitsvotum?

Was genau ist das Gruppengewissen? Und wie unterscheidet es sich von einer Gruppenmeinung oder einem Mehrheitsvotum? Und welches ist der beste Weg um „da hinzukommen"?

Das echte Gruppengewissen sucht nach einem Konsens und nicht bloß nach einem Mehrheitsvotum. Es entsteht durch respektvolles und unvoreingenommenes Anhören aller Standpunkte sowie die Wahrnehmung der leisen Stimme unserer Höheren Macht. Wenn wir bedachtsam im Sinne der RCA-Schritte und -Traditionen arbeiten und Prinzipien über Personen stellen, entwickelt sich allmählich eine gemeinschaftliche Sichtweise. Es ist notwendig, dass die Gruppe alle Teilnehmer anhört, oft sogar mehr als einmal, so dass es zu einer gemeinschaftlichen Einsicht statt der Meinungen von dominanten Einzelpersonen kommt. Im Idealfall ist das Gruppengewissen ein Zusammenschluss der gesamten Gruppe bei einem gemeinsamen Anliegen, ein wahrhaftig spiritueller Ausdruck der ganzen Gruppe. Es begründet sich auf gegenseitigem Vertrauen und Respekt und stellt nicht bloß den Sieg einer Interessengruppe über die Andere dar.

So hat eine RCA-Teilnehmerin die Entwicklung ihres Verständnisses geteilt:

"Zuerst war Gruppengewissen lediglich ‚ein Votum'. Du hast deine Ansicht und ich habe meine und dann stimmen wir ab. Inzwischen ist meine Auffassung des Gruppengewissens ausgereifter,

da ich anfange, die Zweite Tradition umfassend zu verstehen. Das fundierte Gruppengewissen bedeutet für mich, dass wir versuchen, von denen zu profitieren, die uns vorangegangen sind, egal, ob das Erfahrungen einer Mehrheit oder einer Minderheit sind. Und dann bemühen wir uns um ein gemeinsames Verständnis dafür, wie die Höhere Macht uns führt. Und damit versuchen wir, das Hauptanliegen unserer Gruppe zu erfüllen – mehr Verbindlichkeit und Intimität in unseren eigenen Beziehungen und Hilfe für andere genesende Paare."

Wie wichtig ist das Wort „fundiert"?

Von zentraler Bedeutung im Verständnis des *Gruppengewissens* sollte das Wort ‚fundiert' sein – etwas, das in der Diskussion häufig weggelassen wird. Ohne den Begriff ‚fundiert' könnte das Gruppengewissen alles Mögliche bedeuten und einfach nur das Regelwerk einer dominanten Gruppe werden. Wenn die Gruppe mit ‚fundiertem' Wissen Dinge als angemessen betrachtet und sich respektvoll untereinander berät, sind die Ergebnisse meist einleuchtend und gut durchdacht. Ohne genügend Einsicht, Respekt und Meinungsaustausch besteht die Gefahr, dass das Gruppengewissen von den RCA-Prinzipien abweicht.

Wie kommt eine Gruppe zu Fundiertheit?

Wenn wir ein fundiertes Gruppengewissen bekommen möchten, machen wir uns als Erstes mit den RCA-Traditionen vertraut. Wir werden unsere Literatur lesen und das Wissen bereitwillig mit neuen Paaren teilen. Wir kennen unsere Dienststrukturen und übernehmen Dienste. Durch Gebet und Meditation bemühen wir uns um eine Führung bei den Meetings, damit sich ein echtes Gruppengewissens bildet. Die einzige Autorität für das Gruppengewissen ist unsere Höhere Macht.

Das Vorgehen, um das Gruppengewissen zu bilden

Ein wirksames Vorgehen für ein fundiertes Gruppengewissen setzt voraus:

- eine verständliche Erklärung der zu behandelnden Angelegenheit mit all ihren Aspekten;
- dass der Meetingsleiter die Teilnehmer und Teilnehmerinnen nach ihren Ansichten befragt (das sollte weniger eine Debatte als eine ruhige und respektvolle Äußerung von Ansichten sein);
- dass die Runden der Meinungsäußerungen zweimal, dreimal oder solange weitergehen bis alle dran waren, damit auch die schüchternste Person eine gleichwertige Stimme abgegeben hat (es geht nicht um 'Gewinnen' sondern darum, als Gruppe bei einem Thema übereinzukommen);
- dass der Meetingsleiter normalerweise erst spricht, nachdem alle anderen zu Wort gekommen sind.

Wir haben festgestellt, dass wir mit dieser Art der Diskussion normalerweise ein gemeinschaftliches Gruppengewissen erhalten können. Wenn die Gruppe sich einig ist, dass die Diskussion abgeschlossen ist, fasst der Meetingsleiter die Punkte zusammen. Wenn wir keine Übereinstimmung erzielen können, ist es am besten, die Entscheidung zu vertagen. Nur wenn eine *sofortige* Entscheidung nötig ist sollte man abstimmen, und zwar mit Einzelstimmen und nicht als Paare. Ein Gruppengewissen bedeutet nicht, dass jeder mit der Entscheidung glücklich ist, aber dass wir sie unter den gegebenen Umständen für die Beste halten.

Schwierigkeiten und Probleme beim Gruppengewissen-Prozess

Die Auswirkungen der Beschlüsse durch das Gruppengewissen sieht man vielfach: von der Wahl der Diensttuenden bis zur Ernennung unseres Vorstands der World Service Organization; von der Frage, wie die Gruppe mit Menschen mit besonderen Themen umgehen soll bis zur Entwicklung und Veröffentlichung von RCA-Literatur. Nachfolgend ein paar Beispielthemen, die einige RCA-Gruppen mit Hilfe des fundierten Gruppengewissens behandelt haben:

- Wie reagieren wir als Gruppe, wenn zuvor aktive RCA-Paare sich trennen?
- Welche Kriterien sollte das Paar erfüllen, das für unsere Gruppe den Kontakt zur World Service Organization hält?
- Was machen wir, wenn Presse oder Fernseher ein RCA-Paar interviewen möchte?
- Wie gehen wir damit um, wenn ein Teilnehmer beantragt, den Tag, die Zeit oder den Ort des Meetings zu ändern?
- Welche finanziellen Reserven sollten wir für unsere Gruppe vorsehen?
- Wie gehen wir vor, wenn ein Teilnehmer beantragt, den vorgeschlagenen Betrag der Spende im Sinne der 7. Tradition zu erhöhen?
- Wie verfasst die Gruppe ihren Leitfaden über Crosstalk?

Empfehlungen für den Erfolg Eurer Gruppe

Damit ein Meeting wächst und gedeiht, sollte die Meetingszeit eingehalten werden, sofern nicht Unwetter, Notfälle oder Ähnliches das verhindern. In einem solchen Fall sollten die Verantwortlichen alle anderen informieren, sobald sie von dem Ausfall wissen. Manche Gruppen pflegen eine Telefonliste und ermutigen Paare, sich gegenseitig anzurufen. In manchen Gruppen können Paare, die bereit sind andere Paare zu sponsern, sich als solche kenntlich machen. Einige erfolgreiche RCA-Gruppen heben hervor, wie wichtig es für langfristigen Erfolg ist, außerhalb der RCA-Meetings untereinander soziale Kontakte zu pflegen. Kaffeetrinken nach dem Meeting, gemeinsames Abendessen, Meditationssitzungen, Wochenendtreffen, organisierte Ausflüge und Freizeit-Veranstaltungen können zusätzliche Gelegenheiten bieten, um sich mit anderen in der Genesung befindlichen Paaren auszutauschen und Freundschaften zu knüpfen. Tatsächlich scheint es so zu sein, dass Gruppen, deren Mitglieder außerhalb des Genesungsmeetings keine sozialen Kontakte untereinander pflegen, eine unterdurchschnittliche Überlebenschance haben.

Eine vorgeschlagene Checkliste für das Wachstum von Meetings

- Gebt jedem das Gefühl, willkommen zu sein.
- Seid offen für Vielfalt (Anm. der Übersetzer: Diversität im Sinne von Kultur, Alter, Geschlecht, sexueller Identität, Behinderung, Religion o.a.).
- Richtet eine lokale Internetseite ein mit Informationen über die Meetings und andere Treffen, Links zur RCA World Service Organization und einer Mailadresse für Fragen.
- Ernennt ein „Willkommens-Paar", das alle Anwesenden begrüßt (besonders neue Paare) und nach dem Meeting mit neuen Paaren spricht.
- Ernennt ein Paar als „Einstiegs- und Wiedereinstiegs-Paten", das neue Paare nach deren erstem Meeting anruft und auch jene Paare, die eine Zeitlang nicht da waren. (Der Anruf soll den Menschen sowohl das Gefühl geben, willkommen zu sein als auch sie wissen zu lassen, dass sie nicht allein sind und dass die Gruppe da ist, wenn sie dafür bereit sind). Führt eine Telefon- und Email-Liste (um Informationen, Anregungen, Gespräche etc. anzubieten).
- Seht regelmäßig (z.B. monatlich) ein Sprechermeeting vor (Paare teilen ihre Geschichte mit der Gruppe).
- Bietet Wochenend-Freizeiten für die Schrittearbeit für Paare an. Das kann die Gruppe beleben.

- Bietet einmal im Monat einen z.B. zweistündigen Schritte-Workshop an. (das blaue RCA-Buch kann als Literatur verwendet werden).

- Trefft euch mit anderen Paaren zu einem Abendessen, bei dem jeder etwas mitbringt; es macht Spaß und ermöglicht Geselligkeit mit anderen Paaren.

- Geht nach dem Meeting etwas essen.

- Macht ein „Nachmeeting", um Anschluss an die anderen Paare zu finden.

- Wählt Diensttuende für die örtlichen Meetings, damit jeder eine Aufgabe und Verantwortungen für das Meeting hat.

- Wenn nötig, bedenkt das Thema Kinderbetreuung.

- Führt ein Protokoll darüber, wer geleitet hat, welches Thema behandelt wurde, welches Paar das nächste Meeting leiten will, etc. so dass Dienste festgehalten werden und Themen nicht mehrfach behandelt werden.

- Haltet für Neue Willkommens-Flyer bereit.

- Um eine gewisse Kontinuität für neue Teilnehmer zu gewährleisten, sollte ein "Willkommens-Paar" benannt werden, welches auch das Meeting der darauffolgenden Woche leitet.

- Wenn das eingeplante "Willkommens-Paar" nicht anwesend ist, fragt während des Meetings, ob ein anderes Paar den Dienst übernehmen will.

- Schickt Informationen über RCA an Kirchengemeinden, Therapeuten und andere Zwölf-Schritte-Gruppen.

- Bringt Info-Blätter an den Informationstafeln in den Treffpunkten anderer Zwölf-Schritte-Gruppen an.

- Achtet darauf, dass die Gruppe nicht lediglich als Cliquentreffen oder als gemütliche Gesprächsrunde genutzt wird.

- Bietet Sponsorschaft für die Schrittearbeit an und teilt Erfahrung, Kraft und Hoffnung

Weitere Vorschläge für die Meetingsabläufe findet ihr unter *www.recovering-couples.org*

Arbeitsmeetings

Arbeitsmeetings werden im Allgemeinen in einem regelmäßigen Turnus abgehalten – monatlich, alle zwei Monate, oder vierteljährlich, je nach Meinung des Gruppengewissens. Die Arbeitsmeetings werden in der Regel von dem Paar geleitet, das an diesem Tag das Meeting geleitet hat. Während dieser Treffen überprüfen die Teilnehmer, wie gut die Gruppe den Zwölf Traditionen folgt und setzt sich eventuell neue Ziele. Für gewöhnlich berichten die Paare, die das Meeting leiten sowie die Paare, die für Kasse und Literatur verantwortlich sind.

Empfehlungen für den Ablauf von Arbeitsmeetings.

Wie bei jedem anderen Meeting, ist auch hier eine gewisse Struktur notwendig. Die meisten Gruppen finden die Anwendung der Robert's Rules of Order (Anm. der Übersetzer: Ein aus dem Jahr 1876 stammender Leitfaden von Henry Martyn Robert für die Leitung von Meetings und Entscheidungsprozessen in Gruppen) sehr hilfreich, wenn es darum geht, dem Treffen eine gewisse Struktur zu verleihen. Zudem sollen die folgenden Regeln noch hervorgehoben werden:

1. Es kann immer nur jeweils eine Person sprechen.

2. Die Teilnehmer wenden sich mit ihren Beiträgen an den Meetingleiter und nicht an einzelne Gruppenteilnehmer.

3. Damit während des Meetings der Fokus stets auf dem Dienst an unserer Gemeinschaft bleibt, halten wir uns an den Sicherheitsleitfaden. Wir vermeiden alle Aussagen, die andere bewusst in Rage bringen oder ihren bzw. seinen wunden Punkt treffen wollen oder ihnen Schuld zuweisen, Aussagen, die selbstgerecht oder wertend sind oder die Inventur anderer machen. Es ist uns wichtig, einander respektvoll in Worten und im Handeln zu begegnen. Wenn ihr jemanden zur Rede stellen wollt, tut dies möglichst zeitnah, in einem privaten Rahmen, möglichst von Angesicht zu Angesicht, evtl. auch in einem Telefonat.

4. Wir bilden ein informiertes Gruppengewissen:

- Die Person, die eine Sache zur Sprache bringen will, stellt die Gründe dafür kurz vor.

- Alle können dann der Reihe nach etwas dazu sagen. Eventuell werden mehrere Durchgänge benötigt, um einen Konsens zu erreichen.

- Nachdem ein Konsens erreicht wurde, kann ein Antrag gestellt werden.

- Es kann jeweils nur über einen Antrag abgestimmt werden.

- Wenn der Antrag einmal gestellt ist, nehmen wir uns ausreichend Zeit, um sicherzustellen, dass der Antrag klar formuliert ist.

- Die Diskussion soll sich auf die Sache und auf Prinzipien konzentrieren, nicht auf Persönlichkeiten.

- *Wenn* nach einer Diskussion *kein Konsens erzielt werden kann*:

  1. Können weniger dringende Angelegenheiten vertagt und ein anderes Mal besprochen werden.

  2. Kann bei dringenden Angelegenheiten über den Antrag abgestimmt werden.

- Obgleich wir uns um Konsens und Übereinstimmung bemühen, *entscheidet letztlich die Mehrheit.*

Gruppeninventur

Eine Gruppeninventur kann feststellen, wie gesund die Gruppe ist und kann ein ausgezeichnetes Werkzeug dafür sein, um unsere Energie und unsere Vision für den Dienst an unserer lokalen Gemeinschaft neu zu schärfen. Jede Gruppe kann individuell entscheiden, wie oft sie eine Gruppeninventur machen will, einige haben sich für einen jährlichen Turnus entschieden. Nachstehend einige hilfreiche Fragen, die wir euch für die Gruppeninventur an die Hand geben möchten:

1. Inwieweit konzentrieren wir uns auf die Vorstellungen, Absichten und Ergebnisse des Programms und lassen uns davon bereichern und inspirieren?

2. Wie ermutigen wir alle Paare dazu, sich aktiv einzubringen?

3. Wie verhindern wir, dass Einzelpersonen oder Paare die Meetings dominieren (wie stellen wir z.B. sicher, dass das Gemeinwohl Vorrang hat)?

4. Inwieweit verwenden wir RCA Informationsmaterial für die Themenstellungen bei den Meetings?

5. Inwieweit können wir eine Cliquenbildung vermeiden?

6. Inwieweit bieten wir neuen Paaren Information, Sponsorschaft und Unterstützung an?

7. Inwieweit geben wir die Botschaft weiter (mit Informationen etc.)?

8. Inwieweit folgen wir unseren Traditionen?

9. Was machen wir gut?

10. Was möchten wir noch verbessern?

11. Wie sieht unsere Zukunftsvision aus?

12. Wenn wir Pläne für unser Wachstum gemacht haben – wer kann diese umsetzen?

Die Gruppe als Sponsor in den monatlichen Schritte-Workshops

- Der monatlich stattfindende Schritte-Workshop führt Paare durch die Schritte und schafft dadurch einen größeren Pool an Paaren, die ihren Heimatgruppen als Sponsoren zur Verfügung stehen und trägt dadurch zum Wachstum der gesamten Gemeinschaft bei. Geleitet wird der Workshop von einem erfahrenen Paar, das die RCA-Schritte bereits durchlaufen hat.

- In der Regel hat das Paar, das den Workshop leitet, ein Sponsorpaar.

- Der Workshop gibt Paaren eine Möglichkeit, die Schritte durchzuarbeiten, wenn zu wenige Sponsorpaare zur Verfügung stehen.

- Der Workshop will Paare dabei unterstützen, ihre Schrittearbeit zwischen den monatlichen Treffen fortzuführen.

- Paare werden dazu ermutigt, sich zu regelmäßiger Schrittearbeit zu verpflichten; oft einigen sich Paare auf einem wöchentlichen Turnus.

- Jeder der monatlichen Workshops konzentriert sich auf einen bestimmten Schritt und Paare sollten kommen, unabhängig davon, an welchem Schritt sie gerade arbeiten.

- Vor oder nach dem Workshop kann ein kleines Buffet veranstaltet werden, zu dem jeder etwas beiträgt – das stärkt das Zusammengehörigkeitsgefühl und macht Spaß.

Monatlicher RCA Schritte-Workshop
Vorgeschlagener Meetingsablauf

Eröffnung

* Gelassenheitsgebet (siehe Seite. 72)

Lesevorschläge

* Präambel (siehe Seite 63)
* Wie es funktioniert Teil 1 (siehe Seite 64)
* Die 12 Schritte (siehe Seite 65)
* Wie es funktioniert Teil 2 (siehe Seite 66)
* Die 12 Traditionen (siehe Seite 71)
* Der Sicherheitsleitfaden (siehe Seite 67)

Check-In

Die Paare können zu Beginn in einem kurzen Blitzlicht oder in Anlehnung an den Zehnten Schritt teilen (Tages- oder Wocheninventur: Habe ich durch meine Handlungsweise unserer Partnerschaft Schaden zugefügt? Hat mein Partner etwas zum Gelingen unserer Partnerschaft beigetragen?) Das gibt Paaren die Möglichkeit, in der Gruppe Aktuelles zu teilen. Es gibt ihnen zudem die Zeit, um gefühlsmäßig und spirituell in dem Workshop anzukommen.

Vorstellung eines Schritts

Das Paar, das den Workshop leitet, teilt Erfahrung, Kraft und Hoffnung zu dem aktuellen Schritt und erzählt kurz von seinen Erfahrungen mit diesem Schritt.

Die Zwölf Traditionen von RCA (lange Fassung)

Erste Tradition

Unser gemeinsames Wohlergehen sollte an erster Stelle stehen; die Genesung eines Paares beruht auf der Einigkeit der Anonymen Paare in Genesung.

In unserer Gemeinschaft haben wir erfahren, dass durch die Arbeit in den Zwölf Schritten von RCA die Verbindlichkeit und Intimität in unseren Paarbeziehungen gewachsen sind. Die Zwölf Traditionen bieten der RCA Gemeinschaft ein Gerüst und Orientierung. Damit die Gemeinschaft aufblühen kann, müssen die Zwölf Traditionen verstanden und angewendet werden.

Die Traditionen sind für RCA Bindemittel und Rückgrat. Diese Zwölf Traditionen kommen ursprünglich vom Programm der Anonymen Alkoholiker und wurden den Bedürfnissen unserer Gemeinschaft angepasst. Wir befolgen die Traditionen um sicherzustellen, dass die RCA-Gemeinschaft immer für diejenigen Paare da ist, die von Sucht und dysfunktionalen Verhaltensweisen genesen, welche die Paarbeziehung beeinflusst haben.

Viele von uns lernten, dass es unseren Genesungsprozess beschleunigt, wenn wir Dienste übernehmen. Wir entwickeln ein neues Gefühl der Zugehörigkeit, wenn wir lernen, uns nicht zu isolieren, sondern mit anderen Paaren zusammenzuarbeiten.

Bevor wir in Genesung kamen dachten viele von uns, dass unser persönlicher Ansatz der einzig richtige war. Jedoch lernten wir in unseren RCA-Gruppen, sowohl unserem Partner, als auch anderen Paaren zuzuhören. Wir haben von anderen Paaren gelernt, dass Partner andere Meinungen und Sichtweisen haben. Wir lernten zuzuhören, ohne zu urteilen. Wir lernten miteinander Zeit zu verbringen und die Gruppe nicht mit "Oh wie furchtbar"-Geschichten zu monopolisieren. Wir lernten in unseren Meetings auf die Themen der Meetings konzentriert zu bleiben. Wir lernten dem Sicherheitsleitfaden und dem Prozess des Gruppengewissens zu folgen. Dadurch, dass wir lernen durften, die Bedürfnisse der Gruppe zu respektieren lernten wir, die Bedürfnisse unserer Paarbeziehungen zu respektieren.

Über unsere eigene Genesung hinaus haben wir die Verpflichtung, einen Beitrag dazu zu leisten, dass die Einigkeit der Gruppe gefördert wird. Wir teilen Erfahrung, Kraft und Hoffnung mit anderen. Unsere Geschichten müssen gehört werden und sie zeigen anderen, dass wir nicht einzigartig sind. Manchmal sind wir einfach nur anwesend und lauschen den Geschichten anderer Paare. Wenn wir jedoch immer nur schweigen, so hemmt dies die Einigkeit der Gruppe.

Neulinge freundlich aufzunehmen fördert das Wachstum und die Einheit von RCA. Einige Möglichkeiten um Neue willkommen zu heißen sind: temporäre Sponsoren zur Verfügung zu stellen; Verteilen von Begrüßungs-Münzen für Neue; Mitteilen, inwiefern RCA für uns hilfreich war, Ausgeben von Willkommens-Paketen mit den Telefonnummern aktiver Mitglieder; und natürlich ungezwungene Konversation mit den Neuen vor und nach dem Meeting.

Zweite Tradition

Für den Sinn und Zweck unserer Gruppe gibt es nur eine höchste Autorität – einen liebenden Gott, wie Er sich in dem Gewissen unserer Gruppe zu erkennen gibt. Unsere Vertrauensleute sind nur betraute Diener; sie herrschen nicht.

Auf lokaler Ebene haben wir Dienst- oder Führungspositionen wie Gruppensekretäre oder Meetingsleiter, Kassendienst, Paare für den Gruppenkontakt und Delegierten-Paare. Landesweit und international dienen Menschen im Board of Trustees der World Service Organization oder in dessen Arbeitsgruppen.

Dabei handelt es sich um Einzelpersonen oder Paare, die dazu bereit sind, der RCA-Gemeinschaft Zeit, Arbeit und Energie zu widmen. Diese RCA-Mitglieder dienen und leiten unsere Gemeinschaft, indem sie unserem Gruppengewissen folgen. Die Positionen erteilen keine Vollmacht über die Zustimmung der Gemeinschaft hinaus. *Die höchste RCA-Autorität geht von unten nach oben, nicht von oben nach unten aus.*

Die Rotation der Diensttuenden bietet allen die gleichen Möglichkeiten Dienst zu leisten und verhindert jegliche Dominanz von Einzelpersonen oder Paaren. Dieser regelmäßige Wechsel stärkt das Gruppengewissen und beugt der Kontrolle durch Einzelpersonen vor. Das Einhalten dieser Tradition fördert die Gleichstellung aller Mitglieder und lehrt uns, dass Gleichheit ein Eckpfeiler unserer Paarbeziehungen ist.

Auch wenn es schwierig sein sollte, jemanden für eine Führungsposition zu finden, so ist es dennoch sehr wichtig, *keine* Einzelperson oder *kein* Paar ihren Dienst über die gewählte Zeit hinaus weiter führen zu lassen, nur weil sie dazu bereit sind. Personen die zu lange in Führungspositionen bleiben, können ein Gefühl der Unabkömmlichkeit entwickeln oder im Gegensatz dazu sich überlastet oder ausgenutzt fühlen. Deshalb suchen und ermutigen wir Paare und Mitglieder sich freiwillig für Positionen zu bewerben. Einen Dienst zu übernehmen hilft einem Paar, gemeinsames Wachstum in der Paarbeziehung zu erfahren.

Die Zweite Tradition erinnert uns daran, keine Autorität über ein Sponsee-Paar auszuüben. Unser Ziel ist es, nicht Rat zu geben oder eine Entscheidung aufzuzwingen. Sponsorpaare stimmen zu, ihre eigene Erfahrung, Kraft und Hoffnungen zu teilen. Sie fungieren als "faire Zeugen" und helfen Sponsee-Paaren sowohl ihre eigenen Reaktionsketten zu erkennen, als auch einen sicheren Raum zu schaffen, um an ihren Problemen und Möglichkeiten zu arbeiten.

Langjährige RCA-Paare können dabei behilflich sein, neue Gruppen zu gründen. Ihre Rolle sollte es sein, die Entwicklung und Struktur der Meetings zu leiten, dann aber andere Paare dazu zu motivieren, die Führungsrollen zu übernehmen, sobald diese Kenntnisse und Erfahrungen mit dem Programm gesammelt haben.

Das Gruppengewissen bestimmt die Entscheidungen der Gruppe und wir bilden dieses durch offene Diskussionen. Wir setzen Grenzen für die Dienste. Wir teilen den Arbeitsaufwand. Diese Tradition beschützt und sichert jeden einzelnen von uns und unsere Gruppe. Wenn diese Tradition befolgt wird, existiert ein Zustand der Demut, da der Ursprung der Autorität unsere Höhere Macht ist.

Dritte Tradition

Die einzige Voraussetzung für die RCA-Zugehörigkeit ist der Wunsch, in einer verbindlichen Beziehung zu bleiben.

Die Dritte Tradition macht klar, wer berechtigt ist, Mitglied von RCA zu sein. Wir sind Paare, die sich zur Wiederherstellung von gesunder Kommunikation, Fürsorge und größerer Intimität in unserer Paarbeziehungen verpflichten. Wir leiden unter Sucht, Co-Abhängigkeit oder anderen Dysfunktionen, von denen wir einige identifiziert haben, andere aber nicht; manche wurden aufgearbeitet, andere nicht. Die Gebrochenheit in unseren Partnerschaften hat sich auch unterschiedlich stark ausgewirkt. Viele von uns hatten sich getrennt oder standen kurz vor der Scheidung.

Einige von uns sind in neuen Paarbeziehungen und suchen nach Aufbau von Intimität im gemeinsamen Wachstum als Paar. Wir lehnen kein Paar ab, das genesen will.

Letztlich finden wir es wichtig, dass beide Partner an ihrer *Einzel-Genesung* arbeiten, damit es einen echten Fortschritt in unseren Paarbeziehungen geben kann. Die individuelle Genesung ist jedoch keine Voraussetzung für den Einstieg in die Paar-Genesung. RCA ist ein sicherer Raum, um den Heilungsprozess zu beginnen und er bietet Unterstützung für weitere Einzelarbeit.

Alle Treffen bei denen zwei oder mehr Paare zusammenkommen, um Verbindlichkeit, Kommunikation und Fürsorge in der Beziehung wiederherzustellen, kann sich RCA-Gruppe nennen, vorausgesetzt, dass sie als Gruppe keine andere Bindung eingehen.

Vierte Tradition

Jede Gruppe sollte selbstständig sein, außer in Dingen, die andere Gruppen oder die RCA-Gemeinschaft als Ganzes angehen.

Jede RCA-Gruppe ist selbstständig und wird durch das eigene Gruppengewissen geleitet. Wir streben jedoch danach, unsere Arbeit im Programm gemäß den spirituellen Prinzipien, wie in den Traditionen aufgelistet, auszuführen. Die Befolgung unserer Traditionen schützt unser Programm, führt uns, ohne zu kontrollieren, erlaubt uns, unabhängig zu handeln, erinnert uns aber stets daran, unsere Gruppe als Teil der größeren Gemeinschaft zu berücksichtigen.

RCA ist weniger eine von oben nach unten funktionierende Organisation als vielmehr eine von der Basis gesteuerte Gemeinschaft, bestehend aus Paaren in der Genesung. Aber wenn unsere Pläne das Wohl anderer Gruppen betreffen, so sollten diese Gruppen konsultiert werden. Keine Gruppe, keine regionale Arbeitsgruppe, kein Paar oder keine Einzelperson sollte jemals etwas tun, was RCA als Ganzes betreffen könnte, ohne sich mit dem World Service Board beraten zu haben. In derartigen Angelegenheiten muss unser aller Wohl vorrangig sein.

Jede Gruppe ist dafür verantwortlich, sich so zu verhalten, dass dies gut für die Gemeinschaft als Ganzes ist. Der Sicherheitsleitfaden und der vorgeschlagene Meetingsablauf im blauen Buch von RCA erklären, wie Meetings abgehalten werden sollen. Jeder Gruppe steht es frei, ihr eigenes Meetings-Format und eigene Meetings-Themen zu wählen und zu entscheiden, wo und wann sie sich trifft und wofür die von ihr gesammelten Gelder ausgegeben werden.

Wir alle streben danach, eine *einheitliche* Botschaft an Paare zu geben, die noch leiden. Zu diesem Zweck ist es die Absicht von RCA für alle ernsthaft interessierten Paare offen zu sein, genehmigte Literatur zu verwenden und einen sicheren Raum zum Teilen unseres Leids und unserer Hoffnung zu bieten. Um zu prüfen, wie gut uns das gelingt, wird vorgeschlagen, dass jedes Meeting regelmäßig seine eigene Inventur macht. Weiter wird vorgeschlagen, dass lokale Gruppen regelmäßig Arbeitsmeetings abhalten, bei denen auch Raum für längere Diskussionen gelassen werden sollte. Die Meinungen von Minderheiten werden gehört und in Betracht gezogen. Jede RCA-Gruppe ist dafür verantwortlich sich Zeit zu nehmen, um die Traditionen zu lernen und zu verstehen, warum diese wichtig für die Gemeinschaft sind.

Fünfte Tradition

Die Hauptaufgabe jeder Gruppe ist, unsere Botschaft anderen genesenden Paaren zu bringen, die noch leiden.

Die Fünfte Tradition empfiehlt, dass wir anderen noch leidenden Paaren am besten dann helfen können, wenn wir zuerst uns selbst helfen, die Zwölf Schritte zu arbeiten. Die Zwölf Schritte geben uns die Anleitung, die wir benötigen, um:

1) unsere eigene Erfahrung, Kraft und Hoffnung mit anderen Paare zu teilen;

2) anderen Paaren Trost zu spenden und

3) anderen Paaren zuzuhören.

Jede RCA-Gruppe sollte als spirituelle Einheit ihrem Hauptzweck nachgehen – die Botschaft von Intimität und Verbindlichkeit an Paare weiterzugeben, die noch leiden.

Viele Paare kommen zu RCA und wissen nicht, ob sie hier richtig sind. Einige sind sich vielleicht noch nicht einmal darüber im Klaren, dass mit ihrer Paarbeziehung etwas nicht stimmt. Bei RCA haben wir eine Liste von „Merkmalen von funktionalen und dysfunktionalen Paaren" erstellt (siehe S. 18-20), um Paaren dabei zu helfen, die Problembereiche in ihren Paarbeziehungen zu erkennen. Paare müssen sich nicht in jedem dieser Bereiche wiederfinden, um zuzugeben, dass ihre Paarbeziehungen leiden oder dass sie Hilfe und Anleitung suchen. Diese Merkmale zu erkennen hilft uns zu sehen, dass wir in unserem Ringen um Intimität nicht alleine sind.

RCA glaubt, dass eine Paarbeziehung wie ein Kleinkind ist, dass ständig Zuwendung und Pflege von beiden Partnern benötigt. Es ist wichtig, dass jeder Partner die Verantwortung für die Probleme oder die Entwicklung der Paarbeziehung akzeptiert und dass jeder erkennt, dass die Genesung des Einzelnen ein wichtiger Faktor für die Genesung des Paares ist. In RCA vergleichen wir eine Paarbeziehung mit einem dreibeinigen Schemel; unsere Genesung als Einzelperson, die Genesung unseres Partners und unsere Genesung als Paar sind alle wichtige "Beine", die die Gelassenheit, Stabilität und Intimität unterstützen, die wir suchen.

Wenn wir neue Paare in unserer Gemeinschaft begrüßen, teilen wir unsere Erfahrung, Kraft und Hoffnung. Wir bieten spirituelle Unterstützung und die Möglichkeit sich mit anderen Paaren auszutauschen, typischerweise durch Sponsorschaft, Meetings und gemeinsame RCA-Aktivitäten. Wir bieten RCA genehmigte Literatur, das Blaue Buch, die Newcomer-Broschüre und wenn möglich, eine Liste von Meetings in der Region und örtliche Telefonkontakte an. Die Fünfte Tradition betont, dass wir "um das Programm zu erhalten", es "weitergeben" müssen!

Sechste Tradition

RCA sollte niemals irgendein außenstehendes Unternehmen unterstützen, finanzieren oder mit dem RCA-Namen decken, damit uns nicht Geld-, Besitz- und Prestigeprobleme von unserem eigentlichen Zweck ablenken.

Der Hauptzweck von RCA ist es, die Botschaft an genesende Paare weiter zu geben, die noch leiden. Die Sechste Tradition ist eine Ausarbeitung über die vielen möglichen Wege, wie eine Gruppe sich möglicherweise nicht an ihre vorrangige Aufgabe hält, sowie eine Reflektion darüber wie Handlungen vermieden werden können, die zur Uneinigkeit führen könnten. Sie setzt Grenzen für unsere Gemeinschaft so wie wir Grenzen in unseren persönlichen Beziehungen ziehen.

Schwierigkeiten in Bezug auf Geld, Besitz und Prestige können uns leicht von unserem Hauptziel ablenken. Daher sollen wesentliche Besitztümer in separaten Körperschaften aufgenommen und verwaltet werden.

Eine RCA-Gruppe als solche sollte niemals unternehmerisch tätig werden, aber wir müssen mit vielen anderen Organisationen zusammenarbeiten, die ähnliche Ziele haben. Ohne diese Zusammenarbeit können wir leidende Paare nicht über unsere Existenz und unser Programm informieren.

Aber während eine RCA-Gruppe mit jeder Vereinigung zusammenarbeiten kann, darf eine Zusammenarbeit nie zu einer direkten oder indirekten Zugehörigkeit oder offiziellen Befürwortung führen. Ergänzungsangebote zu RCA, wie Vereine, Therapeuten und Organisationen für Paarberatung müssen separate Einheiten sein. Diese dürfen nicht den RCA-Namen verwenden. Ihre Verwaltung muss die alleinige Verantwortung der Personen sein, die finanziell hinter ihr stehen.

Eine RCA-Gruppe darf sich an niemanden binden. Unsere Erfahrung hat gezeigt, dass außenstehende Organisationen sehr an RCA interessiert sind. Ihre Mitglieder kommen auch zu uns. RCA hat einen gemeinsamen Nenner mit anderen Zwölf-Schritte-Programmen wie AA – den der Genesung – aber auch wenn wir ähnliche Ziele haben, so sollten wir uns nicht mit ihnen verbinden. Wenn wir die Prinzipien der Sechsten Tradition befolgen, können wir die Botschaft an andere weitergeben und mit ihnen sicher umgehen, ohne unseren Zweck zu gefährden. Zu den Prinzipien, die uns dabei helfen, die Sechste Tradition zu wahren gehören unter anderem Demut, Integrität, Glauben, Harmonie und Anonymität.

Siebte Tradition

Jede RCA-Gruppe sollte sich selbst erhalten und von außen kommende Unterstützung ablehnen.

Das Prinzip ist einfach – unabhängig zu sein ist eine sehr mächtige Quelle für Kraft und Selbstachtung. Diese Tradition legt die Verantwortung für das Fortbestehen unserer Gruppen auf unsere Schultern. Wir lehnen von außen kommende Unterstützung ab. Wir verkaufen unsere Unabhängigkeit nicht. Wir schulden niemandem einen Gefallen. Niemand wird bevorzugt. Wir sind genauso selbst verantwortlich für das finanzielle Überleben unserer Gemeinschaft wie für unseren Fortschritt in der Genesung als Paare.

Diese Tradition sollte die Tätigkeit der World Service Organization genauso wie die der einzelnen Gruppen bestimmen. Wir benutzen den RCA Namen nicht in Verbindung mit irgendwelchen nahestehenden Unternehmungen. Wir glauben, dass es unklug ist, Geschenke oder Spenden anzunehmen, die etwaige Verpflichtungen mit sich bringen. Gemeinschaftsprojekte mit anderen Organisationen oder Einzelpersonen bringen immer nachteilige Verpflichtungen mit sich und sollten konsequent vermieden werden.

Um die Siebte Tradition zu wahren, finanzieren unsere Mitglieder die World Service Organization (WSO) durch Gruppen- und Einzelspenden sowie den Verkauf freigegebener Literatur und anderer Materialien der WSO. Es gibt keine Teilnehmergebühr oder ähnliche Kosten, aber normalerweise wird in den Gruppen die Siebte Tradition praktiziert und freiwillige Spenden eingesammelt.

Weiterhin ist es Tradition in RCA, dass nicht mehr Geld angesammelt wird als für das einfache Aufrechterhalten von RCA nötig ist. Überschüssige Mittel könnten zu Problemen führen, die uns von unserem Hauptanliegen abbringen würden. Gelder, die über die normalen Betriebskosten und vernünftige Rücklagen hinausgehen, sollten an die WSO weitergeleitet werden.

Achte Tradition

Die Tätigkeit bei den Anonymen Paaren in Genesung sollte immer ehrenamtlich bleiben, jedoch dürfen unsere zentralen Dienststellen Angestellte beschäftigen.

Die Achte Tradition ist ein Leitfaden für unsere Diensttuenden und jene Mitglieder, die helfende Berufe ausüben wie Berater, Therapeuten, Geistliche, Ärzte, Sozialarbeiter und andere. Wenn wir in Meetings teilen, so sollte dies unserer individuellen Paargenesung dienen. Niemand sollte in seiner Funktion als professioneller Berater oder Therapeut teilnehmen. Wir helfen uns gegenseitig auf gleichberechtigter Basis. Unsere Arbeit in der Gruppe dient dem eigenen spirituellen Wachstum und nicht um Geld zu verdienen oder aus einer überlegenen Position heraus. Die Arbeit in RCA Intergruppen und Arbeitsgruppen ist unbezahlter Zwölf-Schritte-Dienst.

Unsere Dienstbüros können gegebenenfalls Diensttuende für einige Arbeiten anstellen. Diese bezahlten Positionen können auch mit Nicht-RCA-Mitgliedern besetzt werden, da es sich bei den Tätigkeiten normalerweise nicht um Zwölf-Schritte-Arbeit handelt. Zwölf-Schritte-Arbeit sollte niemals bezahlt werden.

Neunte Tradition

RCA als solches sollte niemals organisiert werden. Jedoch dürfen wir Dienst-Ausschüsse und -Komitees bilden, die denjenigen verantwortlich sind, welchen sie dienen.

Genau wie AA ist RCA eine Gemeinschaft, die von der Gemeinschaft gesteuert wird, nicht von ihren Diensttuenden. Unsere Diensttuenden sind lediglich "betraute Diener". Es gibt Dienste wie Sekretär, Meetingsleiter, stellvertretende Meetingsleiter, Kassenwart, Literaturwart, Sponsor, Gruppendelegierten-Paar oder Gruppensprecher-Paar. Diese Dienste sollten regelmäßig von anderen Mitgliedern neu besetzt werden, damit alle Paare die Gelegenheit bekommen, Verantwortung zu übernehmen. Kein Paar führt oder kontrolliert die anderen Paare in der Gruppe.

Der Geist von RCA ist es, zu dienen. Alle Paare werden ermutigt, ehrenamtliche Dienste zu übernehmen. Alle Gruppen werden ermutigt, ein Sprecherpaar zu wählen, das die Kommunikation zwischen den Gruppen und dem Board of Trustees vereinfachen soll. Der Board of Trustees unserer World Service Organisation (WSO) ist der RCA-Gemeinschaft gegenüber direkt verantwortlich. Die Diensttuenden der WSO sind dem WSO Trägerverein gegenüber direkt verantwortlich und versorgen die Gemeinschaft und die Öffentlichkeit mit Literatur und Informationen. *Hand in Hand* ist die offizielle Veröffentlichung der RCA. Sie erscheint vierteljährlich.[1]

---

1. Anmerkung der Übersetzer: derzeit nur in englischer Sprache

Zehnte Tradition

Anonyme Paare in Genesung nehmen niemals Stellung zu Fragen außerhalb ihrer Gemeinschaft; deshalb sollte der RCA-Name niemals in öffentliche Streitfragen verwickelt werden.

Eine RCA-Gruppe sollte keine Stellung zu Fragen außerhalb ihrer Gemeinschaft nehmen. Das Gleiche gilt für Paare, wenn sie im Namen von RCA sprechen. RCA-Gruppen dürfen weder für noch gegen andere Organisationen und deren Beweggründe Stellung beziehen, besonders wenn es sich dabei um strittige Themen, Politik, Suchtreform, Sekten oder bestimmte Therapieprogramme handelt. RCA-Paare haben sehr unterschiedliche Hintergründe und Meinungen; wenig verbindet uns außer unserem Hauptanliegen – die RCA-Botschaft an Paare weiter zu geben, die noch leiden. Wenn wir unseren Fokus auf andere Themen richten – egal ob innerhalb oder außerhalb eines Meetings – kann es sein, dass dadurch andere RCA-Paare und Verbündete im Genesungsprozess abgeschreckt werden und unsere Gemeinschaft zerbricht.

Elfte Tradition

Unsere Beziehungen zur Öffentlichkeit stützen sich mehr auf Anziehung als auf Werbung. Deshalb sollten wir auch gegenüber Presse, Rundfunk, Film und Fernsehen stets unsere persönliche Anonymität wahren.

Die Elfte Tradition leitet uns immer dann, wenn es die Möglichkeit gibt, öffentlich aufzutreten. Sie soll uns daran erinnern, dass wir unsere Anonymität wahren müssen und daran, dass die RCA-Gemeinschaft maßgeblich ist – nicht das Individuum.

Öffentlichkeitsarbeit ist Teil unseres Programms. Beispielsweise können wir, um unsere „Botschaft weiterzugeben", Informationen zu unseren Meetings und den Meetingsorten bereitstellen und dabei nur die Vornamen des Gruppenkontakt-Paares benutzen. Wir können ebenfalls RCA-Informationen an Schwarzen Brettern oder in Therapiezentren anbringen, um anderen Paaren mitzuteilen, dass es durch ein Zwölf-Schritte Programm Hoffnung für Intimität in der Paarbeziehung gibt. Wir betreiben RCA Webseiten, wo Interessierte Informationen zu Paaregenesung finden können.

Unsere Strategie bei der Öffentlichkeitsarbeit ist es, nicht nur die Öffentlichkeit zu informieren, sondern auch, dass eine Ansprache von Paar zu Paar erfolgt. Wenn RCA-Paare an ihrer Genesung arbeiten und lösungsorientiert leben, werden sie gesünder und anziehender. Allein das kann bei Menschen, die zuvor das Paar in Krisensituationen erlebt haben und nun ein neues Gefühl von Gelassenheit und Spiritualität bei ihnen sehen, ein Interesse für das Programm wecken.

Zwölfte Tradition

Anonymität ist die spirituelle Grundlage aller unserer Traditionen, die uns immer daran erinnern soll, Prinzipien über Personen zu stellen.

Wie in allen Zwölf-Schritte-Programmen dient in RCA die Grundregel der Anonymität als vielschichtiger Schutzmechanismus. Als äußerste Schutzschicht schützt uns unsere Anonymität davor, dass unsere Süchte und anderen Dysfunktionen an die Öffentlichkeit geraten. Zweifelsohne war dies der ursprüngliche Grund, Anonymität als wichtige Grundregel des Zwölf-Schritte-Programms einzuführen. Während das Konzept der Anonymität ein fester Bestandteil der Zwölf-Schritte-Kultur wurde, hat sich jedoch herausgestellt, dass Anonymität noch weitreichendere Vorteile mit sich bringt. Einfach gesagt neigen wir zu Rückfällen und anderen Fehlverhalten, die RCA als Ganzes in negativem Licht erscheinen lassen können. Indem wir anonym bleiben, schützen wir RCA vor unserem öffentlichen, persönlichen Versagen.

Noch entscheidender sind jedoch die Auswirkungen der Anonymität für uns selbst. Egal wer wir im Alltag sein mögen, innerhalb von RCA sind wir nichts anderes als ein Paar, das versucht seine Beziehung zu heilen. Anonymität lenkt den Fokus weg vom „Ich" und hin zum „Wir", weg von Persönlichkeiten und hin zu Prinzipien; weg vom Egoismus und hin zu echter Demut.

Anonymität ist ein einfaches Konzept. Ohne irgendetwas zu "predigen" führt sie uns sanft mit gutem Beispiel. Wir alle brauchen Genesung. Indem wir uns den anderen in der Gruppe zeigen, lernen wir zu verstehen, dass es weniger um das „Ich" geht, als vielmehr um die Paarbeziehung. Umso mehr wir unsere Gemeinsamkeiten erkennen und je weniger wir uns auf unsere Unterschiedlichkeit konzentrieren, desto mehr genesen wir.

Deshalb glauben wir in Anonyme Paare in Genesung, dass das Prinzip der Anonymität eine besondere spirituelle Bedeutung hat. Es erinnert uns daran, dass wir Prinzipien vor Persönlichkeiten stellen sollen und dass wir durch echte Demut genesen. Geführt vom Geist der Anonymität haben wir kein Verlangen nach persönlicher Anerkennung, sei es als Mitglieder in RCA, sei es in der Öffentlichkeit. Wir glauben, dass jeder von uns mit dafür verantwortlich ist, RCA als Ganzes zu schützen, damit wir gemeinsam wachsen und arbeiten können.

Kapitel IV

Heilung für Paarbeziehungen

Sponsorschaft

Wer bereits selbst in einem Genesungsprogramm arbeitet, ist mit dem Thema Sponsorschaft bereits vertraut. In RCA finden wir es hilfreich, dafür ein Paar auszusuchen, mit dem wir uns verstehen, dem wir vertrauen können und das zu haben scheint, was wir brauchen. Es ist entscheidend, mit einem Sponsorpaar zu sprechen, mit dem wir uns sicher fühlen. Wenn wir uns im Gesprächskontakt wohl fühlen, sind wir eher bereit, über Dinge zu sprechen, deren wir uns möglicherweise schämen. Über unsere Scham zu sprechen ist ausschlaggebend für unsere Genesung.

RCA ist ein „Wir"-Programm. Wir können diese Arbeit nicht alleine machen. Viele von uns kommen zu RCA, nachdem sie alles ausprobiert haben, was man sich vorstellen kann, damit die Beziehung funktioniert. Mit einem Sponsorpaar zu arbeiten ist für viele von uns der Anfang einer Entdeckungsreise zu neuen Verhaltensweisen. Es zeigt uns, dass wir als Paar bereit werden wollen, etwas anderes auszuprobieren und anfangen zu verstehen, dass wir machtlos sind und nicht alleine genesen können.

Was ist ein Sponsorpaar?

Sponsorpaare sorgen für einen geschützten Raum und begleiten unsere Entwicklung. Sie hören unsere Geschichten an, sind ehrlich zu uns und unterstützen unsere Paarbeziehung. Sie machen uns für unsere Arbeit im RCA-Programm verantwortlich und helfen uns, in den Schritten zu arbeiten. Sie sind nicht parteiisch und bevorzugen keinen der beiden Partner.

In RCA wird die *Paarbeziehung* gesponsert, nicht der Einzelne in der Paarbeziehung. Es ist besonders wichtig, dass alle vier Teilnehmer anwesend sind, entweder persönlich oder per Telefon, wenn Sponsoren und Sponsees zusammenkommen. Sponsorpaare helfen uns, gemeinsame Verleugnung zu überwinden und sind in schwierigen Zeiten für uns da. Die Paar-Sponsorschaft als Genesungswerkzeug funktioniert normalerweise am besten, wenn beide Partner des genesenden Paares in ihrem eigenen Genesungsprogramm aktiv sind.

Die Geschenke der Sponsorschaft

Sponsorpaare können uns Dank ihrer Erfahrung im RCA-Programm einen neuen Blickwinkel geben. Als krisengeschüttelte Partner haben wir normalerweise unterschiedliche Ansichten über die Art unserer Beziehungsprobleme. Durch das Teilen mit einem Sponsorpaar bekommen wir die Gelegenheit, ein gegenseitiges Verständnis bei unseren Hauptanliegen zu entwickeln und können dann gemeinsam als Team nach Lösungen suchen.

Die Liebe und Annahme durch ein Sponsorpaar hat eine heilende Wirkung auf die gesponserten Partner, sowohl für den Einzelnen als auch für das Paar. Wir stellen fest, dass wir mit der Erfahrung, Kraft und Hoffnung, die unsere Sponsoren mit uns teilen, viele Dinge bearbeiten können, die uns vorher unlösbar erschienen. Die Unterstützung durch unser Sponsorpaar wirkt sich positiv aus auf unsere Paarbeziehung!

Eine der wichtigsten Voraussetzungen für die Paargenesung ist es zu lernen, offen und ehrlich zu werden. Ebenso notwendig ist es, die Hilfe anderer Paare anzunehmen, um gemeinsam zu genesen.

Ein Sponsorpaar zu haben, ist ein Werkzeug, das uns hilft, offener und ehrlicher zu werden und es hilft uns gleichermaßen, die Hilfe eines anderen Paars anzunehmen.

Hürden auf dem Weg zu den Geschenken der Sponsorschaft

Einige von uns fanden es schwierig, um Hilfe zu bitten. Aber wenn wir ein anderes Paar um Sponsorschaft bitten und den sich riskant anfühlenden Schritt gehen, ihm unsere Geschichte anzuvertrauen, stellen wir so gut wie immer fest, dass wir gar nicht so alleine oder einzigartig sind wie wir befürchteten. Wir erfahren, dass unsere Sponsoren viele unserer Probleme genauso erlebt hatten – und heute von ihnen genesen. Wir finden Annahme und Verständnis und dies gibt uns etwas, das wir in unserer Beziehung vielleicht vermisst hatten: Hoffnung. Einige der Dinge, die uns für die Annahme des Geschenks „Sponsorschaft" im Weg stehen, sind die Folgenden:

Paar-Scham

Paar-Scham kann das größte Hindernis bei der Suche nach der benötigten Sponsorschaft sein. Wir gehen die Scham an, indem wir RCA-Meetings besuchen und teilen. Ein Sponsorpaar zu finden, kann dann der nächste Schritt sein. In RCA geben wir unseren Sponsoren einen Einblick in unsere ganz persönlichen Angelegenheiten. Diese Art der Intimität und Verletzlichkeit erleben einige Paare als bedrohlich und manchmal überwältigend. Vielleicht schämen wir uns der Schwierigkeiten, auf die wir in unserer Paarbeziehung stoßen. Eventuell haben wir das Gefühl, dass unsere Dysfunktionen viel schlimmer wären als die von sonst jemand oder dass wir die Hilfe eines anderen Paares nicht verdient hätten.

Hoffnungslosigkeit

Einige von uns haben befürchtet, dass sie hoffnungslose Fälle seien und es daher sinnlos wäre, ein Sponsorpaar zu suchen und mit ihm zu arbeiten. Auf jeden Fall können uns Sponsorpaare bewusst machen, dass die Herausforderungen an unsere Beziehungen zwar unterschiedlich groß sein können, es aber keine perfekte Paarbeziehung gibt. Alle Paare im RCA-Programm haben Schwierigkeiten und Dysfunktionen, an denen sie arbeiten müssen.

Sponsoren sind nicht dazu da, uns zu verurteilen, sondern um mit uns ihre Erfahrung, Kraft und Hoffnung zu teilen, damit wir merken, dass wir mit Hilfe des RCA-Programms in der Lage sind, unsere Dysfunktionen zu bearbeiten.

Aufschiebung

Bei vielen Paaren fühlt sich einer der beiden Partner oder beide einfach noch nicht bereit, ein Sponsorpaar zu wählen. Solche Bedenken führen zur Aufschiebung. Wir sind vielleicht frustriert, wenn wir selbst schon bereit sind, unser Partner aber nicht. In RCA arbeiten wir darauf hin, das Bedürfnis nach der Kontrolle unseres Partners loszulassen. Dabei kann es helfen, mit unserem Partner über unsere Gefühle zu sprechen. Wir können auch mit anderen Paaren darüber sprechen, wie diese es geschafft haben, ein Sponsorpaar zu wählen. Wenn wir selbst derjenige sind, der noch nicht bereit ist, mag es helfen, mit unserem Partner über unsere Ängste zu sprechen. Es ist wichtig, dass wir uns nicht bereit *fühlen* müssen, um das Richtige zu tun. Wenn wir lange genug das Richtige tun, kann es sich nach einer Weile auch richtig anfühlen.

Verletzlichkeit

Vielleicht fragen wir uns, was es bringen soll, Probleme aus der Vergangenheit herauszukramen. Wir möchten unsere „schmutzige Wäsche" lieber nicht einem anderen Paar offenbaren. Oder wir haben vielleicht von frühester Kindheit an beigebracht bekommen, dass familiäre Probleme Privatsache sind und keinen Außenstehenden etwas angehen. In RCA dagegen versuchen wir, uns daran zu erinnern, dass wir „nur so krank sind wie unsere Geheimnisse". Wir sollten uns als Partner einig sein, dass wir uns auf sicherem Boden fühlen, wenn wir unserem Sponsorpaar unsere Probleme genau schildern.

Eines der erstaunlichen Geschenke des RCA-Programms ist es, dass wir einen sicheren Ort finden können, an dem wir offen über unseren Schmerz sprechen können. Wenn wir uns ehrlich mitteilen, sind wir leichter in der Lage, unsere Wut und Verletztheit loszulassen. Wir stellen fest, dass wir nicht alleine sind. Unsere gemeinsamen Probleme schaffen Verbundenheit mit unserem Sponsorpaar sowie mit den anderen Paaren, die wir in RCA kennengelernt haben.

Wahl des Sponsorpaars

Es kann für beide Partner hilfreich sein, laut auszusprechen oder aufzuschreiben, welche Eigenschaften wir bei einem Sponsorpaar gerne hätten. Häufig wünschen sich beide Partner ähnliche Eigenschaften. Einige Fragen bei der Wahl könnten sein:

- Arbeitet das Paar in den Schritten?

- Haben wir einen Bezug zu ihrer Geschichte?

- Vermittelt das Paar den Eindruck, die RCA-Werkzeuge anzuwenden?

- Hört es sich so an und sieht es danach aus, dass das Paar in Genesung ist?

- Glauben wir, dass wir mit diesem Sponsorpaar arbeiten können?

- Wäre unsere Paarbeziehung besser, wenn wir mehr von der Genesung hätten, die sie schon haben?

Wenn wir nur ungern Unterstützung in Anspruch nehmen wollen, reden wir darüber mit anderen Paaren, die schon Sponsoren haben. Wir ziehen in Betracht, Sponsoren für einen begrenzten Zeitraum zu nehmen. Auch nachdem wir ein Sponsorpaar ausgewählt haben, steht es uns immer frei, zu einem anderen Sponsorpaar zu wechseln, wenn einer der beiden Partner sich verunsichert oder unwohl mit ihm fühlt.

Bei einem Kennenlern-Gespräch mit den in Frage kommenden Sponsorpaaren fragen wir eventuell, was sie von den Sponsee-Paaren erwarten. Manche Sponsoren bestehen auf festen Telefonzeiten oder der Einhaltung konkreter Anweisungen. Andere Sponsoren überlassen es dem Sponsee-Paar, das Tempo zu bestimmen. Es ist hilfreich zu wissen, was wir von einem Sponsorpaar brauchen und was sie von uns erwarten.

Nach einem Sponsorpaar zu fragen, bedeutet normalerweise gemeinsam unsere Machtlosigkeit und die Nicht-Bewältigbarkeit unserer Beziehung zuzugeben. Wir haben jetzt die Bereitschaft erlangt, gemeinsam die Arbeit in den zwölf Schritten von RCA zu beginnen.

Die Arbeit mit unserem Sponsorpaar

Paar-Sponsorschaft ist ein wichtiger Teil der Arbeit im RCA-Programm. Es heißt im fünften Schritt „wir gaben Gott, uns selbst und einem anderen Paar gegenüber die genaue Art unserer Fehler zu". Die Hauptaufgabe eines Sponsorpaars ist die Unterstützung bei der Arbeit in den Zwölf Schritten. In RCA arbeitet nicht jeder Partner für sich in den Schritten sondern beide zusammen als Paar. Aber während wir in den Schritten arbeiten und unsere Beziehungsdynamik erforschen, treten eventuell Konflikte auf. Wenn das passiert, finden es einige von uns sicherer, die Schrittearbeit in Anwesenheit unseres Sponsorpaars oder anderer Personen zu machen. Häufig haben Sponsorpaare viele dieser Konflikte schon selbst durchgemacht und genesen davon. Sie helfen dem Sponsee-Paar einen geschützten Rahmen zu bewahren, indem sie bei Bedarf auf den RCA-Sicherheitsleitfaden hinweisen und den Prozess des Paars begleiten.

Dadurch, dass wir gemeinsam mit dem Sponsorpaar die Schritte durcharbeiten und die in diesem Buch aufgeführten Fragen beantworten, erfahren wir für gewöhnlich, was tatsächlich hinter unseren Problemen steckt. Zu den ursächlichen Problemen gehören eventuell *Mangel an Vertrauen*, *Schutzlosigkeit*, die *Sorge, verlassen zu werden* oder die *Missachtung persönlicher Grenzen*. Ein Sponsorpaar kann die Bedürfnisse des Paares oft erkennen und ihnen helfen, sich sicherer zu fühlen. Manchmal ermöglichen Verträge oder Vereinbarungen den Paaren, unter geschützten Bedingungen zu arbeiten, während sie langfristige Lösungen entwickeln. Unserer Meinung nach sind die Vereinbarungen am effektivsten, wenn sie mit Datum versehen und in Anwesenheit des Sponsorpaars unterschrieben wurden.

Die meisten von uns machen es sich zur Routine, unser Sponsorpaar zu treffen und vorzulesen, was wir zu jedem Schritt aufgeschrieben haben. Unser Sponsorpaar lernt dadurch unsere Paarbeziehung besser verstehen und unsere Arbeit sowie unseren Genesungsweg positiv zu unterstützen. Unser Sponsorpaar kann ein Spiegel sein, der uns hilft, unsere eigene Beziehung klarer zu sehen. Wir machen alle Schritte als Paar und teilen den Fortschritt mit unserem Sponsorpaar.

Mit anderen arbeiten

Wir kommen in unserer eigenen Genesung nur weiter, wenn wir mit anderen teilen. Miteinander zu arbeiten ist ein spiritueller Vorgang, der dadurch entsteht, dass wir unsere persönliche Erfahrung im Programm mit anderen teilen. Es heißt oft „wir bewahren es, indem wir es verschenken". Damit ist gemeint, dass wir erst durch das Teilen von dem, was wir als Paar in unserem gemeinsamen RCA-Programm gelernt haben, weiteres Wachstum und Heilung in unseren Paarbeziehungen erfahren können.

Damit wir bereit werden ein Sponsorpaar zu sein, spielt es eine große Rolle, dies auch zu wollen. Wir können unseren Partner fragen, wie er sich bei der Vorstellung ein Sponsorpaar zu werden fühlt, sollte sich diese Möglichkeit ergeben. Wir können uns selbst fragen, ob wir das Gefühl haben, gemeinsam unseren Willen und unser Leben der Sorge unserer Höheren Macht übergeben zu haben. Wenn wir das bejahen können, dürfen wir unsere mit einer Sponsorschaft verbundenen Ängste loslassen. Wir lassen los und vertrauen darauf, dass unsere Höhere Macht uns genau die richtigen Gelegenheiten für das Wachstum unserer Paarbeziehung gesendet hat. Wir dürfen offen sein dafür wie es ist, ein neues Werkzeug zur Genesung unserer Beziehung anzuwenden.

Vorschläge für die Arbeit mit einem anderen Paar

Da die Zwölf-Schritte-Arbeit sich von anderen Herangehensweisen unterscheidet, erscheinen uns die folgenden Grundsätze bei der Arbeit mit unseren Sponsee-Paaren hilfreich:

1. Wir hören zu, hören zu und hören zu. Besonders, wenn wir meinen, unterbrechen zu müssen, hören wir zu.

2. Wir erkennen die Gefühle an und beantworten Inhalte. Unser Bestreben ist es, nicht nur das Gesagte sondern die damit ausgedrückten Gefühle zu verstehen. Wir versuchen uns daran zu erinnern, dass Gefühle in Ordnung sind und versuchen, ein bestätigendes Feedback zu geben.

3. Wir benutzen Gebet und Meditation, wie im Elften Schritt empfohlen, um uns mit unserem Innersten zu verbinden.

4. Wir sind Teil eines Sicherheitsnetzwerks für unser Sponseepaar. Wir merken, dass die Einhaltung des Sicherheitsleitfadens ausgesprochen wertvoll und lohnend ist.

5. Sobald wir feststellen, dass wir herumargumentieren, in der Wut und Ängstlichkeit unserer Sponsees mitgehen oder versuchen, sie zu kontrollieren und zu korrigieren, versuchen wir mit diesem Verhalten aufzuhören, unseren Ausrutscher zuzugeben und uns zu entschuldigen!

6. Wir sind so ehrlich, freundlich und zuverlässig wie es uns möglich ist. Wir ermuntern unsere Sponsees, Meetings zu besuchen und legen ihnen nahe, die RCA-Werkzeuge anzuwenden, da sie uns und anderen Paaren schon geholfen haben. Wir teilen unsere Erfahrung Kraft und Hoffnung anstatt Ratschläge zu geben.

7. Wir sind uns darüber im Klaren, dass es Situationen geben kann, mit denen eine Sponsorschaft überfordert ist. Manchmal ist es angemessen und im Interesse des Paares ihm zu raten, sich Hilfe von außen zu suchen. Eine solche Situation tritt ein, wenn die Sicherheit eines oder beider Partner gefährdet wäre, z.B. wenn eine Missbrauchs- oder Selbstmordgefahr droht. Dann ist die beste Hilfe, die wir bieten können, zu wissen, wann wir uns zurücknehmen und professionelle Helfer einspringen lassen sollen.

8. Es gibt keine richtigen oder falschen Antworten. Wir können teilen, was bei uns funktioniert hat, aber das Sponsee-Paar darf andere Werkzeuge besser für sich finden. Wir sind vorsichtig damit, die „richtige Antwort" zu geben und bevorzugen Unterstützung und Ermutigung, um dem Paar zu helfen, seine eigenen Antworten zu finden.

9. Wir setzen unsere eigene Arbeit im Programm fort. Die beste Vorbereitung, um anderen zu helfen ist die Arbeit an unserer eigenen Genesung. Das heißt, Meetings zu besuchen, die Schritte durchzuarbeiten, mit unserem eigenen Sponsorpaar zu arbeiten und selbst umzusetzen, was wir sagen.

Wir sind genesende Paare und sind bereit, unsere Erfahrung, Kraft und Hoffnung zu teilen und spirituell zu wachsen. Wir sind nicht perfekt und wir sind keine Paartherapeuten. Es ist nicht unsere Aufgabe, jemanden „in Ordnung zu bringen". Alle Paare sind selbst dafür verantwortlich, so gut sie können im RCA-Programm zu arbeiten und der Erfolg oder Misserfolg der Sponsee-Paare liegt in deren eigener Verantwortung. Das Sponsorpaar hat nicht die Aufgabe sicherzustellen, dass ihre Sponsee-Paare in einer verbindlichen und liebenden Beziehung bleiben, statt dessen soll es sie annehmen, begleiten und ihnen Anregungen geben.

Wenn die RCA-Gemeinschaft wächst, werden auch mehr Sponsorpaare gebraucht. Wir hoffen, dass einige dieser Empfehlungen dabei helfen werden, dass ihr euch trauen könnt, euch als Sponsorpaar zur Verfügung zu stellen.

"Als Sponsor für andere Paare da zu sein, bringt uns selbst in unserer Paarbeziehung näher."

"In RCA lernen wir, „ein Team" zu sein. Wir lernen, von „meinem Spielplan" und „deinem Spielplan" zu „unserem Spielplan" überzugehen. Sobald wir gemeinsam unser Leben der Sorge einer Macht, größer als wir selbst, übergeben, wenden wir uns ab von „meinem Weg" und „deinem Weg" und hin zu „Gottes Weg". In RCA nennen wir das den „dritten Weg".

RCA-Werkzeuge der Genesung
(lange Fassung)

Diese Genesungswerkzeuge haben uns geholfen, in unseren Paarbeziehungen Verbindlichkeit, Intimität und Freude wiederherzustellen und zu bewahren.

In die Meetings gehen und teilen

Wir besuchen RCA-Meetings um zu lernen, wie das Programm funktioniert und um unsere Erfahrung, Kraft und Hoffnung mit anderen Paaren zu teilen. In den Meetings lernen wir, dass unsere Kämpfe und Schwierigkeiten nicht einzigartig sind und wir bekommen Hoffnung und Zuversicht, dass auch unsere eigene Paarbeziehung genesen und wachsen kann. Meetings bringen Paare oft näher zusammen und ermutigen zum Gespräch miteinander. Uns in Anwesenheit unseres Partners ehrlich und verletzlich zu zeigen ist zwar beängstigend, aber die Sache wert. Viele von uns glauben, dass unsere Paarbeziehung in dem Maß Genesung erfährt, in dem wir bereit werden, in Meetings zu teilen.

"Wir erfuhren von RCA über eine Anzeige und mein Partner machte den ersten Anruf. Seit unserem ersten RCA-Meeting haben wir nie aufgegeben. Wir sind vielen mitfühlenden Menschen begegnet, die bereit waren, uns in den Zeiten zermürbender Erfahrungen liebevoll anzunehmen. Der Halt, den die anderen uns gegeben haben, und das immer größer werdende Vertrauen untereinander hat Erstaunliches zustande gebracht."

Ein Meeting zu zweit abhalten

Jeder Partner kann immer und überall um ein Meeting zu zweit bitten. Sofern der andere Partner einverstanden ist, folgen wir dem üblichen RCA-Meetingsablauf, auch wenn nur zwei Teilnehmer dabei sind. Die Struktur, bei der zu Beginn und zum Abschluss das Gelassenheitsspruch gesprochen wird, sowie die Einhaltung des Sicherheitsleitfadens gewährleisten gegenseitiges Zuhören und helfen uns häufig, unseren Humor wiederzufinden.

"Wir haben jeden Samstagmorgen ein Meeting zu zweit. Wir tun so, als ob alle Teilnehmer unserer Stammgruppe da wären – dadurch erinnern wir uns daran, dass wir respektvoll sprechen müssen. Ich neige dazu, die Körpersprache meines Partners zu lesen und darauf zu reagieren, daher stellen wir die Stühle so, dass wir voneinander weggedreht sitzen. Wir nutzen diese Zeit, um über das zu sprechen, was uns persönlich und in der Paarbeziehung beschäftigt."

"Als wir mit RCA begannen, haben wir am Anfang eines Meetings zu zweit immer den Sicherheitsleitfaden gelesen. Das hat uns geholfen, uns daran zu erinnern, was respektvolle Kommunikation ist und was nicht geht. Unsere alten Gewohnheiten sind schwer zu brechen, aber durch Beständigkeit schaffen wir es."

"Wir nennen unser Paarmeeting „Knie-an-Knie", weil wir so unterschiedlich groß sind. Wir benutzen Stühle, die uns auf eine Ebene bringen: auf Augenhöhe und „Knie an Knie". So können wir uns in die Augen schauen. Das verstärkt ganz erheblich die Ehrlichkeit zueinander und ist ein Symbol der Gleichberechtigung."

"Vor RCA waren unsere Zweiermeetings improvisierte Schreiwettkämpfe. Wir haben dann umgehend die Vereinbarung getroffen, jeden Tag ein Meeting zu zweit im Stil von RCA abzuhalten. Wir lesen die Reflektionen und tauschen uns dazu aus. Der Ablauf ist uns mittlerweile in Fleisch und Blut übergegangen und anstatt impulsiv zu reagieren, benutzen wir für unsere Antworten dieses Werkzeug, mit dem wir Gott in unsere Situation einladen und uns daran erinnert, den Sicherheitsleitfaden anzuwenden!"

Ein Moratorium bzw. „Auszeit" festlegen

Wenn die Kommunikation nicht mehr funktioniert, kann eine zuvor vereinbarte Unterbrechung, auch „Auszeit" genannt, destruktive Dialoge abbrechen. Die „Auszeit" kann fünfzehn Minuten, eine Stunde oder einen Tag dauern. Wir können uns aus dem Weg gehen, ohne aus der Paarbeziehung wegzugehen. Indem wir genau angeben, wann wir das Gespräch weiter führen wollen, zeigen wir, dass wir unseren Partner oder die Paarbeziehung nicht verlassen.

"Wenn es anfängt zwischen uns zu kochen und wir aus der Auseinandersetzung herausgehen müssen, sagen wir dem Anderen immer verbindlich, wann genau wir wieder versuchen wollen, das Gespräch weiter zu führen. Meistens ist das innerhalb von 48 Stunden. Das ist unbedingt notwendig für uns, denn sonst könnten wir eventuell die Auszeit als Rechtfertigung dafür benutzen, in den Tanz von Nähe und Distanz zurückzufallen. Wir haben unsere Sponsoren gefragt und Fortschritte damit gemacht, das Problem als eine separate Sache zu sehen. Wir sind beide im gleichen Team und versuchen für uns beide annehmbare Veränderungen zu finden, die zu einer Lösung führen. Außerdem hat es uns sehr geholfen, uns wegen unserer Probleme an einen auf Gesprächsführung spezialisierten Therapeuten zu wenden."

"Als wir zu RCA kamen, hatten wir mehrere ‚unlösbare Probleme'. Egal wie oft wir auch darüber sprachen, wir fanden keine Lösung. In RCA haben wir erfahren, dass viele glückliche Paare solche Probleme hatten. Es war befreiend, zu erkennen, dass nicht jede schwierige Lage ‚aufgelöst' werden musste. Selbst wenn manche Probleme nicht gelöst waren, so fingen wir an, andere Seiten der Beziehung zu genießen, indem wir vereinbarten, einige unserer Probleme per Moratorium auf unbegrenzte Zeit „auf Eis zu legen". Wir gaben zu, dass wir dem Problem gegenüber machtlos waren und dass die ständige Wiederholung derselben Argumente uns wahnsinnig machte. Im Dritten Schritt haben wir diese Probleme an unsere Höhere Macht abgegeben. Eines Tages merkten wir, dass die Probleme ganz einfach verschwunden waren."

Konfliktlösungsverträge und schriftliche Vereinbarungen

Wir lernen, „fair zu streiten", indem wir unseren eigenen Konfliktlösungsvertrag" entwickeln. Wir stellen Regeln auf und setzen Grenzen für eine respektvolle Auseinandersetzung, damit wir Gefühle auf gesunde Art ausdrücken und auf eine Lösung unserer gemeinsamen Probleme und Sorgen hinwirken können. (Näheres findet ihr im Anhang „Verträge und schriftliche Vereinbarungen" auf den Seiten 285-291)

Ein System der Unterstützung innerhalb und außerhalb von RCA aufbauen

Wir sorgen für Ausgeglichenheit in der Paarbeziehung, indem wir uns täglich daran erinnern, persönliche Beziehungen zu anderen Menschen als unserem Partner aufzubauen. Wir achten jeden Tag darauf, etwas für unser gemeinsames spirituelles Wachstum, unsere Kreativität und unsere spielerische Seite zu tun. Durch die Kontaktaufnahme mit Paaren außerhalb der Meetings können wir unsere Probleme aus einem anderen Blickwinkel sehen.

"Ich"-Aussagen

Wir verwenden „Ich-Aussagen wie „Ich fühle mich verletzt" oder „ich bin traurig" anstelle von „Du"-Botschaften wie „du hast … gemacht", „du bist …" oder „du hast … gesagt", um jedem von uns zu helfen, die eigene Verantwortung für unsere Gefühle und Gedanken zu übernehmen statt jemand anderem die Schuld zuzuschieben. Während eines Konflikts verallgemeinern wir nicht, z.B. sagen wir nicht „immer hast du…" oder „nie machst du…". Wir konzentrieren uns auf aktuelle Probleme und nicht um Angelegenheiten aus der Vergangenheit.

Zuhören und Gespräche führen

Wir reservieren uns jeden Tag Zeit, um unsere Eindrücke, Gefühle und Dinge, für die wir dankbar sind, auszutauschen. Bevor wir größere Verpflichtungen in der Paarbeziehung eingehen, bitten wir unsere Höhere Macht, uns dabei zu begleiten und zu führen.

In den Schritten lesen und arbeiten

RCA ist in erster Linie ein Zwölf-Schritte-Programm. Die Prinzipien und Techniken, die dem Einzelnen helfen, wieder ein gesundes Leben zu führen und mehr Gelassenheit zu erfahren, können auch für uns als Paar funktionieren.

Genesungsliteratur lesen

So wie es uns bei unserer persönlichen Genesung hilft täglich Genesungsliteratur zu lesen, so unterstützt das Lesen und Reflektieren unserer RCA-Literatur die Paar-Genesung. Wenn unser Partner in einem eigenen Genesungsprogramm ist, kann uns das Lesen seiner Genesungsliteratur helfen, mehr Verständnis und Mitgefühl für seine Herausforderungen zu entwickeln.

Dienst

Wir helfen gerne anderen Paaren und wissen, dass es auch unserer eigenen Beziehung guttut, wenn wir anderen helfen. Wir bemühen uns aktiv um gemeinsame Dienste in RCA und übernehmen Aufgaben, denn wir finden, dass ein gemeinsamer Dienst das Gefühl stärkt, zusammen etwas für die Beziehung und ihre Genesung zu tun. Wir verinnerlichen dieses Programm, indem wir es weitergeben. Im Zwölften Schritt geht es darum, die Botschaft weiterzugeben; die Botschaft, die wir weitertragen ist befreiend und für das ganze Leben vorgesehen. Die daraus entstehenden spirituellen Erfahrungen wirken sich auf all unsere Beziehungen aus und wenn wir Kinder haben, werden wir die Fesseln der Sucht brechen, die unsere Familienmitglieder über Generationen hinweg gefangen genommen haben.

Sponsorschaft

Als Teil unserer Kapitulation geben wir unsere eigenen Schwächen und die des Paares zu. Wir bitten andere um Hilfe, besonders unsere RCA-Sponsoren und Freunde im RCA-Programm. Die Übernahme einer Sponsorschaft bringt uns in der Paarbeziehung näher zusammen. Anderen Paaren bei der Beziehungsarbeit zu helfen, kann uns einen neuen Blick auf die eigene Paarbeziehung geben.

Den Sicherheitsleitfaden anwenden

In den Meetings und während unserer Paargespräche halten wir uns an den Sicherheitsleitfaden. Dadurch schaffen und bekommen wir das geschützte und förderliche Umfeld, das unsere Paarbeziehungen brauchen, um zu wachsen und beständig zu bleiben. Wir wahren unsere persönlichen Rechte und sind uns einig, dass wir andere in Wort und Tat mit Respekt behandeln. (Siehe „Sicherheitsleitfaden", Seite 67)

Kapitel V

Paar-Geschichten

Die folgenden Geschichten stammen von RCA-Paaren, die bereit sind, ihre Erfahrung, Kraft und Hoffnung in gedruckter Form zu teilen. Die Beispiele sind in dieses Buch aufgenommen worden, damit der Leser einen persönlichen Zugang finden und die Möglichkeiten der Paargenesung sehen kann. In einigen Erster-Schritt-Berichten wird manchmal sehr plastisch dargestellt, wie es vor der Genesung war, weil sie in einem frühen Genesungsstadium geschrieben wurden, als das Leid noch sehr präsent war. Die Geschichten sind keine Garantie dafür, dass Paare genesen, aber sie zeigen, wie Paare Heilung erfahren haben, indem sie die in diesem Buch vorgestellte Herangehensweise für ihre Paarbeziehung angewendet haben.

Mark und Deb

Lasst uns heute neu anfangen!

Erster Schritt. Wir gaben zu, dass wir unserer Beziehung gegenüber machtlos sind – und unser gemeinsames Leben nicht mehr meistern konnten.

Unsere Geschichte fing in unseren Herkunftsfamilien an. Dort wurden unsere Vorlieben bei der Partnersuche geprägt. Wir sind uns früh begegnet, als wir noch auf der High School waren.

Mark

Mark wuchs in einer Pfarrerfamilie auf. Sein Vater war eine sehr starke Persönlichkeit und gefühlskalt; er stand gerne in der Öffentlichkeit und wurde von seinen Gemeindemitgliedern sehr bewundert. Seine Mutter war extrem passiv, still und voller Scham. Während Marks Vater wenig Probleme hatte, seine Gedanken und Gefühle mitzuteilen, meistens mit religiösen Auslegungen und ohne Grenzen, unterhielt sich seine Mutter für gewöhnlich mit niemandem und teilte fast gar nichts über sich mit.

In Marks Erinnerung sprachen seine Eltern miteinander über oberflächliche Dinge, wobei sein Vater die Unterhaltungen immer mit seinen Überlegungen dominierte. Das Leben der Kirche prägte das Leben der Familie. Seine Eltern wirkten nicht liebevoll miteinander, weder emotional noch körperlich. Sie waren einsam, sogar wenn sie zusammen waren, wollten das aber weder sehen noch akzeptieren.

Mark wurde Opfer sexuellen Missbrauchs, woran er sich teilweise erinnert, teilweise „weiß" er, dass es stattfand, bevor er 3 Jahre alt war. Er war auch ein Opfer emotionalen Inzests. Sein Vater wollte ihn als „Kumpel" haben, der ihm für allerlei Aktivitäten und Unterhaltungen zur Verfügung stand. Dabei hat sein Vater ihn systematisch darauf vorbereitet, so zu werden wie er – ein Pfarrer – und er brachte Mark bei, dass Menschen in Machtpositionen ihre eigenen Regeln machen können und dabei auch andere ausnützen dürfen. Seine Mutter ließ das geschehen – sie begünstige es sogar – weil sie Mark schon seelisch verlassen hatte.

Mark suchte nach einer Frau, die er emotional und sexuell beherrschen konnte, eine die ihm körperlich und sexuell alles geben würde, was er brauchte, aber die auch unterwürfig und passiv wäre. Obwohl er das nicht wusste, war er einsam und sehnte sich nach einer gefühlsintensiveren Beziehung. Aber er hatte überhaupt keine Ahnung, wie er sich darum bemühen sollte. Er hatte auch Angst vor einer starken Frau – er fürchtete sich davor, dass sie ihn verlassen würde, sobald sie ihn wirklich kennengelernt hätte. Mark wollte außerdem eine Frau aus besseren sozialen und wirtschaftlichen Verhältnissen, die sein Image, aus einer armen Familie zu kommen, ändern könnte.

Deb

Deb hat eine Zwillingsschwester und einen älteren Bruder. Deb wächst im Hause eines leitenden Angestellten auf, der sehr erfolgreich und beliebt ist; ein „guter Mensch", den alle mögen. Zudem kümmert er sich sehr ums Geld und um Sicherheit und er sorgt dafür, dass nichts „Schlimmes" passiert. Er ist sehr beschützend. Er ist ein freundlicher Mann, übermäßig familienorientiert. Er ist auch generell positiv eingestellt und hilfsbereit. Trotzdem spüren wir bei ihm Einsamkeit, was wir besonders jetzt in unserer Genesung merken. In Debs Familie war keiner in der Lage, sich auf der emotionalen Ebene mitzuteilen. Ihre Eltern haben ihr beigebracht, dass alles gut wird, wenn man nur hart genug arbeitet. Für alles gab es eine Lösung. Mit drei Jahren erkrankte Deb an Polio. Sie kann sich nicht erinnern, dass irgendjemand mit ihr darüber geredet hat, wie leidvoll und beängstigend das war.

Debs Mutter hatte in einem Ausbildungsberuf gearbeitet und ihre Karriere beendet, als sie heiratete. Sie war ein Einzelkind und musste in ihrer Jugend mehrmals umziehen. Obwohl sie die traditionelle Hausfrauenrolle annahm, war sie extrem willensstark und rechthaberisch. Sie lernte es, ihre eigenen Ängste und Unsicherheiten zu kontrollieren, gab aber die generelle Unfähigkeit, mit ihnen umzugehen, weiter. Sie diskutierte nicht über Sexualität sondern gab eindeutige Botschaften weiter, die bei Deb eine allgemeine Angst vor dem eigenen Körper und vor Männern ausgelöst haben.

Debs Zwillingsschwester war sehr kontaktfreudig und sportlich. Deb nahm sie als körperlich attraktiver und beliebter wahr. Während sie zusammen aufwuchsen, hielt sich Deb immer wieder bescheiden im Hintergrund. Sie war außerordentlich gut in ihrem Studium und in organisatorischen Dingen, in der Schule war sie bei verschiedenen Aktivitäten sehr erfolgreich. Ihr soziales Ansehen stieg, als sie mehrfach Cheerleader wurde.

Obwohl Debs Familie zur Kirche ging, wurde selten über Religion gesprochen. Deb ging viel alleine in Jugendgruppen und Gottesdienste. Als sie älter war, begann ihre Familie in die Kirche zu gehen, in der Marks Vater tätig war.

Deb hat das Gefühl, dass sie emotional und spirituell vernachlässigt wurde, dass man ihr einen eher arbeitssüchtigen Lebensstil vorgelebt hatte und ihr beigebracht worden war, wie man Problemen aus dem Weg geht und nicht über sie spricht. Ihr wurden traditionelle sexistische Werte und Rollenvorstellungen eingeimpft, dazu eine Ablehnung des eigenen Körpers und Angst vor Sex. Trotz allem brachte sie eine stark auf Familienleben ausgerichtete Lebensvorstellung in ihre Beziehung mit Mark.

Deb suchte nach einem Mann, der gesellig und religiös war. (Als sie anfing, sich mit Mark zu treffen, war eins ihrer Lieblingslieder „Son of a Preacher Man" [Sohn eines Predigers]). Sie war auch einsam, wusste aber gar nichts darüber, wie man Gefühle teilt.

Mark und Deb

Ende der Sechziger Jahre, als Mark im College und Deb in der Oberstufe der High School war, fingen wir an, miteinander zu gehen. Vorher kannten wir uns schon flüchtig. Freunde von uns, die selbst zusammen waren, hatten uns miteinander verkuppelt. Das ist von Bedeutung dahingehend, dass dieses Paar später heiratete und wir, als wir selbst dann ein Ehepaar waren, in heftige Verstrickungen mit ihnen gerieten.

Vier Jahre lang waren wir zusammen, während wir an unterschiedlichen Campus unserer Ausbildung nachgingen. Unsere Beziehung lebten wir bei Besuchen am Wochenende, in Telefonaten, durch Briefe und in den Sommerferien zu Hause. Die Zeit des Getrenntseins verstärkte den

„die Liebe wächst mit der Entfernung- Effekt". Die Verlassenheitserinnerungen bezüglich seiner Mutter belasteten Mark sehr und trieben ihn dazu, ziemlich fanatisch mit Besuchen, Anrufen und Briefen zu sein. So hat er beispielsweise in nur zwei Jahren Debbie sechzig Mal auf dem Campus besucht, was jedes Mal eine Fahrtzeit von 6 Stunden hin und zurück bedeutete.

Inzwischen ist uns klar, dass wir viele Gelegenheiten für soziale Kontakte und Aktivitäten auf dem Campus geopfert haben, um uns so viel wie möglich zu sehen und einander „treu" zu sein. Deb ist auch bewusst, dass sie potentielle Karriereinteressen aufgegeben hat, um sich angemessen auf die Rolle der Frau des Pfarrers vorzubereiten. Mark hatte „sich entschlossen", das Pfarramt anzutreten (eigentlich folgte er dem Lebenskonzept, das ihm durch den Inzest vorgeschrieben worden war). Die Tatsache, dass Deb ihre eigenen Interessen aufgegeben hat, um Marks Karriere zu unterstützen, ist für sie immer noch ein Grund zur Trauer. Es macht sie auch wütend zu wissen, dass Mark einiges von dem was er machte zum Teil nur aus Pflichtgefühl machte und nicht, weil er das wirklich wollte.

Wir waren beide darauf „programmiert", ins College zu gehen und das durchzuziehen. Wir studierten nicht am gleichen Campus und hatten das Gefühl, wir „wollten" so schnell wie möglich heiraten. Das trieb uns an, uns zu beeilen und wir haben beide nach 3 Jahren den Abschluss gemacht. Wir heirateten während Marks Weihnachtspause vom Priesterseminar.

Andere um uns herum machten die sexuelle Revolution mit, wir nicht. Obwohl wir Masters und Johnson gelesen hatten und „viel wussten", hatten wir keinen Sex vor der Ehe. Als wir schließlich zusammen lebten, hatte natürlich jeder von uns unterschiedliche Erwartungen in Bezug darauf, wie oft wir miteinander schlafen würden. Dadurch entstanden ständig Spannungen, die wir zwar fühlten, aber nie ansprachen. Wir machten wortlose Spielchen mit diesen Erwartungen.

Darüber hinaus fühlten wir uns beide zunehmend unwohl mit den auf uns zukommenden Rollen, als Mark sich auf seine Stelle als Pfarrer vorbereitete. Wir wussten aber nicht, wie wir darüber reden sollten. Mark sah die Lösung darin, ein Aufbaustudium zu absolvieren und im Bereich der Seelsorge zu promovieren. Also zogen wir um in eine andere Stadt. Mark arbeitete in Teilzeit bei einer Kirche und Deb, die Hauswirtschaftslehrerin geworden war, unterrichtet ein Jahr lang und war dabei total frustriert. Die Erwartung war – wiederum – dass Deb arbeiten würde, während Mark seine Karriereziele verfolgte.

Wir haben meistens gar nicht realisiert, dass wir mit unserer Arbeit, unserer Kommunikation und dem Sexualleben nicht zufrieden waren und haben es bestimmt nicht zum Ausdruck gebracht. Keiner von uns zeigte seine Wut, was wir ja von Kindheit an so gelernt hatten. Dementsprechend hegten wir insgeheim Feindseligkeiten gegeneinander. Nach und nach haben wir uns immer mehr gegenseitig „verlassen" und nur mit uns selbst beschäftigt, so wie wir es von früher her kannten. Deb zog sich in ihre Arbeit und handwerklichen Projekte zurück und verweigerte Sexualität; bei Mark waren es Essen, sexuelle Phantasien, Pornographie, Masturbation, langes Wachbleiben und lange Schlafen, Fernsehen und allgemeine Wortlosigkeit. Deb kritisierte Marks Lebensstil und Mark nahm ihre Kritik zum Anlass, noch tiefer in die Süchte und Sprachlosigkeit zu sinken.

Während dieser Zeit erkrankte Mark an Diabetes, was er zwar schrecklich fand, aber auch ein Anlass für mehr Selbstfürsorge wurde. Wir suchten Hilfe in einer christlichen Freundesgruppe mit sehr fundamentalistischen Überzeugungen. Wir gingen zu Bibelkreisen und Gebetstreffen. Keiner von uns hat sich dabei besonders wohl gefühlt, aber wir haben das nicht weiter besprochen; es schien uns einfach „angebracht" für den Pfarrer und seine Frau, dass wir so etwas machten. Mark studierte weiter auf hohem Niveau und Deb arbeitete in einem Studentenwohnheim, wo sie die Verpflegung organisierte. Mark hielt auch Predigten als Aushilfspfarrer in örtlichen Gemeinden und bekam viel Bestätigung für seine Begabung. Ein Teil von Deb war stolz darauf, doch ein anderer Teil war ärgerlich darüber, dass er so viel Aufmerksamkeit bekam und sie fand die Abgehobenheit, die das scheinbar in ihm weckte, schwierig zu ertragen.

Außerdem haben wir in dieser Zeit – ohne es wirklich zu wollen – unser erstes Kind bekommen, ein Mädchen. Wir waren sechsundzwanzig und es erschien uns eben jetzt „dran zu sein". Sie war zwar ein Sonnenschein, doch ihre Ansprüche machten unsere Lebensgestaltung kompliziert und wir haben auf Vieles verzichtet, um Studium, Arbeit und das Überleben unter einen Hut zu bekommen.

Ansonsten setzte sich unsere Entfremdung voneinander fort, genauso wie unsere Lebensstile. Marks sexuelle Phantasien und Masturbationen erfuhren noch eine Steigerung mit gelegentlichen Besuchen bei Massagesalons. Gegen Ende seiner Promotion arbeitete Mark als seelsorgerischer Berater in einer Art Beratungsklinik, die von einer wegweisenden Persönlichkeit im Bereich der Seelsorge ins Leben gerufen worden war. Wir zogen zurück in die Stadt, in der unsere Eltern lebten, was uns wieder in die Nähe unserer dysfunktionalen Familien brachte.

Mark war hoffnungslos überfordert mit diesen Beratungen. Sein Studium war sehr theoretisch gewesen und keine Vorbereitung auf die praktische Arbeit in einer Klinik. Da er aber sein Gehalt mit den Beratungsgebühren verdienen musste, blieb ihm nichts anderes übrig als es sich selbst beizubringen. Er ging zwar zur Supervision, doch sein Stolz stand ihm dabei im Weg. Ihm war von Kindheit an eingebläut worden, dass einer, der Hilfe braucht, sowohl intellektuell als auch persönlich versagt habe.

Mark hasste es, zur Arbeit zu gehen. Ihm graute es vor manchen Beratungsterminen und er war insgeheim heilfroh über jeden abgesagten Termin. Mit seinem Supervisor konnte er jedoch nicht darüber sprechen. Das Zentrum, für das er arbeitete, war permanent in finanziellen Schwierigkeiten und Mark wurde unterbezahlt. Er brachte seine Promotion zu Ende, war aber viel zu unglücklich, um sich darüber zu freuen, dass er seinen Abschluss erreicht hatte. Es sah sich damit vielmehr zu einer verhassten Arbeit verdammt. Mark hat es dann geschafft, eine Karriere mit Lehrtätigkeit und freien Reden aufzubauen, wodurch er häufig über Nacht nicht zu Hause war. Das war für ihn natürlich eine willkommene Gelegenheit um vor den häuslichen Spannungen zu fliehen.

Deb war zum ersten Mal nur zu Hause, anfangs ohne zweites Auto. Wir kauften ein Eigenheim, dessen Finanzierung uns ziemlich belastete, und bekamen mal wieder ein Baby, unseren ersten Sohn. Um ihre geistige Gesundheit zu bewahren gründete Deb ein Unternehmen, das von ihr bemaltes Glas vertrieb, ein Handwerk, das sie im Rahmen ihrer Hauswirtschaftsausbildung gelernt hatte. Das Geschäft entwickelte sich gut.

Während dieser Zeit fingen wir an, uns ausschließlich mit dem Paar zu treffen, das uns anfangs verkuppelt hatte. Der Mann schien als Jurist eine spannende Karriere zu machen und sorgte immer für gute Laune um sich herum. Er hat sehr viel getrunken, aber selbst wenn wir es vielleicht bemerkten, haben wir es nie angesprochen. Unsere Kinder waren gleich alt und wir wurden jeweils die Paten der anderen Kinder. Wir redeten in verstrickter und co-abhängiger Weise von unserer gegenseitigen Zuneigung. Das ging so weit, dass wir planten nochmal umzuziehen und sogar mit dem Gedanken spielten, in einer Wohngemeinschaft zusammen zu leben.

Zu diesem Zweck kauften wir ein Grundstück in einem anderen US-Staat, was den finanziellen Druck erhöhte. Der Mann drängte uns ständig, Geld für Vergnügungen, gemeinsame Urlaube und dergleichen auszugeben. Deb fühlte sich mehr und mehr unwohl damit, aber wir hatten uns verstrickt. Mark war regelrecht gefangen in seinem Bedürfnis nach Anerkennung von dem Mann und machte Dinge mit, die ihm größtenteils nicht mal wirklich gefielen. Deb fühlte sich von den gemeinschaftlichen Aktivitäten oft ausgeschlossen, selbst wenn sie eigentlich sogar dabei war.

Wenn wir gemeinsam Urlaub machten, wohnten wir oft in einem Zimmer oder einer Hütte zusammen. Einmal haben wir unsere Verstrickung und Flirten so weit getrieben, dass wir mit dem jeweils anderen Partner schliefen. Mark erinnert sich an das Gefühl, etwas zu „haben", das jemandem „gehörte", den er so sehr verehrte. In Debs Erinnerung fühlte sie sich wie mitgerissen. Sie war mit dem Geschehen nicht wirklich einverstanden, wusste aber auch nicht, was sie sonst machen sollte. Marks Verlangen nach Sex und Debs Einblicke in seine pornographischen Aktivitäten hatten sie bereits mürbe gemacht und eine Reihe sexueller Verhalten tolerieren lassen, die ihr unangenehm waren.

Dieser Vorfall zerstörte unsere Freundschaft mit diesem Paar für Jahre. Die Eifersucht des Mannes nach diesem Vorfall riss sexuelle Wunden in deren Beziehung auf und sie zogen sich von uns zurück. Erst vor kurzem haben wir den neunten Schritt mit ihnen gemacht als Menschen, die wir als Paar verletzt haben. Dies hatte wohl eine heilende Wirkung, aber da sie nicht in Genesung sind – er trinkt noch immer aktiv und ihre Beziehung ist nicht gut – können wir keine weitergehende Freundschaft mit ihnen aufbauen.

Solange wir in dieser Stadt wohnten, standen wir auch unter dem Druck unserer Familien. Besonders Marks Familie war eine Herausforderung, aber wir ertrugen unser quälendes Unbehagen. Wir gingen in die Kirche von Marks Vater, wo Deb den Kindergottesdienst hielt. Nach der Kirche gingen wir gemeinsam essen. Mark war sich dessen zwar nie bewusst, doch der Schmerz seiner Inzestverletzungen zwang Mark, diese Sachen zwar mitzumachen, aber dabei schweigsam und abwesend zu sein. Er verstärkte auch sein Suchtverhalten und seine Bewältigungsstrategien. Deb nahm ihm seinen „Ausweg" übel, hatte aber noch kein Mittel, um ihren Groll auf gesunde Weise auszudrücken.

Während dieser Zeit hatte Mark mit mehreren seiner weiblichen Beratungsklienten sexuelle Verhältnisse. Es ist klar, dass diese Vorfälle mit seiner Sexsucht, seiner Einsamkeit und Wut über das was er machte, zu tun hatten. Es waren auch Folgen des Inzests und der Grenzüberschreitungen.

Deb und Mark's Bekannte haben das ganz und gar nicht wahrgenommen. Als sich Mark die Gelegenheit bot, zu einer neuen Beraterpraxis in einer anderen Stadt zu wechseln, sah das wie ein guter Ausweg aus. Für Mark war das eine Flucht vor dem Familienleben, vor dem anderen Paar und den sexuellen Beziehungen mit Klientinnen. Es war eine geographische Heilmethode, die nicht funktionieren würde. Außerdem war absehbar, dass wir Debs Gewerbetätigkeit aufgeben müssten, die inzwischen immer erfolgreicher geworden war. Wir handelten wieder mal nach dem Muster, wonach am Wichtigsten war, was für Marks Karriere gut zu sein „schien". Der neue Job bedeutete mehr Geld, Status und Macht: ein dickerer Fisch in einem kleineren Teich (Stadt).

In dieser neuen Stadt zogen wir in ein hübsches Wohnviertel, wo die Leute um uns herum größtenteils mehr als wir verdienten. Wir versuchten, den Schein zu wahren und setzten uns ständig weiteren finanziellen Verpflichtungen aus. Mark war erfolgreich mit seiner Arbeit und Deb fing an, ihr Geschäft wieder aufzubauen. Sie begann auch häufiger am Wochenende zu verreisen. Mark wurde durch seine Arbeit zu einer bekannten Persönlichkeit in der kleinen Stadt. Um seine Beliebtheit selbst zu testen, kandidierte er als kommunaler Schulbeirat und wurde auch gewählt. Kurz nach dem Umzug kam unser drittes Kind, ein Sohn, auf die Welt.

Wir waren beide zunehmend häufiger von zu Hause weg und sahen uns dadurch immer seltener. Wir waren durch die Kinder und unsere beruflichen Tätigkeiten sehr stark eingebunden. In der Zeit kurz bevor wir mit dem Genesungsprogramm anfingen, kam es vor, dass Mark gleichzeitig als Berater Vollzeit arbeitete, im College Unterricht gab, Wochenenddienst in einer Kirche übernahm und im Schulbeirat aktiv war. Das war unsere Weise, mit den Spannungen zu Hause fertig zu werden. Manchmal kamen der Groll und die Einsamkeit an die Oberfläche und es kam zu dramatischen Auseinandersetzungen. Mark wollte alles bis spät in die Nacht ausdiskutieren. Deb wollte lieber abhauen. Unsere Sexualität fand nur selten statt, sie war angespannt und voll Dysfunktionen, aber wir hatten Angst, darüber zu sprechen.

Wir gingen zu einer Beraterin, aber sie konnte uns nicht helfen, denn es gab Teile unserer Süchte, hauptsächlich Marks, in die wir ihr keinen Einblick gaben. Es war nett, mit ihr zu reden und ihre Vermittlungen halfen uns für ein paar Tage; aber das ging vorbei und die Spannungen kamen zurück. Wir dachten beide an Scheidung und erkannten, wie einsam wir waren. Wahrscheinlich blieben wir in dieser Zeit nur unseren Kindern zuliebe zusammen.

Marks Sexleben ging nach dem gleichen Muster weiter. Einige seiner Partner auf der Arbeit griffen schließlich ein und er unterzog sich einer Behandlung.

Unsere Genesung als Paar konnte eigentlich erst anfangen, nachdem wir jeder einzeln ins Genesungsprogramm kamen. Der Hauptgrund dafür ist, dass wir so viele Dinge voreinander verheimlichten (das „Doppelleben", das die meisten Süchtigen führen). Die eigene Scham und Sucht machte jegliche Hoffnung auf intime Gespräche zunichte.

Als Mark begann abstinent zu leben, fingen wir auch mit Einzeltherapie an, gingen in Männer bzw. Frauengruppen und besuchten Paargruppen. Im ersten Genesungsjahr waren wir fast jeden Abend bei einem Meeting oder einer Gruppe. Unsere Kinder protestierten. Unser erstes Jahr war eine Zeit schmerzhafter Ehrlichkeit, weil lange verdrängte Gefühle allmählich an die Oberfläche kamen. Mancher Groll brauchte Monate, um hochzukommen. Für die Erinnerungen an den Inzest dauerte es neun bis zwölf Monate. Es war immer noch eine heikle Zeit und es gab Zeiten, in denen wir nicht wussten, ob wir es schaffen würden.

Wir erleben den Frieden des Programms und merken, dass viele Dinge sich ändern. Wir erfahren Heilung in allen Aspekten unserer Beziehung. Wir kämpfen weiterhin mit dem finanziellen Loch, das uns die Sucht gegraben hat. Mark bemüht sich, seine Karriere wieder aufzubauen. Debs berufliche Tätigkeit ist sehr erfolgreich, nimmt sie aber zeitlich arg in Anspruch. Auch wenn wir unsere Hauptsüchte nicht ausleben, können wir uns immer noch durch Arbeit, Launenhaftigkeit, überengagierte Aktivitäten mit den Kindern und eine Vielzahl weiterer Ausflüchte voneinander entfernen. Es ist unheimlich wichtig, im Programm diszipliniert zu bleiben. Wir erhalten viel Kraft und Hoffnung voneinander, von anderen Paaren und weil wir unsere Geschichte mit anderen teilen dürfen.

Die Erneuerung von Mark und Deb L.

Lass mich dich lieben, ohne dich zu besitzen . . .

Lass mich meine Gefühle mit dir teilen in der Gewissheit, dass du vorsichtig mit ihnen umgehst, ohne die Verantwortung für sie zu übernehmen… Lass mich meine Bedürfnisse ausdrücken, auch wenn ich weiß, dass du sie nur manchmal erfüllen kannst… Lass mein Bedürfnis nach zeitweiligem Alleinsein keine Ablehnung für dich, sondern eine Zeit des Kraftschöpfens für mich sein.

Lass mich nicht von deiner Bestätigung abhängig sein, sondern mich darauf verlassen, dass ich selbst für mein seelisches Wohlbefinden sorgen kann.

Lass uns ehrlich miteinander umgehen . . .

In der Gewissheit, dass wir weder lächerlich gemacht noch bedroht oder missachtet werden… Lass uns beide gute Freunde finden, ohne dass es unser gemeinsames Leben gefährdet… Lass uns einander begegnen, ohne zu urteilen oder Erwartungen zu haben, lass uns Freude in Momenten gemeinsamer Intimität empfinden… Lass uns mal schwach und mal stark sein, wissend dass beides zum Wachstum unserer Beziehung beiträgt.

Lass uns zusammen träumen …

Mit der Verspieltheit eines Kindes… Lass unsere Liebe eine sprudelnde Quelle für die Erneuerung unserer „inneren Kinder" sein, ein sicherer Ort, an dem all unsere Gefühle lebendig werden dürfen, eine Spielwiese, wo wir Gottes Reichtum erleben.

Lass uns heute neu beginnen!

Dave und Mary

Füreinander bestimmt

Wir waren beide Ende 30 und jeweils noch in einer ersten Ehe verheiratet, die keinen von uns glücklich machte. In dieser Zeit kannten wir Ausdrücke wie „Herkunftsfamilie" und „dysfunktionale Beziehung" gar nicht und es sollte auch noch eine Weile so bleiben. Wir waren beide beruflich eingespannt und nutzten das, um Nähe zueinander zu vermeiden.

Unsere Beziehung begann eines Abends mit einer zufälligen Begegnung in einem nahegelegenen Restaurant mit Bar. Wir waren beide mit unseren jeweiligen Arbeitskollegen da und würden bestreiten, dass wir an dem Abend darauf aus waren, jemanden kennenzulernen. Nichtsdestotrotz lernten wir uns kennen und haben uns gleich zum Mittagessen am nächsten Tag verabredet. Für uns stand fest, dass wir füreinander bestimmt waren und das gemeinsame Mittagessen mündete in eine Affäre, die wir die nächsten fünf Jahre lang fortführten. Dann ließen wir uns von unseren jeweiligen Partnern scheiden und heirateten ein paar Monate später. Wir waren voller Zuversicht, dass wir dieses Mal das Richtige taten.

Es war uns fast unmöglich zu sehen, was zu dieser Zeit in unserem Leben tatsächlich passierte. Als Süchtiger und Co-Abhängige bedienten wir gegenseitig unsere Süchte und schlossen die Augen vor der Wahrheit. Wenn wir unser Leben umgestalteten, würden die anderen sich an unsere Pläne anpassen müssen. Es ist interessant, dass unsere Charakterfehler in dieser Phase so unsichtbar für uns waren. Wir waren verstrickt. Im Rückblick sehen wir, dass es viele Warnzeichen auf die bevorstehenden Probleme gab, aber wir waren damals blind dafür. Ein Jahr nach unserer Eheschließung kamen unsere alten Verhaltensmuster wieder zum Vorschein und die idyllische Ehe bekam erste Risse. Dave freute sich, dass Mary zwei Töchter in die Ehe mitbrachte und verstand dies als Chance, es nun beim zweiten Mal richtig zu machen. Dave konnte erkennen, was er mit seinen eigenen beiden Töchtern versäumt hatte. Mary hingegen wollte einen Ehemann, keinen Vater für ihre Kinder. Sie wollte, dass

Dave sich ihnen gegenüber wie ein Freund oder „Onkel" verhielt. Er wollte sie jedoch mit der gleichen Strenge erziehen, die er von seinem Stiefvater gelernt hatte. Es dauerte noch ein Jahr bis die Ehe in wirklich gefährliches Fahrwasser geriet. Es wurde ein destruktiver Strudel, der jeden in sich aufsog.

Schließlich entschieden wir uns, eine Beratung für Stief-Eltern aufzusuchen, um mit der älteren Tochter zurechtzukommen. Sie war zwölf und fing an, ihre eigenen Probleme zu haben. Diese Sitzungen brachten uns dazu, unsere Beziehung genauer und realistischer anzuschauen.

Dave fühlte sich mehr außer Kontrolle und stärker verwirrt, als er sich je hätte vorstellen können. Das ideale Leben, das er sich aufgebaut hatte, brach in Stücke. Die Angst verlassen zu werden beherrschte ihn ständig. Sein Job, den er schon etwa vierzehn Jahre lang machte, war auch gefährdet, weil er die Arbeit seit einiger Zeit vernachlässigt hatte. Die „Lüge", mit der er gelebt hatte, war offengelegt. Es war eine Erleichterung und beängstigend zugleich. Mehr denn je beherrschten ihn Scham- und Schuldgefühle und seine Sexsucht. Die Sucht setzte sich mit einer Odyssee des Wahnsinns fort, was unser Leben im Kern erschütterte und auch unser Umfeld in Mitleidenschaft zog.

Die Streits, die Wut, die Isolation, die Ausweglosigkeit machten uns fertig. Dave konnte sein Doppelleben immer weniger geheim halten. Vier Jahre später war die „Für-alle-Ewigkeit"-Ehe so gut wie zu Ende. Dave versuchte, Mary seine Sexsucht zu erklären und Mary geriet für längere Zeit in eine Art Schockzustand. Sie wollte von sich aus alles über Sexsucht lernen. Durch das „Zuschauen" war sie total erschöpft.

Als er anfing, die Bücher von Dr. Pat Carnes zu lesen, gab Dave zu, dass er sexsüchtig war. Er versprach, zu SAA-Meetings zu gehen und machte das neun Monate lang. Die folgenden 4 ½ Jahre hütete er sein geheimes Leben so sorgfältig, dass Mary nichts ahnte und aus diesem Geheimleben ausgeschlossen war. Beide hatten in dieser Zeit das Gefühl, das Leben wäre o.k. Mary war nicht klar, dass Dave schon seit 3 Jahren wieder aktiv der Sucht erlegen war. Er hatte vollkommen unterschätzt, welche Macht die Sucht über ihn hatte.

Anscheinend gab es keinen Weg, um das Vertrauen wieder herzustellen. Wir waren uns einig, dass unsere Beziehung ans Ende gekommen war und wir wollten uns auf anständige Weise trennen. Nun war das Geheimnis vor den Kindern und im Freundeskreis gelüftet. Mary fühlte sich immens erleichtert, obwohl die Ehe nicht gehalten hatte. Sie leitete die Scheidung ein trotz des Gefühls, dass es doch eine gewisse Liebe zwischen ihnen gäbe. Wir wussten beide, dass die Beziehung scheitern würde, so oder so – zumindest dachten wir das!

Als Mary auf den Anwaltstermin wartete, nahm sie die Ausgabe einer amerikanischen Zeitschrift zur Hand und blätterte darin. Ein Artikel sprang ihr regelrecht ins Auge: es ging um Sexsucht und die Feststellung, dass Sexsucht sowohl bei Männern als auch bei Frauen erfolgreich behandelt werden könne und die Prognose ausgezeichnet sei.

Wir trafen uns zu einem „letzten Mittagessen". Sie berichtete, was sie gelesen hatte und Dave meinte, er würde mehr darüber herausfinden wollen. Endlich hat sein Herz gesprochen. Er fand heraus, dass andere Paare gerne eine Selbsthilfegruppe für Paare in Genesung gründen würden. Die notwendigen Dinge wurden arrangiert und wir trafen uns mit zwei weiteren Paaren. Das war das erste RCA-Meeting.

Für Mary hatte der schwerste Teil allerdings gerade erst begonnen. Sie fing an, sich mit ihrer eigenen Verantwortlichkeit in der Beziehung zu befassen und stellte fest, dass sie viele ihrer alten Charaktereigenschaften, schlechte wie gute, mit in die Beziehung gebracht hatte, genauso wie bei der ersten Ehe. In Anwesenheit von zwei anderen Paaren gingen wir die Verpflichtung ein, sechs Monate lang an unserer Beziehung zu arbeiten. Wir verpflichteten uns dazu, einander während dieser Zeit nicht zu verlassen, egal was ist (ausgenommen körperlicher Missbrauch).

Unsere große Herausforderung war der Umgang mit dem zugrunde liegenden Schaden, den wir inzwischen klar erkannt hatten. Dieser brachte Vertrauensmangel, Paarscham, fehlende Intimität und eine tief sitzende Verlustangst mit sich. Mary hatte Angst davor, Dave zu verlassen. Sie fürchtete gleichzeitig auch, verlassen zu werden. Wir stellten beide fest, dass wir dazu neigen, auszuweichen. Nachdem wir die Verlustangst beim

Namen genannt hatten und offen darüber redeten, konnten wir unsere Beziehungsarbeit beginnen und ernsthaft an unserer Paargenesung arbeiten.

Unser wöchentliches Meeting hat uns bei so vielen Krisen geholfen, großen und kleinen. Es war für uns ein sicherer Ort, um uns einander zu öffnen und ehrlich zu sein vor den anderen Paaren, die zu uns stehen und Mitgefühl haben. Dank dieser beiden Paare können wir ein liebevolleres und friedlicheres Eheleben führen. Wir sind ihnen unendlich dankbar.

Wir können nicht behaupten, dass verletzende Worte und Taten gar nicht mehr vorkommen, aber wir verstehen sie und das, was uns zusammengebracht hat. Uns ist ganz bewusst, dass wir uns in einem fortlaufenden Prozess befinden. Wir streiten noch immer, allerdings sehen wir die früheren Verletzungen, Vertrauensbrüche und Vorfälle aus einer neuen Perspektive mit mehr Klarheit.

Die beiderseitige Trauer um unsere Kindheit teilen wir jetzt offen miteinander. Wir verstehen den Schmerz, aber wir verweilen nicht in ihm. Wir haben unsere Aufgaben im Leben und das Wichtigste ist der Aufbau einer wirklich liebevollen und intimen Beziehung.

Beth und Stephen

Von den Fesseln befreit

Beth

Ich bin 32 und seit 3 Jahren in Beziehung mit Stephen. Wir besuchen seit eineinhalb Jahren regelmäßig RCA-Meetings. Als ich Stephen kennenlernte, war ich schon fast 3 Jahre trocken bei den Anonymen Alkoholikern. So Gott will, werde ich in diesem Programm bald 6 Jahre durchgehende Trockenheit feiern. Nachdem ich zunächst erst mal vom Alkohol trocken geworden war, wusste ich nur allzu wenig darüber, welche Süchte ich sonst noch hatte und darauf warteten, dass ich sie aufdecken und von ihnen genesen würde!

Ich bin das Älteste von 3 Kindern und in meiner eher unbescheidenen Sichtweise waren meine Eltern schon selbst beide schwer suchtkrank. Meiner Meinung nach war meine Mutter tobsüchtig und von meinem Vater abhängig. Mein Vater war Alkoholiker, spiel- und arbeitssüchtig, von meiner Mutter abhängig und mit seiner Mutter süchtig verstrickt. Ich glaube, dass meine Mutter von frühester Kindheit an von ihren Eltern emotional missbraucht worden war. In meiner Erinnerung sagte sie häufig, dass sie sich bis zum Tod ihres Vaters nie frei gefühlt hätte. Sarkasmus und Beschimpfungen waren die üblichen Kommunikationsformen in ihrer Familie und die Muster wurden in meiner Familie wiederholt. So wurde der Name meines Bruders normalerweise in voller Länge genannt und dabei sein zweiter Vorname durch „Lügner" oder „Nervensäge" ersetzt. Von Morgens bis abends ertrugen wir ihre Wutausbrüche, wurden angebrüllt und mussten Dauerbeschimpfungen anhören, wie z.B. „Geh weg, ich will dich nicht mehr sehen; ich reiße dir deine verdammten Haare einzeln vom Kopf; ich schlag dir den Schädel ein; ich steck dir meine Faust in die Kehle; ich breche dir alle Knochen; du kriegst von mir was, das dich zum Flennen bringt". Meine Mutter war stolz darauf, dass sie eine Sammlung böser Blicke beherrschte, von der Sorte „wenn Blicke töten könnten". Diese Blicke wurden nicht etwa eingesetzt, um dafür zu sorgen, dass wir uns in der Öffentlichkeit gut benahmen; sie waren kein

Ersatz für demütigende Schelte vor fremden Leuten. Sie waren einfach nur ein fester Bestandteil des familiären Kommunikationssystems. Zu diesem System gehörte auch, dass mein Vater des Öfteren wochen- oder monatelang nicht mit uns sprach. Ich lernte alle diese Verhaltensweisen und bevor ich trocken wurde, hatte ich gedacht, dass sie in einer Beziehung ganz normal wären. Neue Kommunikationsformen zu lernen war für mich absolut notwendig, um überhaupt eine Möglichkeit zur Intimität zu schaffen.

Mein Vater war einer von zwei Jungs und „Mamas Engelchen". Während meiner Kindheit konnte ich beobachten, wie er und sein Bruder den emotionalen Übergriffen ihrer Mutter ausgesetzt waren. Ich vermute, dass diese Übergriffe schon in der Kindheit begonnen hatten und dass mein Vater gelernt hatte, sich mit Rückzug und Schweigen gegen diese Grenzüberschreitungen zur Wehr zu setzen. Er „behandelte" meine Mutter mit Schweigen als eine Form der Bestrafung und wandte diese Methode auch später bei uns Kindern an. Das war seine Art, Verletzung und Wut auszudrücken, und ich habe es so von ihm übernommen. Darüber hinaus hatte er in seiner Herkunftsfamilie gelernt, dass Kinder für Erwachsene nützlich wären statt, dass die Erwachsenen eine Verantwortung für die Erfüllung emotionaler Grundbedürfnisse der Kinder hätten. Sowohl bei meinem Vater als auch bei meiner Mutter waren in den jeweiligen Familien die Kinder dafür zuständig, ihre Eltern glücklich zu machen und diese Vertauschung der Eltern-Kind-Rollen wurde in meiner Familie wiederholt. Meine Eltern übernahmen keine elterliche Verantwortung für unser emotionales Wohlergehen. Stattdessen wurde von uns verlangt, dass wir ihre emotionalen Bedürfnisse erfüllen sollten. Wir waren dazu da, ihre Wut abzufangen, wenn es sie überkam, unsere Tränen abzuwischen, damit sie sich nicht unwohl fühlten, und mit ihnen zu kuscheln, wenn sie gerade ein Bedürfnis danach verspürten und nicht, wenn wir derartige Aufmerksamkeit brauchten. Meine beiden Brüder und ich waren außerdem noch dafür verantwortlich, unsere Großeltern glücklich zu machen, besonders nachdem die beiden Großväter gestorben waren und die Großmütter keinen Partner mehr hatten.

Ich teile ganz bewusst meine Geschichte mit euch, weil ich mir sehr wünsche, dass ihr dadurch Hilfe und Trost findet, wenn ihr ernsthaft nach funktionierenden Lösungen für die Probleme in euren eigenen Partnerschaften sucht. Ich beziehe meine Sucht und das dysfunktionale Verhalten meiner Herkunftsfamilie in den Bericht mit ein, weil sie zu meinem Beziehungsverhalten beigetragen haben.

Als Teil der Verantwortungsübernahme für die emotionalen Bedürfnisse unserer Eltern mussten wir zugeteilte Rollen spielen und anschließend – was total krank ist – wurden wir dafür bloßgestellt. So wurde vom Fehlverhalten unserer Eltern abgelenkt. Ich war die „Schlaue" mit der „großen Klappe" und mein Bruder war der „nicht so Schlaue", der die ganze Zeit „log". Natürlich habe auch ich gelogen, aber mir warfen sie es nicht vor, um die zugewiesene Familienstruktur aufrecht zu erhalten. Mein kleinster Bruder war der „Gute". Bezeichnenderweise wurden uns diese Rollen verpasst, bevor wir so weit waren, eine eigene Persönlichkeit entwickeln zu können. Die uns Kindern zugewiesenen Rollen spiegelten genau die Dysfunktionen unserer jeweils gleichgeschlechtlichen Elternteile. Beispielsweise galt ich als kalt, sarkastisch und gefühllos, außerdem setzte ich eine Palette böser Blicke ein. Das waren die Charaktereigenschaften meiner Mutter, die Auswirkungen des Missbrauchs in ihrer Kindheit. Mein Bruder sollte den „nicht so Schlauen" darstellen, was die Rolle war, die mein Vater spielte, um sich der erzieherischen Verantwortung zu entziehen. Es war darüber hinaus ein Ausdruck seiner Abhängigkeit von meiner Mutter. Sie war die Schlaue und bevormundete ihn, während er seine Macht im Verborgenen ausübte, indem er latent mit Schweigen und Rückzug drohte.

Schweigen war auch noch in anderer Weise ein fester Bestandteil des familiären Kommunikationssystems, nicht nur die Art, wie unser Vater uns bestrafte. Wir mussten über das, was mit uns passierte, schweigen. Ich habe letztlich so vollkommen darüber geschwiegen, dass ich gar nicht mehr wusste, was mit mir passierte. Das ist die Ursache, warum ich heute Schwierigkeiten habe, meiner Wahrnehmung zu vertrauen oder sie überhaupt erst mal mitzukriegen. Ich arbeite daran, die dadurch entstandene Überwachsamkeit abzubauen und meine Abhängigkeit von Regeln loszulassen, die bestimmen, wie Dinge sein sollten statt einem Gefühl für das Richtige zu vertrauen. Ich lerne meine eigenen Gefühle kennen und gewinne Vertrauen in mein eigenes Urteil, so dass ich aufhören kann, ständig mein Verhalten und das der anderen, besonders von Stephen, zu bewerten. Es bedeutet natürlich nicht, dass ich mit meiner regelmäßigen Inventur aufhören will, damit ich den Zehnten Schritt umgehen kann, oder dass es mein Ziel wäre, meinen Eigensinn mit mir durchgehen zu lassen. Worum es mir geht, ist Ausgeglichenheit, hierbei genauso wie in allen anderen Lebensbereichen.

Durch die Forderung nach Verschwiegenheit entstand immens große Scham in mir. Um mich zum Schweigen bringen, machten sie mich schlecht und beschimpften mich (als „streitsüchtig", „aufsässig" etc.), jedes Mal, wenn ich nicht damit einverstanden war, wie sie über mich urteilten. Ich meine jetzt nicht die Art von Scham, die man angemessenerweise fühlt, wenn man jemanden verletzt oder etwas Unrechtes getan hat. Ich meine derartig intensive, krankhafte Scham, dass du dich von Grund auf gestört fühlst, dass du dir existenziell schlecht vorkommst und du eigentlich noch nicht mal Luft holen dürftest. Ich glaubte es schließlich, wenn man mir sagte, dass ich verrückt sei. Da an meinen Eltern nichts verkehrt war, musste ja etwas mit mir nicht stimmen. Ich genese von dieser Scham, jeden Tag neu, und nur durch die Heilung der Scham wird es möglich, neue Kommunikationsformen zu lernen. Mir wird klar, dass ich keine Fassade „angemessenen Umgangs" über einen schamgefüllten Geist stülpen kann. Ich verstehe, warum meine Eltern sich derart verhalten haben und ich glaube, dass sie auch aufgrund von Scham so waren und dass sie mir nur das geben konnten, was in ihnen selbst vorhanden war.

Mein Vater hat mit dem Spielen aufgehört, als er ein Darlehen über 40.000 $ an der Börse verzockte. Er hatte sein Trink- und Spielverhalten schon von klein auf gelernt. Seine Eltern besaßen eine Kneipe und eine meiner ersten Erinnerungen an meine Großmutter ist, dass sie besonderen Spaß daran hatte, „auf die Bahn" zu gehen, d. h. zum Pferderennen. Nachdem mein Vater nicht mehr spielte, verstärkte sich seine Trinkerei, in der er vermeintlichen Halt suchte.

Es gab auch körperliche Misshandlung in meiner Familie, was mich zu der festen Annahme bringt, dass meine Eltern als Kinder ebenso misshandelt worden waren. Mein Bruder und ich wurden regelmäßig für Dinge geprügelt, die Kinder eben machen – z.B. schreien und „nein" sagen, als wir Kleinkinder waren. Obwohl ich entschieden dagegen bin, Kinder egal welchen Alters zu schlagen, möchte ich für diejenigen unter euch, die nicht dagegen sind, meine Unterscheidung zwischen prügeln und schlagen erklären. Schlagen ist meines Erachtens ein schmerzloser Klaps mit der offenen Hand auf einen gut in Windeln gepackten Popo eines Kleinkinds, ausgeführt von einem beherrschten und ruhigen Elternteil mit dem Ziel, eine kleine Lektion zu geben. Beim Schlagen werden keine Gegenstände eingesetzt (Gürtel, Haarbürsten etc.), um Schläge zu versetzen, und es gibt auch nicht mehrere Hiebe hintereinander. Beim Prügeln schlagen Eltern aus einem Wutanfall heraus auf ihre Kinder ein. Mein Bruder und ich wurden geprügelt. Ich sage nicht „Brüder", obwohl ich derer zwei hatte, denn es gibt Lücken in meiner Erinnerung und ich weiß nicht mehr, wie es meinem jüngsten Bruder in Bezug auf Prügel erging. Ich erinnre mich daran, dass ich das Gefühl hatte, meine Eltern wären mit meinem jüngsten Bruder ein bisschen milder umgegangen, aber ich weiß es nicht mehr wirklich sicher. Als ich von zu Hause auszog, war er sechs und ich sechzehn.

Ich wusste nie, welches Verhalten meinerseits ein Grund für Prügel sein würde und wofür ich gelobt würde. Meine ganze Kindheit über hatte ich ständig den gleichen Albtraum. In diesem Traum jagte mich ein schrecklich böses, unsichtbares Ungeheuer durch unser Viertel. Es gelang mir, in unser Haus zu entkommen und ich war sehr erleichtert, es in die sichere Küche geschafft zu haben, wo meine Mutter stand und mir den Rücken zukehrte, während sie in einem Topf auf dem Herd rührte. Ich fing an, meine verzweifelte Flucht zu beschreiben und dass ich wie durch ein Wunder entkommen war. Meine Mutter drehte sich langsam zu mir um. Da sah ich, dass ihr Gesicht sich in Holz verwandelt hatte, ähnlich wie das der hölzernen Puppe eines Bauchredners. Sie war von dem unsichtbaren bösen Dämon besessen, der mich verfolgt hatte. Ich rannte schreiend aus dem Haus zu unseren Nachbarn, wo das gleiche nochmal passierte. Diesen Traum hatte ich wieder und wieder in meiner Kindheit und gelegentlich sogar im Erwachsenenalter bis ich trocken wurde. Nachdem mir klar geworden war, dass der Traum genau meine Situation in meiner Herkunftsfamilie darstellte, hatte ich den Traum nie mehr wieder.

Auch sexuellen Missbrauch erfuhr ich in meiner Herkunftsfamilie. Als kleines Kind hatte ich sieben Monate lang eine Blasenentzündung, die erst aufhörte, nachdem ich für eine Untersuchung zwei Tage im Krankenhaus war. Danach erstellte der Arzt monatliche Berichte, in denen als Befund gerötete und gereizte Genitalien aufgeführt waren, aber es wurde von niemandem etwas unternommen. Die Untersuchungen waren keine Heilbehandlung und der Arzt fand keine Anomalität der Genitalien die Probleme verursachen könnten. Allerdings schien der Krankenhausaufenthalt diejenigen abzuschrecken, die mich belästigt hatten, und das reichte aus, um sie damit aufhören zu lassen. Zusätzlich zu dieser sehr frühen Erfahrung wurde ich auch von meiner Großmutter väterlicherseits missbraucht. Nach dem Tod ihres Mannes flehte sie manchmal: „sei ein bisschen lieb zu mir" und dann wusste ich, dass ich dran war. Sie meinte keinen Geschlechtsakt, aber sie wollte, dass wir ihre Bedürfnisse nach körperlicher Berührung befriedigten und die waren manchmal sexueller Natur. Ich wurde auch gezwungen, bei ihr zu schlafen, sowohl wenn ich sie in ihrer Wohnung besuchte als auch in dem Rollbett in meinem Schlafzimmer, wenn sie über das Wochenende bei uns war. Und das war ein Szenarium für meinen eigenen Missbrauch. Sie hat häufig meinen jüngsten Bruder vor meinen Augen auf der Wohnzimmercouch sexuell missbraucht unter dem Vorwand, ihn zu trösten. Das war für mich zwar eklig aber gleichzeitig erregte es mich. Es war gleichermaßen befreiend und schmerzhaft, denn einerseits war ich erleichtert, nicht mehr im Zentrum ihrer Aufmerksamkeit zu stehen, andererseits fühlte ich mich verlassen und war eifersüchtig.

Missachtung sexueller oder intimer Gefühle gab es ebenfalls auf unterschiedlichste Weise in meiner Familie. Darunter fallen z.B. häufige Kommentare über die Entwicklung meiner Brüste und ein anhaltender Konkurrenzkampf zwischen mir und meiner Mutter, bei dem es darum ging, dass ich viel größere Brüste hatte als sie. Meine Eltern teilten mir ausdrücklich mit (nicht nur über Botschaften und Beispiele sondern wortwörtlich), dass ich erst an zweiter Stelle käme nach ihrer Beziehung zueinander.

Sie erklärten, dass Kinder eben ihre Eltern verlassen, wenn sie erwachsen werden, also stünden Kinder nur an zweiter Stelle. Eines Tages würde jemand kommen und mich lieben, meinten sie, und dann stünde ich bei dieser Person an erster Stelle. Aber bis dahin musste ich warten. Ich lernte Sex-/Beziehungssucht schon ganz früh durch das, was meine Herkunftsfamilie mir durch Worte und Taten beibrachte. Sex war Liebe, wie ich ganz deutlich sehen konnte, einerseits durch den Umstand, dass die einzige Berührung, die ich abgesehen von den Schlägen erfuhr, jene meiner Großmutter war, und andererseits weil ich abschaute, wie meine Mutter sich meinem Vater gegenüber verhielt. Ich hatte ganz stark den Eindruck, dass Männer unglaublich dumm und leicht durch Sex zu manipulieren waren, aber auch, dass sie irgendwie unglaublich notwendig waren. Ich wusste mit meinem kindlichen Verständnis der Dinge, dass du als Erwachsene, wenn du geliebt werden willst, das Buch aus der Schublade meiner Mutter „wie man einem Mann gefällt" lesen musst, denn wenn du es nicht liest, verlassen sie dich und dann musst du sterben.

Mit diesen Lektionen war ich gewappnet, um in der Welt zurechtzukommen, als ich mit 16 von zu Hause auszog. Schon seit ich 14 war, hatte ich eine sexuelle Beziehung mit meinem High-School-Freund. Später (als ich trocken war) wurde mir klar, dass er Alkoholiker war. Er trank verschreibungspflichtigen, codeinhaltigen Hustensaft aus der Flasche, ohne Husten zu haben... Ich wunderte mich immer, warum er keinen Löffel benutzte und warum er ihn nahm, obwohl er gar keinen Husten hatte! Er wechselte an die Hochschule und machte mit mir Schluss. Ich war total verzweifelt. Also ging ich an die gleiche Hochschule wie er, obwohl das sogar in einem anderen Bundesstaat war, weil ich hoffte, ihn wiederzubekommen. Schon gleich nach dem Schulwechsel fing ich an Drogen und Alkohol zu konsumieren. Als mein kleinster Bruder an Leukämie erkrankte, konsumierte ich täglich. Ich nahm halluzinogene Drogen in der Woche, in der ich Knochenmark für die Transplantation spendete, allerdings hatte ich das erst mit dem Arzt abgesprochen, denn ich war ja immer noch ein braves Mädchen. Als mein Bruder starb, erwarteten meine Eltern, dass ich sie für den Verlust ihres Sohnes tröstete. Da sie gelernt hatten, dass Kinder dafür zuständig wären, die emotionalen Bedürfnisse der Eltern zu bedienen, schienen sie niemals auch nur auf die Idee zu kommen, dass es ihre Verantwortung gewesen wäre, mir bei der Verarbeitung des Verlusts meines Bruders zur Seite zu stehen.

Im College fiel ich einem Mann in die Arme, den ich von der ersten Minute unserer Begegnung an nicht leiden konnte. Ich überging meinen ersten Eindruck, dass er irgendwie schmierig und unehrlich war. Obwohl er schon anfing, mich zu betrügen, als unsere Beziehung erst vier Monate lang bestand, blieb ich neun Jahre mit ihm zusammen. In meinem süchtigen Kopf war er schließlich meine erste Liebe. Er war gut erzogen und redegewandt, aufgeschlossen und leidenschaftlich. Selbstverständlich kam er auch aus einer Missbrauchsfamilie und hatte seine Kommunikationstechniken dort gelernt, so dass seine nette Art aufgrund fortschreitender Krankheit immer mehr verschwand. Seine Familie war sehr nett zu mir, auch deshalb blieb ich bei ihm. Sie luden mich jedes Jahr an Weihnachten für zwei Wochen ein und nahmen mich jeden Sommer mit in lange Urlaube am See. Sein Vater teilte auch Beleidigungen aus und hatte Wutausbrüche, doch richteten sich diese nicht gegen mich, weil ich kein Familienmitglied war. Also fühlte ich mich bei ihnen sicher. Meine Eltern hatten mich schon lange nicht mehr bei Familienurlauben mitgenommen mit der Begründung, dass sie mich nicht mochten. So war es für mich der Himmel auf Erden, von dieser Familie aufgenommen zu werden; bis zu dem Zeitpunkt, als ich schließlich anfing, etwas über Alkoholismus und Dysfunktion zu erfahren.

Anfangs konsumierten wir unsere Suchtmittel gemeinsam; nach und nach entfernte die Sucht uns voneinander. Er trank und beging Missbrauch, manchmal körperlich; ich nahm Drogen und beging Missbrauch, wofür ich auf die mir bekannten Beschimpfungen und Wutausbrüche zurückgriff. Im Januar 1985 versetzte er mir einen Schlag, durch den ich durch das ganze Zimmer flog. Als er mich zum ersten Mal geschlagen hatte, meinte meine Mutter, dass es zu schwierig sei, mit mir auszukommen und ich den Vorfall bestimmt provoziert hätte. Ich sollte mich stärker bemühen, nett zu ihm zu sein. Ich war zwar wütend, glaubte ihr aber und blieb weitere 8 Jahre bei ihm. Inzwischen wusste ich irgendwie, dass wir Hilfe bräuchten. Wir gingen zur Beratung und der Arzt riet uns zu Einzeltherapie. Da ich befürchtete, dass mein Partner nicht weitermachen würde, wenn man ihn zwänge, den Therapeuten zu wechseln, nahm ich mir selbst eine neue Beraterin. Diese forderte mich zunächst auf, als Bedingung für die Sitzungen zu Al-Anon zu gehen. Also tat ich das.

Mein Partner hörte die Therapie nach drei Monaten wieder auf und sagte mir nichts davon. Ich fand es heraus und nach zwei Monaten vergeblichen Hoffens, dass er wie versprochen einen neuen Therapeuten nehmen würde, meinte ich zu ihm, dass wir uns trennen sollten. Da ich noch nicht in Genesung von meiner Beziehungssucht war, hatte ich nur deshalb die Kraft, ihn gehen zu lassen, weil ich ein Techtelmechtel mit einem anderen Alkoholiker hatte. Ich „wusste", dass ich diese Beziehung nicht ausbauen würde, aber als der neue Gefährte trocken wurde, zeitgleich mit dem Ende meiner Partnerschaft, ließ ich mich doch auf ihn ein. Als ich jedoch einige Wochen später meinen Ex-Partner sehnsüchtig vermisste, wollte ich mit dem neuen Typ Schluss machen und zu meinem Ex-Partner zurückkehren. Aber der hatte schon was mit einem jungen Mädchen angefangen. So ging es hin und her bei uns, bis ich zusammenbrach und mich in stationäre Behandlung wegen Co-Abhängigkeit begab. Dort hatte ich einen Traum, dass ich süchtig wäre und wenn ich es zugäbe, würde es mir besser gehen. Als ich meinen Traum der Gruppe erzählte, lachte die mich nicht aus, sondern die Leute nickten zu meinem großen Erstaunen in Zustimmung. Ich kam zurück nach Hause, war wieder mit dem frisch in AA trocken gewordenen Typ zusammen, wurde selbst trocken und lebte glücklich und zufrieden in der Beziehungssucht, bis ich seine Sexsucht herausfand.

Das bedeutete für mich, dass ich wieder ganz von vorne anfangen musste. Ich kam ins Genesungsprogramm der Erwachsenen Kinder von Alkoholikern. Nach einem wunderbaren Jahr ohne Beziehung, in dem ich lernte und verinnerlichte, dass Gott mir genug war und dass ich mir genug war, traf ich Stephen. Ich war bei einem Meeting, in das ich regelmäßig ging, und bemerkte ihn, weil er dort neu war. Er teilte darüber, dass er in einer Therapie Körperarbeit machte, was eine der wenigen Therapieformen war, die ich respektierte. Ich wurde neugierig. Dann fing er an zu erzählen, was er genau an dem Tag, wo die Therapie stattfand, gemacht hatte. Und zwar beschäftigte er sich mit der Frage, warum er mit seiner neuen Freundin keinen Sex haben wollte. Ich fand das genial. Ein Mann, der auch manchmal keinen Sex wollte, ein Mann, der so war wie ich selbst. Nach dem Meeting kam er, um sich mit mir zu unterhalten, und er hatte eine so sanfte und freundliche Art. Meine Freundin Allison stand neben mir und nachdem er gegangen war, sagte sie, sie hoffe, dass er aufhören würde, sich mit der im Meeting erwähnten Frau zu verabreden und stattdessen mich treffen würde, weil sie meinte, dass er so einen netten Eindruck machte. Also sind wir nach dem Meeting der darauffolgenden Woche einen Kaffee trinken gegangen. Mir wurde dann klar, dass er in seiner Sex-/Beziehungssucht aktiv war und dass er sich nicht nur gelegentlich mit der anderen Frau verabredete, sondern mit ihr zusammen lebte! Ich „wusste", dass ich mich nicht auf ihn einlassen würde! Ha! Zwei Wochen nach unserem Treffen löste er sich aus der Beziehung und fing an, zu S.L.A.A. zu gehen. Bahn frei für mich!

Dadurch dass ich mich gegen besseres Wissen auf Stephen einließ, habe ich meine Sex-/Beziehungssucht erkannt. In der neunjährigen Partnerschaft dachte ich, das Problem wäre sein Alkoholismus gewesen, doch eigentlich spiegelte er mir meinen eigenen Alkoholismus. Mit dem ersten trockenen Partner dachte ich, das Problem wäre seine Sexsucht gewesen, die es zu großen Teilen auch war. Aber als ich mich nochmal auf einen Sexsüchtigen einließ – was ich geschworen hatte, nicht zu tun – stellte ich fest, dass es mir die gleiche Lektion erteilte und ich habe meine Machtlosigkeit gegenüber meiner Sex-/Beziehungssucht zugegeben. Anfangs hielt ich gerne einen sicheren, intellektuellen Abstand von dem „Sexsucht-Zeug" und sagte nur, dass ich beziehungssüchtig sei. Ich hatte mich nie so abstoßend freizügig verhalten oder Porno benutzt oder …. aber, wenn ich mir selbst zuhörte, wie ich diese Dinge im Geist aufzählte, hörte ich das „noch nicht" aus AA und erinnerte mich daran, wie Verleugnung klingt.

Langsam, wie beim Trockenwerden vom Alkohol, ist mir bewusst geworden, dass ich Sachen gemacht und an Dinge gedacht habe, mit denen ich ganz klar zu den Sexsüchtigen zähle. Ich stelle jetzt fest, dass kein Unterschied zwischen Sex- und Beziehungssucht besteht. Wie in AA, wo es Biertrinker und Weintrinker gibt, wo die Einen in der Gosse leben und die Anderen in der Vorstandsetage verkehren, wo manche betrunken Auto fahren und andere eben nicht. So ist es auch in S.L.A.A.: manche sind Prostituierte, mache Hausfrauen, manche benutzen Pornographie, manche setzen aufreizende Klamotten und Flirtverhalten ein, um auf der

Jagd nach Sex dabei zu sein.

Doch so wie wir in AA alle Alkoholiker sind, egal wo wir herkommen, kann ich mich auch in S.L.A.A. nicht über diese abstoßenden, sexsüchtigen Menschen stellen, deren Benehmen ich so sehr verachte. Ich bin Eine von ihnen. Sicher, ich hadere nach wie vor mit meiner Verachtung und meinem Wunsch, mich abzusetzen, aber Gott versorgt mich mit dem geschärften Bewusstsein, dass wann immer ich mit dem Finger auf jemanden zeige, dabei drei meiner Finger auf mich selbst zeigen.

Obwohl wir auf süchtige Weise begonnen haben, war es ein Zeichen von Genesung, dass ich mich zu Stephen hingezogen fühlte. Er war seit sechseinhalb Jahren trocken in AA. Das war eindeutig eine Verbesserung gegenüber den anderen Alkoholikern, mit denen ich zuvor eine Beziehung angefangen hatte. Er machte schon von sich aus eine Therapie und nicht, weil ihn ein Anderer dazu gedrängt hätte. Zuvor bin ich aufgrund meiner Erfahrung mit körperlicher Misshandlung nur Beziehungen mit Männern eingegangen, die zierlich und nicht sehr groß waren, weil ich dachte, das würde mich vor Misshandlung schützen. (Falsch!) Darüber hinaus vermied ich besonders maskulin wirkende Typen und traf mich mit Männern, die unbehaart und möglichst feminin waren. Stephen dagegen ist 1,83 m groß, sehr muskulös, behaart und unmissverständlich männlich. Es war ein großer Schritt für mich, unserer Vereinbarung eines gewaltfreien Umgangs miteinander zu vertrauen, da er sicherlich ausreichend groß und kräftig ist, dass er mich umbringen könnte, wenn er das wollte.

Meine Fähigkeit, heute in einer intimen Beziehung zu leben, ist stark beeinträchtigt durch meine Erfahrungen und die in der Familie gelernten Verhaltensweisen. Dort sind meine Probleme zwar ursprünglich entstanden, doch für die Genesung und Veränderung bin ich heute selbst verantwortlich. Als Kind war ich Opfer und lernte dadurch, sowohl Opfer als auch Täter zu sein. Ich kann meine Eltern nicht schuldig sprechen oder mich von denen, die Kinder missbrauchen, abheben und mich als etwas Besseres betrachten. Ich bin wie sie und darf lediglich dankbar sein, dass ich die Chance bekommen habe, mein Verhalten zu ändern und die Missbrauchskette zu durchbrechen. Wenn mein „Autopilot" aktiviert ist, verhalte ich mich so, dass es der Beziehung schadet und Probleme verursacht, die Stephen und ich gemeinsam als Paar in Genesung bearbeiten müssen. Die Dinge, die ich mit Hilfe der Arbeit in RCA und anderen Zwölf-Schritte-Programmen, Therapie und Körperarbeit behandle und verändere, sind mein Hang zur Gewalt, Schreien und Wutanfälle, Beschimpfungen, mein posttraumatisches Belastungssyndrom, durch das ich permanent in Bereitschaftsstellung bin, entweder zu kämpfen oder zu fliehen, sowie meine damit zusammenhängende Ängstlichkeit, Hyperwachsamkeit und Unfähigkeit, mich zu entspannen.

Trotz unserer Sensibilisierung für die Vorfälle in unseren Familien, glaube ich, dass wir nach den Suchtmustern der jeweiligen Eltern ausagieren und sogar manche ihrer Lebenslagen nachahmen. Ich nehme an, dass das blaue AA-Buch richtig liegt, wenn es heißt, dass Selbsterkenntnis uns nichts nützte. Manche Ähnlichkeiten sind frappierend. Ich habe einen höheren akademischen Abschluss. Meine Mutter besuchte eine angesehene Universität. Stephen und mein Vater haben mit der High-School abgeschlossen und sind danach nicht noch ins College gegangen. Ich bevormunde Stephen; meine Mutter bevormundete meinen Vater. Sowohl meine als auch Stephens Mutter hatten Wutausbrüche; ich lasse meine Wut an Stephen aus. Ich muss oft ankämpfen gegen meine Geringschätzung gegenüber Männern, von denen ich weiß, dass sie in einer Familie aufwuchsen, wo Männer die „Dummen" waren. Ich bin übermäßig verantwortungsbewusst. Stephen scheut Verantwortung, um sich in Sicherheit zu bringen, was bei mir zu heftiger Kritik und Wutausbrüchen führt und ihn davon entbindet, sich mit seiner eigenen Wut auseinanderzusetzen, eben genauso wie mein Vater. Zu Stephens Abwehrmechanismen gegen seine übergriffige Mutter gehört auch Rückzug, was er in unserer Beziehung in gleicher Weise einsetzt wie es mein Vater mit meiner Mutter und mir machte.

Außerdem streitet Stephen süchtig, indem er z.B. andere total verwirrt, die Tatsachen verdreht oder ausweichend das Thema wechselt. Das deckt sich mit der Situation in meiner Herkunftsfamilie, wo ich ununterbrochen wahnsinnig gemacht wurde. Wir dürfen uns jedoch freuen, dass wir dank der Schritte und einer Menge Hilfe unsere Muster erkennen, was für sich allein zwar nicht genug ist, uns aber den Weg bereitet, um von ihnen zu genesen.

Stephen

Ich bin mehrfach süchtig. Meine Süchte und Zwänge sind anerkannte, schlimme Krankheiten und doch, so erklärt es das blaue AA-Buch, sind sie nur Symptome für darunter liegende Ursachen. Genauer gesagt glaube ich, dass diese Süchte Bewältigungs-Mechanismen sind, die ich mir als Kind angeeignet habe, um emotionalen Stress zu lindern. Es gab viele Gründe für Stress in meiner Kindheit: unzureichende oder gar keine emotionale Fähigkeit, Missbrauchsvorfälle oder Traumata und anderes; doch in erster Linie die Erziehung durch meine Eltern. Ich will damit nicht sagen, dass meine Eltern menschliche Monster wären, die schreckliche Verbrechen begangen hätten. Sie sind einfach nur Menschen, die so wie ich selbst als Kinder geschädigt worden waren. Nachdem sie Eltern wurden, gaben sie die Schädigung an ihre Kinder weiter, in dem Fall an mich.

Ich teile meine Geschichte mit euch, weil ich mir sehr wünsche, dass ihr dadurch bei Eurer ernsthaften Suche nach funktionierenden Lösungen für die Probleme in euren eigenen Partnerschaften Hilfe und Trost findet. Ich beziehe meine Sucht und das dysfunktionale Verhalten meiner Herkunftsfamilie in den Bericht mit ein, weil sie zu meinem Beziehungsverhalten beigetragen haben.

Als meine Mutter mit mir schwanger wurde war sie 18 Jahre alt und noch nicht verheiratet. Ihre Mutter und ihre Großmutter überzogen sie deshalb mit Schimpf und Schande. Ihre Großmutter warf sie aus dem Haus der Familie und ihre Mutter annullierte einen „Vertrag", laut dem meiner Mutter 4.000 $ zugestanden hätten, wenn sie bis zur Ehe „unberührt" geblieben wäre. Ihre Eltern teilten ihr auch mit, dass sie meine Mutter nicht unterstützen würden. Sie war ganz alleine auf sich gestellt. Für meine Mutter war dieses Ereignis der krönende Abschluss einer Kindheit, in der sie von meinen Großeltern beschämt und zum Sündenbock für alles gemacht wurde. Aus diesem Gefühl der Scham und des Ausgestoßenseins heiratete meine Mutter meinen Vater. Sie zogen in ein winziges Apartment in der Innenstadt.

Im Frühling 1961 kam ich auf die Welt und einen Monat später zogen meine Eltern in ein kleines Zweizimmer-Reihenhäuschen in der Vorstadt. Die nächsten drei Jahre lebten wir als Familie zusammen. Mein Vater schloss sein letztes Collegejahr ab und arbeitet nachts, um etwas dazuzuverdienen. Meine Mutter hatte das College abgebrochen und arbeitete in Vollzeit als Haushälterin und Kindermädchen. Meine Eltern ließen regelmäßig Partys für Studentenverbindungen bei uns steigen (als kleines Kind wurde ich bei diesen Feiern manchmal betrunken). Nachdem mein Vater begonnen hatte, tagsüber zu arbeiten und zunehmend Alkohol zu konsumieren, fühlte sich meine Mutter mehr und mehr alleingelassen. Er fing an, nicht mehr zum Abendessen zu kommen und lange wegzubleiben, während er immer häufiger trank. Schließlich ging meine Mutter zum Arzt, der den Alkoholismus meines Vaters diagnostizierte. Er machte ihr klar, dass es unsicher war, ob mein Vater mit dem Trinken je aufhören würde, und dass sie sich entscheiden müsste, ob sie unter diesen Umständen bei ihm bleiben oder ihn verlassen wollte. Sie entschied sich für das Gehen und meine Eltern ließen sich kurz nach meinem dritten Geburtstag scheiden.

Im gleichen Jahr fand meine Mutter einen Job als Allround-Sekretärin; ich kam in die Kita und wir wurden beste Freunde. Eines Nachts besuchte uns mein Vater. Er zeigte mir, wie man sich per Handschlag begrüßt. Ich war überglücklich, dass mein Papa nach Hause zurückgekommen war. Man kann sich vorstellen, wie ich mich fühlte, als er wieder wegging und ich begriff, dass seine Abwesenheit gewollt war und nicht durch irgendwelche Umstände bedingt. Vielleicht wurde es mir erspart, elterlichem Alkoholismus unmittelbar ausgesetzt zu sein, aber ich habe stattdessen unter der Abwesenheit meines Vaters aufgrund seiner Krankheit gelitten.

Ungefähr ein Jahr nach der Scheidung meiner Eltern lernte meine Mutter einen Mann kennen, der kurze Zeit später mein Stiefvater wurde. Sein Sohn war nur einen Tag älter als ich. Zunächst waren wir eine glückliche Familie, aber im Laufe der Zeit wurde dieser Mann immer gewalttätiger. Ich erinnere mich an eine Nacht, in der meine Mutter mich mit in ihr Schlafzimmer genommen hatte, so als ob sie mich beschützen wollte. Sie umklammerte mich und schrie dabei hysterisch vor Angst, während mein Stiefvater gegen die Tür schlug und Drohungen brüllte.

Ich war schockiert. Ein paar Monate später brachte er mir einen Teller Suppe ins Klassenzimmer der ersten Klasse und versuchte mir zu erklären, dass er meinen Bruder mitnehmen würde. Ich verstand das im Grunde gar nicht, aber mir gefiel die besondere Aufmerksamkeit. Am Nachmittag dieses Tages verschwand er zusammen mit meinem Bruder. Meine Mutter hielt mich fest und weinte während ich sie wegfahren sah.

Von da an vermisste ich schmerzlich meine abwesende Familie, aber ich wusste nicht, wie ich den Schmerz und die Trauer und Wut ausdrücken sollte. Ich brauchte Hilfe, doch da meine Mutter in der Kindheit ihre eigenen emotionalen Bedürfnisse nicht erfüllt bekommen hatte konnte sie mir wiederum nicht helfen. Stattdessen benutzte sie mich, um ihre Bedürfnisse zu befriedigen. So behielt ich den Schmerz, die Trauer und andere Gefühle viele Jahre in mir drin, weil ich sie nicht ausdrücken oder herauslassen konnte. Ich hatte sie regelrecht verinnerlicht. Und wenn in anderen Situationen neue Emotionen entstanden, verinnerlichte ich auch diese.

Es war unbequem, mein emotionales Gepäck mit mir herumzutragen, also entwickelte ich natürlich Hilfsmittel, um mich von den unverarbeiteten Gefühlen abzulenken. Ich fing an, mich zurückzuziehen und fand mehr oder weniger unbewusst heraus, dass Isolation nicht so anstrengend war, wie soziale Kontakte zu erleben; ich vermied dadurch emotional herausfordernde Situationen. Meinen Rückzug tarnte ich dadurch, dass ich viele Bücher las. Dabei tat sich ein weiterer Fluchtweg auf: die Phantasiewelt. Gleichermaßen konnten mich die intellektuellen Recherchen meiner Schularbeiten von meinen Gefühlen ablenken.

Ich war sechs Jahre alt, als meine zweite Familie sich auflöste. Die Nähe zu meiner Mutter nahm wieder stark zu. An Wochenenden kuschelten wir morgens im Bett und verbrachten den größten Teil ihrer freien Zeit miteinander. Die Nachbarskinder brachten Playboy-Magazine ihres Vaters mit in meine „Festung" im Garten. Wenn ich die nackten Frauen darin anschaute, machte mich das zwar nicht sexuell an, da ich erst sieben Jahre alt war, doch ich reagierte unmittelbar mit deutlichen Stimmungsveränderungen. Ich war erregt, mein Herz schlug heftiger und der Atem ging schneller. Ich hatte Schuldgefühle und spürte sowohl Scham als auch Neugierde. Erst vor zwei Jahren habe ich endlich erkennen können, dass das der Anfang meiner Pornosucht war.

Als ich acht Jahre alt war, lernte meine Mutter ihren dritten Mann kennen, den sie wenige Monate später heiratete. Ich war diesem Mann sowie seinem Sohn und seiner Tochter gegenüber misstrauisch. Ich konnte einfach nicht glauben, dass meine Mutter und ich ihnen wichtig genug wären, um dauerhaft bei uns zu bleiben. Außerdem merkte ich, dass der Mann einen Keil zwischen meine Mutter und mich trieb. Das Kuscheln am Morgen und die gemeinsam verbrachte Extrazeit waren vorbei. Plötzlich fand ich mich in der zweiten Reihe wieder, mit zwei fremden Kindern, mit denen ich mir meine Zeit vertreiben sollte. Ich habe diese Leute dann irgendwann akzeptiert und mich mit ihnen angefreundet, aber schon nach acht Monaten war auch diese Ehe zu Ende.

Meine Mutter war dann noch ein letztes Mal verheiratet und wieder geschieden, was bis zu meinem 16. Lebensjahr vier Eheschließungen und Scheidungen ergab. Zwischen der dritten und der vierten Ehe war meine Mutter mit einer ganzen Reihe von Männern zusammen, mit zwei längeren Beziehungen von ungefähr jeweils einem Jahr. In den Zeiten ohne Beziehung oder Verhältnis benutzte meine Mutter mich, um ihre Partnerschaftsbedürfnisse zu befriedigen. Wir waren uns nahe, so lange sie keinen Partner hatte und sobald wieder einer da war, ließ sie mich fallen. Sie benutzte mich als Ersatz-Ehemann. Das Verhalten meiner Mutter mir gegenüber wurde mit ihrer fortschreitenden Sexsucht immer „grenzenloser". Wenn sie im Badezimmer war, ließ sie die Türe offen, zog sich vor meinen Augen um und bat mich, ihren nackten Körper trockenzureiben. Als Jugendlicher musste ich ihren Po oder ihre Beine abrubbeln und wurde dabei von ihr beschämt, indem sie mir sagte, dass ich nicht auf ihre Genitalien sehen sollte. Bis vor drei Jahren war mir nicht klar gewesen, dass das Verhalten meiner Mutter Inzest darstellte. Zuvor hatte ich nur Schamgefühle, weil ich aus Versehen oder Neugier die Genitalien meiner Mutter angesehen hatte. Aufgrund dieser Erfahrungen begann ich Sex mit Liebe gleichzusetzen.

Mit vierzehn begann ich an den Wochenenden abends Alkohol zu trinken, wenn meine Mutter sich mit einem Mann traf, was fast jedes Wochenende der Fall war. Ich trank an jedem Abend ¼ bis ½ Liter Wodka.

Außerdem fing ich an, Zigaretten zu rauchen. So begann meine Alkoholikerkarriere. Im folgenden Jahr gab es noch eine Art Zwischenstadium, wo ich nur in Gesellschaft trank, als ich ins Internat kam. Ich überlebte das Jahr mit ganz passablen Noten, obwohl ich mich emotional am Rande des Zusammenbruchs fühlte. Während dieses Sommers fing ich an, illegale Drogen zu nehmen. Im gleichen Sommer wurde ich von einem Mann vergewaltigt, als ich per Anhalter unterwegs war.

Im nächsten Schuljahr bin ich psychisch eingebrochen. Fast täglich konsumierte ich Alkohol, Drogen und Pornografie. Meine Noten wurden drastisch schlechter. Ich lernte in dem Jahr ein Mädchen kennen und verliebte mich Hals über Kopf in sie. Genauso wie meine Mutter ging sie nach dem Prinzip „komm her – geh' weg" mit mir um und war sexuell genauso promiskuitiv. Ich wäre gerne monogam mit ihr zusammen gewesen, aber sie wollte eine „offene" Beziehung, also willigte ich ein. Als die Semesterferien kamen, warf die Schulleitung mich aus der Schule. Niemand versuchte herauszufinden, warum meine Noten plötzlich so schlecht geworden waren oder bot mir Hilfe an. Ich war am Boden zerstört. Als ich nach Hause kam, hatte meine Mutter mein Zimmer in ein Büro umgewandelt, obwohl sie versprochen hatte, mir zu Hause immer einen Platz einzuräumen bis ich volljährig wäre. Ich schlief auf der Wohnzimmercouch und wurde dafür runtergemacht, dass ich morgens noch schlief, während die Angestellten schon im Haus waren. Dann schickte meine Mutter mich in eine psychiatrische Tagesbetreuung, in der man nichts über Sucht, sexuellen Missbrauch oder familiäre Dysfunktion wusste. Die Behandlung brachte gar nichts.

Mein Vater, von dem ich 14 Jahre lang kaum etwas gesehen oder gehört hatte, wurde in dieser Zeit trocken und nahm Kontakt zu meiner Mutter auf. Diese ergriff die Chance und übertrug das Sorgerecht für mich auf ihn, obwohl er erst seit einem Monat trocken war und ganz klar sagte, dass er nicht für mich sorgen konnte. In den folgenden drei Jahren pendelte ich zwischen meinem Vater, meinen Großeltern und meiner Mutter hin und her. Da ich keinen Führerschein machen durfte, fuhr ich per Anhalter von meinen jeweiligen Wohnorten zu meiner High-School-Freundin oder in irgendeine Kneipe. In diesen drei Jahren (zwischen 16 und 19 Jahren) bin ich mehrmals zu Männern ins Auto gestiegen, die mir für Sex mit ihnen Alkohol oder Drogen gaben.

Während dieser Zeit war ich einmal für eine Woche und einmal für drei Wochen in der geschlossenen Abteilung der Psychiatrie. Auch dort kannte man sich nicht mit Fällen von sexuellem Missbrauch, Sucht oder familiärer Dysfunktion aus. Meine Scham wuchs, als die Psychiater mich selbst als „das Problem" behandelten, statt sich der familiären Probleme anzunehmen, die systematisch hätten bearbeitet werden müssen. In der Schule versagte ich immer wieder, weil ich nicht mit Dingen wie Lernen für die Schule und dergleichen umgehen konnte. Einmal hat mein Vater sogar vor einem US-Gericht wegen Unbelehrbarkeit gegen mich prozessiert.

Ich kam in den offenen Vollzug und die Mitarbeiter dort erklärten meinem Vater, dass ich mehr Hilfe bräuchte, als sie mir bieten könnten, aber er ignorierte das. Er schmiss mich raus und ich zog in das Haus eines fremden Mannes, von dem Freunde mir gesagt hatten, dass ich bei ihm wohnen könnte. Es stellte sich heraus, dass ich die Miete mit meinem Körper bezahlen sollte und das tat ich dann eben. Ich war noch keine achtzehn. Abgesehen von Vergewaltigung als Miete wurde ich mit einem unbekannten Mann im Keller eingesperrt, wo dieser mich missbrauchte, während Freunde des Hausbesitzers durch das Fenster zuschauten. Aus dieser Lage kam ich wieder raus und lebte kurz bei meiner Mutter. Sie warf mich raus, als ich achtzehn war, worauf ich zu meinen Großeltern zog. Während ich bei bei ihnen wohnte, ging ich ein Semester lang zur Schule und flog wieder raus. Ich klaute wann immer möglich Bier, um es mit meinen Alkoholikerfreunden zu trinken.

Im Juli des Jahres, in dem ich 19 wurde, versuchte ich mich mit einer halben Flasche Rattengift umzubringen. Ich wäre beinahe daran gestorben, wenn mich nicht mein Großvater wie durch ein Wunder gerettet hätte. Irgendwie hatte er mitten im Gerümpel der zugemüllten Garage die leere Flasche entdeckt. Ich verbrachte fünf Wochen in einer psychiatrischen Klinik und danach ein Jahr in einer stationären Langzeitbetreuung für Teenager mit seelischen Störungen. Dort kam ich wieder mit AA in Kontakt. Es war eigentlich keine Suchtbehandlung, aber es gab einmal pro Woche ein AA-Meeting im Haus, zu dem ich ging (hauptsächlich weil ich ein hübsches Mädchen mochte, das an den Meetings teilnahm).

Ich schaffte sechs Monate ununterbrochener Trockenheit, die endete, als das Behandlungszentrum verlangte, dass ich eine Unterkunft für meine ambulante Weiterbehandlung finden sollte. Das Zentrum bot mir dabei keine Hilfe an und die Leute aus dem AA-Meeting waren stationär, also zog ich bei den einzigen Leuten ein, die ich kannte – meine Saufkumpanen. Nach dreizehn Monaten höllischen Trinkens rief ich aus Verzweiflung meine Großmutter an und bat sie, mich in ein Meeting zu bringen. Sie machte das und seitdem, also seit 10 Jahren, bin ich trocken.

Ich habe in den letzten drei Jahren andere Süchte entdeckt und genese von ihnen. Ich habe mit dem Pornografiekonsum aufgehört und begonnen, meine Probleme mit Geld wenigstens ein kleines bisschen anzuschauen. Sie entstanden in der Kindheit und verschlimmerten sich, als mein Vater keinen Unterhalt zahlte, sodass meine Mutter und ich häufig an der Armutsgrenze lebten. Ich habe begonnen, mit einem Therapeuten zu arbeiten, der sich mit dem Zwölf-Schritte-Programm, sexuellem Missbrauch und familiärer Dysfunktion auskennt. Ich habe angefangen, den Verlust einer schützenden Familie zu betrauern und mir wird bewusst, dass ich Drogen, Pornografie, Alkohol und Zigaretten benutzt habe, um meine Gefühle zu betäuben.

In der ersten Zeit meiner Trockenheit wollte ich unbedingt Frauen kennenlernen, die auch trocken waren und sich sexuell mit mir einlassen würden, denn ich wollte geliebt werden und setzte ja Sex gleich Liebe. Ich hatte zu Beginn meiner Trockenheit Kontakt mit ein paar Frauen aber keine längere Beziehung, bis ich vier Jahre trocken war. Ich traf dann eine Frau, mit der schon die erste Verabredung zu Sex führte. Ich habe mich sofort voll und ganz in diese Beziehung gestürzt. Nach einem Monat zogen wir zusammen. Ich übernahm die Rolle des Fürsorgers, genau wie ich es bei meiner Mutter gelernt hatte. Es schien alles in Ordnung zu sein, aber mein Bauchgefühl sagte mir, dass es nicht gut wäre, mich noch länger auf meine Kosten finanziell und emotional um sie zu kümmern. Es war mir zu der Zeit nicht bewusst, dass ich das bei meiner Mutter gelernte Muster wiederholte. Ich begann eine Therapie und spürte immer deutlicher, dass ich die Beziehung beenden wollte. Ich wusste nicht, dass es für uns Wege zur Veränderung gegeben hätte. Ich kannte RCA noch nicht und es war mir nicht klar, dass wir alte familiäre Muster auslebten, statt von ihnen zu genesen; also verließ ich meine Freundin.

Kurze Zeit bevor ich die Beziehung beendete, war mir eine Frau in einem anderen Zwölf-Schritte-Programm aufgefallen, die davon sprach, wie sie lernte, für sich zu sorgen. Das beeindruckte mich und ich hörte ihr in den darauffolgenden Meetings aufmerksam zu. Außerdem war sie sehr attraktiv. Ich wollte sie daher wirklich gerne treffen und hoffte, dass sie mich mögen würde. Beth sagte zu, in der nahegelegenen Gaststätte einen Kaffee mit mir zu trinken. Es ist mir unangenehm mich daran zu erinnern, wie ich sie beeindrucken wollte und meine ganze Lebensgeschichte vor ihr auskübelte, als gäbe es für mich keine Grenzen. Ich machte auch Bemerkungen, aus denen man schließen konnte, dass ich darüber hinaus aktiv sexsüchtig war. Als wir uns verabschiedeten und ich um eine Umarmung bat, meinte sie: „mach' ich nicht mit Männern". Schmerzlich wurde mir klar, dass mein Verhalten abstoßend gewesen sein musste und ich wurde traurig, weil ich Beth vergrault hatte. Später erfuhr ich, dass sie Männer nur umarmte, wenn sie sie gut kannte. Sie fand mich gar nicht zu abstoßend, um sich nicht nochmal mit mir zu treffen. Wir schienen die magnetische Anziehungskraft von zwei Sexsüchtigen zu haben. Da ich mich noch in einer festen Beziehung befand, gaben wir unserer gegenseitigen Anziehung nicht vollständig nach, aber unser Verhalten war unangemessen. Kurz nachdem ich mit meiner Beziehung Schluss gemacht hatte, waren wir fest zusammen.

Ich würde durchaus sagen, dass wir das Bild eines vollkommen gesunden Paares abgeben, heute wie damals. Doch in Wirklichkeit haben wir aufgrund der früher nicht vorhandenen Beziehungsvorbilder und fehlender Kompetenz im Umgang miteinander häufig um unsere Beziehung kämpfen müssen und wir sind jetzt dabei, grundlegende Werkzeuge und Verhaltensweisen zu lernen.

Seit wir in RCA gehen, gibt es unbestreitbar deutlich mehr Zeiten, die wir ohne süchtiges Beziehungsverhalten auskommen. Wir haben neue Formen der Interaktion und Kommunikation gelernt. Als uns klar wurde, dass wir in einer Beziehung waren, wurde uns bewusst, dass wir Hilfe brauchten. Wir fanden einen Paartherapeuten und sind fast von Beginn unserer Beziehung an zu seinen Beratungen gegangen. Wir meinen immer noch, dass Therapie für die Beziehungsgenesung notwendig ist, aber erst als wir RCA mit in die Hilfsmöglichkeiten einbezogen, fingen unsere Bemühungen an, sich nachhaltig zu lohnen. Wie wir die Schritte auf unsere Beziehung anwenden konnten, war etwas, das wir in den eigenen Genesungsprogrammen nicht erfuhren. RCA hat uns die Werkzeuge gegeben, die wir brauchen, um die in den eigenen Programmen erfahrenen Genesungsfortschritte auch in unsere Beziehung zu bringen. Wir sind in der Lage gewesen, im jeweils Anderen das kleine Kind zu erkennen und immer öfter daran zu denken, dass wir keine Feinde sondern Freunde sind, sogar mitten in einem Streit.

Es war für uns auch äußerst nützlich, die Werkzeuge aus der Literatur zu haben. Die Gedanken zum Tag und die wöchentlichen Inventurblätter sind sehr hilfreich gewesen, obwohl wir nicht genügend Disziplin aufgebracht haben, um sie ganz regelmäßig zu benutzen.

Zuzuhören, wenn andere Paare ihre Probleme mit der Bewältigung süchtiger Verhaltensweisen, Streits oder Ähnliches schildern, hat eine heilsame Wirkung auf uns gehabt. Wir schämen uns nicht mehr so sehr und fühlen uns nicht mehr einzigartig. In gleicher Weise ist es tröstlich und aufschlussreich gewesen, unsere eigenen Schwierigkeiten mit anderen Paaren zu teilen. Wir wissen jetzt, dass unsere Beziehung nicht hoffnungslos ist. Das ist für uns eine große Erleichterung gewesen. RCA hat uns näher zueinander gebracht, wir erfahren Intimität als etwas ganz Neues. Wir haben die Überzeugung erlangt, dass das, was im blauen AA-Buch geschrieben steht, für unsere RCA-Genesung gilt; die Versprechen können für uns wahr werden, wenn wir an unserer Genesung arbeiten.

Jack und Deb

Seelenverwandtschaft

Wir sind seit 4 Jahren verheiratet und können inzwischen sagen, dass es uns zum ersten Mal als Paar richtig gut geht. Der Weg dahin ist lang und schmerzhaft gewesen, aber es hat sich gelohnt.

Wir kommen beide aus Alkoholikerfamilien. Einer ist Inzestüberlebender (möglicherweise sind wir es beide) und als wir aufwuchsen, mussten wir beide die Brutalität aushalten, die in unserem außer Kontrolle geratenem Zuhause herrschte. Wir sind in eigenen Genesungsprogrammen für unsere jeweiligen Süchte und waren 1988 das erste Mal in einem RCA-Meeting. Das ist unsere Geschichte.

Wir begegneten uns im Eingangsbereich des Wohnhauses, in dem wir beide lebten. Unsere erste Verabredung war ein Bootsausflug auf einem beliebten See in der Gegend von Minneapolis. Wir setzten uns in eine ruhige Bucht, aßen Käsebrote und redeten. Es schien so, als könnten wir Stunden miteinander verbringen, ohne des Redens müde zu werden. Wir hatten sofort eine „Verbindung" und wussten anscheinend immer schon, was der Andere gerade dachte und fühlte.

Wir trafen uns danach immer wieder und einige Wochen lang haben wir die meiste Zeit in Gesellschaft des anderen verbracht. Wir unterhielten uns bis in die frühen Morgenstunden hinein und mochten gar nicht Abschied nehmen, um in unsere Wohnungen zurückzukehren. Wir schrieben uns gegenseitig Liebesbriefe und schoben einander „Liebesbotschaften" unter der Türe durch. Wir waren uns sicher, dass wir ein „seelenverwandtes" Pendant gefunden hatten, jemand der uns besser verstand als es irgendein anderer gekonnt hätte. Drei Monate nach unserer ersten Verabredung waren wir verlobt und nochmal 8 Monate später waren wir verheiratet.

In den ersten paar Monaten unseres Zusammenseins lief alles gut, da wir uns sicher waren, die Liebe unseres Lebens gefunden zu haben. Aber nachdem wir uns verlobt hatten, wurde schon deutlicher, wie die Realität aussehen könnte, wenn wir den Rest unseres Lebens zusammen verbringen würden. Die Dinge fingen an, sich zu ändern.

Als die Hochzeit näher kam, begannen Zweifel an unserer Fähigkeit, die sich auftürmenden Hindernisse zu überstehen. Könnten wir unsere spirituellen/religiösen Unterschiede miteinander vereinbaren? Würden wir die Bildung einer Patchworkfamilie hinkriegen, mit einem Kind aus erster Ehe? Würde der Druck von unseren gar nicht wohlgesonnenen Familien uns erreichen und auseinanderbringen? Würden uns die neun Jahre Altersunterschied in der Beziehung zu schaffen machen? Waren wir dabei, einen Fehler zu machen, wie unsere Familien es immer wieder behaupteten? Nach einiger Quälerei, Verwirrung und Abwägung entschieden wir uns, die Hochzeit schließlich stattfinden zu lassen.

Nach einer kleinen privaten Hochzeit (zu der keiner aus unseren Familien kam) zogen wir zusammen in eine Wohnung und hatten unseren ersten gemeinsamen Haushalt. Was ein Schock! Keiner von uns war auf die Gefühle vorbereitet, die nun zum Vorschein kamen. Unsere Selbstwahrnehmung verschwand nahezu vollständig, als wir zusammen lebten. Wir waren unfähig, unsere Bedürfnisse zu äußern, weil wir beide Angst davor hatten, was mit unserer „perfekten Beziehung" passieren würde, wenn wir es täten.

Insbesondere unsere Patchworkfamilie verursachte heftigen Leidensdruck. Jack hatte einen fünfjährigen Sohn aus erster Ehe und Deb hatte keine Kinder. Was zunächst nicht so aussah, als würde es uns große Sorgen bereiten, entwickelte sich schnell zum großen Problem. Deb hatte Gefühle der Missgunst gegenüber Jack und seinem Sohn wegen der besonderen Beziehung, die sie zu haben schienen. Sie fühlte sich oft „außen vorgelassen". Jack nahm das wahr und fing an, sich von seinem Sohn zu distanzieren, damit Deb ihn nicht verlassen würde. Jack hatte starke Verlassenheitsängste. Deb wiederum bemühte sich mehr, die Beziehung zwischen Jack und seinem Sohn zu akzeptieren. Das erzeugte bei beiden Unmutsgefühle und es kam regelmäßig zu Streitigkeiten.

Innerhalb einiger Wochen stauten sich weitere Gefühle an und wir bauten zunehmend Groll gegeneinander auf. Unsere Süchte liefen auf Hochtouren, wir waren beide co-abhängig, der eine hatte Bulimie/Magersucht und der andere Arbeits- und Beziehungssucht. Wir fingen an, öfter Essen und Alkohol einzusetzen, um unseren Schmerz und Groll zu betäuben. Bald schon machten wir uns gegenseitig für unseren schlechten Zustand verantwortlich und sprachen häufig von Scheidung.

Wir trennten uns im Sommer 1988, als wir kaum noch daran glaubten, dass wir zu einer funktionierenden Ehe fähig wären. Unser Schmerz war immens groß und noch so viele Gespräche, eigene Zwölf-Schritte-Meetings oder externe Beratung schienen nicht zu helfen. Anscheinend war das einzige wirksame Mittel gegen den Schmerz, nicht zusammen zu sein. Wir standen im Grunde kurz vor der Scheidung.

Unsere Höhere Macht hatte einen für uns unbekannten Plan. Wir meldeten uns zu einer spirituellen A-Freizeit für dysfunktionale Paare an, die sich „Wir kamen zu dem Glauben" nannte. Eine solche Veranstaltung fand zum ersten Mal statt und war quasi ein Experiment. Wir erfuhren, wie wir die Zwölf Schritte als Paar einsetzen konnten und bekamen Werkzeuge, um unsere kaputte Beziehung zu kitten.

Als die A-Freizeit vorbei war, merkten wir, dass ein heilsamer Prozess begonnen hatte, den wir fortsetzen sollten. Zwei andere Paare von dieser Erstveranstaltung waren einverstanden, sich mit uns in einer nahegelegenen Kirche zu treffen, um über unsere Konfliktthemen als Paare in Genesung zu sprechen. Wir fühlten alle eine große Befreiung, als wir mit anderen Paaren redeten, die ähnliche Probleme hatten wie wir. Unsere Scham als Paar war bis dahin zu groß gewesen, um mit anderen Paaren über unsere Probleme zu sprechen. Wir waren davon ausgegangen, dass unsere Unfähigkeit, „so zu sein wie andere Leute" ein Problem war, dass sonst niemand verstehen würde.

Jener kleine Kirchraum war ein sicherer Hafen für uns. Wir waren in der Lage, über unsere Scham und Machtlosigkeit in unseren Beziehungen offen und ehrlich zu reden und fühlten uns von jemandem verstanden in dem, was wir durchmachten.

Wir sind unserer Höheren Macht wirklich dankbar für unser neues Leben als Paar. Wir hoffen, dass andere Paare genauso viel Trost und Genesung finden, wie wir erfahren haben.

Berit und Björn

Berit

Ich möchte meine Geschichte mit einem Zitat aus einer der Meditationen aus diesem Buch beginnen. In der Meditation zum Thema "Verantwortung übernehmen statt Schuld zuzuweisen" heißt es: "Es ist nicht die Paarbeziehung, die eine Dysfunktion erschafft. Es sind die beiden Partner, die zum Wesen der Paarbeziehung beitragen."

Wenn ich mir anschaue, was ich zum Wesen unserer Paarbeziehung beigesteuert habe, sehe ich einige Muster aus meiner Herkunftsfamilie, die unser Zusammenleben von Anfang an erschwert haben.

In meiner Herkunftsfamilie war es verpönt, sich verletzlich zu zeigen, (weinen war etwas für "Memmen") – und so habe ich das auch in späteren Beziehungen nicht gewagt. Auch das Kommunikationsverhalten, das ich in der Kindheit erlernt habe, taugte nicht viel für eine gute Beziehung: Es herrschten Spott und Sarkasmus, viele "Späßchen" auf Kosten anderer, viel "ach, das war doch nicht so gemeint" und trotzdem verletzend, viel Bewerten von anderen Menschen "guck dir die mal an…., wie der mal wieder…." , sehr viel indirekte Kommunikation. Dazu ein Beispiel aus den letzten Wochen, wie sich das auf meine Paarbeziehung noch immer auswirkt: Wir machen reglemäßig sehr lange Urlaube (eine Wiedergutmachung an unsere Paarbeziehung für die vielen Jahre vor unserer Genesung, als wir uns nie Zeit dafür genommen haben). In dieser Zeit nimmt mein Partner gelegentlich dienstliche Termine wahr. Das bedeutet in der Regel für mich, dass ich diesen Tag alleine verbringe. Am Vorabend eines solchen Termins fiel mir ein, dass mein Partner auf der Rückfahrt einen besonderen Fisch, einen Ahi Tuna, aus einem speziellen Geschäft mitbringen könnte. Dieses Geschäft ist über eine Autostunde von uns entfernt und ich hatte diesen Fisch schon vermisst. Mein Mann, bereits müde und gedanklich mit der am nächsten Tag vor ihm liegenden langen Fahrt beschäftigt, lehnte meine Bitte ab. Nichtsdestotrotz suchte ich im Internet nach der genauen Adresse des Ladens und als ich ihm diese andrehen wollte, reagierte er sauer.

Unsere Vereinbarung, abends nach 21:00 Uhr nicht mehr zu diskutieren, rettete uns vor Streit und wir gingen friedlich ins Bett. Am nächsten Morgen merkte ich, dass mir die Ahi-Tuna-Geschichte immer noch im Magen lag und ich sprach es nach dem Frühstück an. Wir machten ein Meeting zu zweit und teilten beide ehrlich unsere Gefühle. Das Ergebnis war – wie meistens – umwerfend: Ich konnte teilen, dass es mir leid tat, den Tag alleine zu verbringen. Der Tunfisch war für mich eine Art „Trost". (Meine Liebessprache verlangt nach „Taten aus Liebe".)

Meinem Mann tat es auch leid, dass wir den Tag getrennt verbringen würden. Zu hören, dass ich ihn vermissen werde und der Tunfisch mein Trost ist, entsprach genau seiner Liebessprache: Seine Frau sagt ihm, dass sie ihn vermissen wird. Das ließ ihn seine Meinung sofort ändern und er versprach den Fisch zu besorgen. Als er am Abend nach langer Fahrt zurückkam konnten wir uns in Liebe begegnen und anschließend gemeinsam einen wunderbaren Ahi-Tuna genießen.

Ein weiteres Mitbringsel aus meiner Herkunftsfamilie ist ein verschwommenes Bild von Verantwortung. Ich habe mich als Kind für das Glück meiner Eltern verantwortlich gefühlt und habe alles, was "schlecht" an mir war, vor ihnen versteckt. So habe ich z.B. verheimlicht, dass ich rauchte, unpassende Beziehungen einging u.a. Ich habe mich dafür verantwortlich gefühlt, dass meine Mutter schwimmen lernte und Autofahren, dass sie zu rauchen aufhörte und vieles mehr. Auf der anderen Seite habe ich aber keine Verantwortung übernommen, wo es dran gewesen wäre. So habe ich als Jugendliche keine Verantwortung für mein eigenes Wohlergehen übernommen, als ich z.B. in miesen, völlig unpassenden Beziehungen und Affären geblieben bin. Auch in Beziehungen zu anderen habe ich nicht meine Verantwortung übernommen, z.B. als an meinem Praktikumsplatz offensichtlich wurde, dass ich heimlich Ferngespräche geführt hatte, habe ich alles geleugnet, statt für meine Fehler geradezustehen.

Ein kleines Beispiel, wie sich dieses unklare Bild von Verantwortung bis heute auf meine Ehe auswirkt, zeigt diese Episode, die ebenfalls aus meinem letzten Urlaub stammt: Kurz bevor wir wie immer am Morgen zu unserem Lieblings-Café fuhren, kam mein Mann und sagte: "uff, die Batterien meines Blutdruckmessgeräts sind leer." Ich wusste, dass neben unserem Cafè eine Art Trinkhalle war, die auch Batterien führte und steckte die leeren Batterien ein. Ich weiß, dass mein Mann diese Art von Trinkhallen nicht mag und meidet. Auf der kurzen Fahrt zum Cafè habe ich dann innerlich und ohne darum gebeten worden zu sein die Verantwortung für das Wohlergehen meines Partners übernommen. Als wir auf den Parkplatz des Cafès fuhren sagte ich daher: "Geh doch schon mal vor und bestelle mir etwas mit – ich hole noch schnell die Batterien." Mein Mann erwiderte lahm: Äh, öh, ich weiß doch gar nicht, was Du willst…". Statt zu hören, dass ihm mein Vorschlag nicht gefiel und zu fragen, ob es ihm recht sei vorzugehen, reagierte ich sofort: Wie, Du weißt doch, was ich jeden Morgen bestelle? Gott sei Dank hat mein Mann an diesem Punkt spüren können, dass ihm die Situation nicht passte und er sagte: "Ich fühle mich nicht gut damit. Ich kann mitkommen, die Batterien kaufen und dann gehen wir gemeinsam ins Cafè." Das war die Lösung! Ein romantisches Frühstück war unsere Belohnung.

Ich bringe auch meine Süchte mit in meine Beziehung. In diesen Tagen bin ich wieder mit meiner ganz alten Sehn-Sucht konfrontiert worden, meinem Heimweh, das manchmal übergroß wird. Die ersten zwei Monate unseres Urlaubs sind vorbei, wir haben unsere Koffer gepackt, um in unsere nächste Destination zu reisen. Doch genau an diesem Punkt bin ich in das Loch meines Heimwehs gefallen. Es kann mich tiefer herunterziehen als alles andere. In der Vergangenheit habe ich dieses Gefühl nie halten können und die Verantwortung, dass ICH diese Reise geplant hatte oder ihr zugestimmt hatte, nicht ertragen können und als Abwehr innerlich alle Schuld auf meinen Partner abgewälzt. Dann habe ich oft, nur um irgendetwas zu machen, einen Streit vom Zaun gebrochen, der sich aus einer Lappalie entwickeln konnte.

Doch jetzt haben wir Werkzeuge und müssen die alten Muster nicht mehr in einer Endlosschleife wiederholen. Ich habe meinem Partner mitgeteilt, dass ich Heimweh habe und er hat es gehört, ohne mir Ratschläge geben zu müssen. Das alleine ist schon Gold wert! Ich habe Zeit gebraucht und darum bitten können, ohne meinen Partner in Angst zu versetzen, dass ich die Beziehung verlasse. Kein dramatischer Abgang, kein Türenknallen. Wir haben unseren Reisevertrag gelesen und uns an die Regeln darin gehalten. Dazu gehört u.a. keine heiklen Themen in dieser

Zeit anzusprechen. Wir haben weiterhin täglich zusammen gebetet. Nach 2 Tagen hat mir meine Höhere Macht durch eine Freundin einen Weg aus meinem Heimweh-Loch gezeigt und ich bin ihm dankbar gefolgt. Ich konnte aus meinem inneren Gefängnis treten und mich meinem Partner wieder mitteilen, der das in den 2 Tagen sehr vermisst hatte. Ich bin ihm dankbar, dass er meinen innerlichen Kampf miterlebt und miterlitten hat, ohne mich retten zu wollen. Auf das Bild des dreibeinigen RCA-Schemels übertragen, hat mein Bein angefangen zu wackeln, aber die anderen beiden Beine (die Beziehung und die Genesung meines Partners) sind stabil geblieben, so das meins wieder stark und fest werden konnte.

Was nach jeder dieser Episoden ganz wichtig für uns ist, ist uns Zeit zu nehmen für eine Reflexion. Oft entstehen aus dem Aufarbeiten des Geschehenen neue Verträge, die uns in der nächsten ähnlichen Situation vor Schaden bewahren können. Denn wenn wir eines wissen, dann das: Die nächste Herausforderung kommt bestimmt! Gerade wenn es uns gut geht schauen wir auf das, was schief gelaufen ist und teilen uns ehrlich in Zweiermeetings mit. Bisher sind so 13 Verträge entstanden – und sie helfen! Allein schon der Prozess des Aushandelns wirkt Wunder.

Wir schaffen uns auch durch Affirmationen eine gewisses „Polster" für die harten Tage: Wir sagen uns täglich etwas, wofür wir unserem Partner dankbar sind oder was wir an ihm schätzen. Und das, was für mich früher unglaublich war, ist wahr: es gibt tatsächlich immer etwas, wofür ich meinem Partner dankbar sein kann.

Last but not least: Mit dieser Methode kommen wir auch aus einem Streit gut heraus. Wenn wir emotional geworden sind findet Gott sei Dank immer einer von uns die Bereitschaft zu sagen: "Stop, so geht es nicht weiter. Lass uns einander etwas Nettes sagen." Ich erinnere mich an einen Streit, wo wir uns fast 30 Minuten lang angeschwiegen haben, bevor dem ersten von uns etwas Positives über den anderen eingefallen ist. Doch dann kommen wir in einen guten Fluss und am Ende können wir den Knoten lösen indem ein jeder mitteilt, was er oder sie SELBST hätte besser machen können. Keine Du-Botschaften – und schon kommt der Frieden und wir können einander in Liebe vergeben und umarmen.

Mein Fazit: Gott, so wie ich ihn verstehe, hat mir einen wunderbaren Partner gegeben mit dem ich wachsen und mich erkennen lernen darf – und ein Programm, mit dem ich lernen kann, diese Beziehung zu pflegen und zu schützen. Dafür bin ich sehr dankbar.

Björn

Berit und ich sind seit 1985 miteinander verheiratet, wir haben 3 Töchter zusammen. Unsere Beziehung war über viele Jahre dysfunktional, was wir früher nicht verstanden haben. Wir hielten sie für ganz normal.

Erst nach einer tiefen Krise hat ein jeder von uns angefangen in seinem bzw. ihrem individuellen Zwölf-Schritte-Programm zu arbeiten. Heute können wir auf viele Jahre in unseren individuellen Genesungsprogrammen zurückblicken und auf sechs gemeinsame Jahre in RCA.

Die individuelle Genesung ist ein wesentlicher Teil für die Genesung der Paarbeziehung. RCA hat dafür das Bild des dreibeinigen Schemels: meine Genesung, die Genesung meines Partners und die Genesung unserer Paarbeziehung.

Seit wir Gott gefunden haben (bzw. wir uns von Gott haben finden lassen), ist unsere Paarbeziehung um vieles besser geworden. Wir arbeiten Tag für Tag an unserer eigenen Genesung wie auch an der unserer Paarbeziehung.

Ich möchte mich in meinem Beitrag darauf beschränken, wie wir damit umgehen, wenn wir in Situationen geraten, die uns an die Dysfunktionen unserer Herkunftsfamilien erinnern, wenn eine Krise entsteht oder Entwicklungen passieren, die unsere Beziehung belasten.

Für mich ist es sehr wichtig, jeden Tag eine Art „vorbeugende Maßnahme" zu machen, sei es individuell oder als Paar, und das ganz besonders, wenn alles glatt zu laufen scheint. Das heißt konkret gesagt Meetings besuchen, Dienst tun, Zeit für Meetings zu zweit nehmen, einander Affirmationen sagen und gemeinsam mit meiner Partnerin beten.

Von den RCA-Werkzeugen haben uns die Verträge besonders geholfen. Es war auch ein wichtiger Schritt für uns, dass wir vor vier Jahren ein Sponsorpaar gefunden haben. Dadurch haben wir die Schritte ernsthaft gearbeitet. Das hilft uns auch, anderen Paaren als Sponsorpaar zur Verfügung zu stehen. Wir arbeiten seit längerem mit 3 Paaren fest und haben einige temporäre Sponseepaare.

Auch wenn sich das alles schön anhört, so bedeutet es nicht, dass wir nicht in Krisensituationen geraten können.

Was sich aber im Gegensatz zu früher grundsätzlich verändert hat ist der Wunsch, in einer verbindlichen Beziehung zu bleiben und die Bereitschaft, die Werkzeuge von RCA zu benutzen. Wir erinnern uns daran, dass RCA ein spirituelles Programm ist und dass wir ohne die Hilfe unserer Höheren Macht nicht in der Lage sind, zusammen zu bleiben.

Die „vorbeugenden Maßnahmen" sind ganz unterschiedlicher Art und helfen uns Krisen zu vermeiden, die uns in der Vergangenheit regelmäßig heimgesucht haben. Ein Beispiel: Vor vier Jahren haben wir einen Auto-Vertrag unterschrieben. Jahrelang hatten wir im Auto die wildesten Streitereien (einige davon wirklich gefährlich) und wussten keine Lösung dafür. Nachdem wir einen Vertrag für unser Verhalten im Auto entworfen und unterschrieben haben, gab es keine Krisen mehr im Auto. Es funktioniert! Unser Vertrag sieht vor, dass wir uns vor Antritt der Fahrt darauf einigen wer fährt – und das erinnert uns an die anderen Punkte der Vereinbarung und daran, dass wir im Auto besonders achtsam sein müssen, über was wir reden. Unser Vertrag sieht zum Beispiel vor, dass der Fahrer die Route wählt (auch, wenn der Beifahrer eine schnellere Route weiß!) und dass wir keine potenziell strittigen Themen im Auto anschneiden, wie z.B.: „Hast Du schon über meinen Vorschlag nachgedacht, nächstes Jahr unseren Urlaub in Griechenland zu verbringen?"

Natürlich können wir nicht jede Krisensituation verhindern, weil sie manchmal dann entstehen, wenn etwas oder jemand unerwartet als „Störung" in die Beziehung eindringt. Diese Fälle sind nicht so leicht durch eine einfache Frage zu lösen wie die zuvor beschriebene Autosituation und sie haben uns einige Krisen und viel Frustration verursacht.

Wenn wir heute in eine Krisensituation geraten und merken, dass wir sie nicht lösen können, so versuchen wir nicht mehr, diese um jeden Preis sofort zu lösen, sondern analysieren sie nachher in einem Zweiermeeting und schauen, ob wir aus dieser Erfahrung etwas lernen können, was wir für zur Vermeidung zukünftiger Situationen in einem Vertrag festhalten können.

Als Beispiel möchte ich hier unseren Vertrag für die „Unterbrechung des Wir-Gefühls" anführen. In diesem Vertrag haben wir uns darauf geeinigt, dass jeder von uns, der in einer Situation mit anderen Menschen das Gefühl hat „vom Partner verlassen" worden zu sein oder „nicht gesehen" wird, ein Code-Wort sagt, einen unauffälligen Satz wie zum Beispiel: „Hier zieht es!". Dieser Satz signalisiert dem anderen Partner, dass es ihm gar nicht gut geht und dass etwas geändert werden muss.

Wir haben diesen Vertrag kürzlich bei einem Abendessen mit RCA Freunden in einem Restaurant angewendet. Wir waren mit ca. 10 Paaren in dem Lokal, einige davon kennen wir gut, andere noch nicht so. Es herrschte eine lockere Atmosphäre, es ging uns gut.

Während der Gespräche habe ich gehört, wie eines der Paare plant, im Winter in das Land zu reisen, wo wir dann leben werden. Als ich das meiner Partnerin erzählte, wollte sie das Paar sofort zu uns nach Hause einladen. Das reaktivierte bei mir sofort alte Ängste und Abwehrmechanismen. In meiner Herkunftsfamilie wurde nie jemand nach Hause eingeladen, im Gegenteil herrschte ein gewisses Misstrauen Fremden gegenüber. So fiel meine erste Reaktion auf den Vorschlag meiner Partnerin negativ aus. Zu schroff für meine Partnerin, so dass sie mich bat, vorzeitig das Lokal zu verlassen um darüber zu sprechen. Mir ging es in der Gemeinschaft aber gut und ich wollte nicht gehen. Erst nachdem meine Partnerin etwas später ihr Code-Wort gesagt hat habe ich verstanden, dass sie verletzt war und ein Zweiermeeting brauchte. Ich konnte mit ihr gemeinsam das Lokal verlassen und wir haben in einem Zweiermeeting auf einer Bank in der Nähe unsere Gefühle geteilt, wobei wir die Regeln des RCA-Sicherheitsleitfaden befolgen konnten. Am Ende konnte ein jeder von uns den anderen für die Verletzung, die ein jeder dem anderen zugefügt hatten, um Entschuldigung bitten.

Wir haben – immer aus gegebenem Anlass – Verträge für verschiedene Situationen entwickelt: Für den Urlaub mit den Kindern, Finanzen, Verantwortung, Sexualität, u.a. Einige Verträge funktionieren ganz wunderbar, an anderen müssen wir noch weiter feilen.

Für mich sind die schwierigsten Situationen die, wo eigentlich „gar nichts passiert ist" und wir trotzdem in eine tiefe Krise geraten.

In diesen Fällen ist meine Erfahrung, dass Gott sehr kreativ interveniert um uns zu helfen die Situation aufzulösen und dass es an mir und an uns als Paar ist, diese Signale wahr – und auch anzunehmen. Auch hierzu ein konkretes Beispiel: Nach mehreren Wochen Urlaub im Ausland hatte meine Partnerin einen akuten Heimweh-Anfall. Sie sehnte sich nach zuhause und nach unseren Kindern. Vor lauter Heimweh zog sie sich ganz in ihr Schneckenhaus zurück. Zwei Tage lang war die Situation für mich schwer zu ertragen: Ich konnte ihr nicht helfen und musste mich mit meiner Co-Abhängigkeit konfrontieren. Ich wusste nicht mehr weiter.

In der Vergangenheit wäre diese Episode eskaliert. Seit wir in Genesung sind, schenkt Gott uns immer wieder Lösungen, wie wir aus dieser Abwärtsspirale herauskommen können. In diesem Fall erhielt meine Partnerin eine Textnachricht von einer Freundin, mit der sie seit Monaten keinen Kontakt gehabt hatte, mit einem Bibelvers, der ihr ermöglicht hat, wieder mit mir in Kontakt zu gehen und in einem Zweiermeeting ihre Gefühle und ihren Schmerz mit mir zu teilen. Das hat mir die Möglichkeit gegeben, mit ihr „mitzufühlen" und – völlig unerwartet – auch ihr die Möglichkeit gegeben hat, meine Situation besser zu verstehen. So konnten wir aus dieser Krise herauskommen. Wir sind unserer Höheren Macht dankbar.

Kapitel VI

52 Tagesmeditationen für Paargenesung

1. Zeit für Intimität schaffen

Wir leben in einer Gesellschaft, in der das durchschnittliche Paar weniger als siebenundzwanzigeinhalb Minuten pro Woche miteinander redet. Menschen in Genesung wissen allerdings, dass der Preis für vernachlässigte Beziehungen hoch ist. Die alten Zwänge und Süchte verbrauchten unsere Energie und stahlen unsere Zeit. In unserem Schmerz und Ärger haben wir wahrscheinlich noch weniger als der magere nationale Durchschnitt kommuniziert. Eines der Geschenke der Genesung ist das Wissen, dass das, was wir eigentlich wollten, Intimität war. Wir haben uns verführen lassen, unsere Schmerzen auf ungesunde Weise zu lindern, statt durch die Nähe, die wir einander bieten könnten.

Unser Versprechen für heute

Heute werden wir Zeit für Intimität einplanen. Wir erinnern uns an unseren bisherigen Erfahrungen, dass Intimität eine Summe kleiner Momente sowie großer Zeitblöcke ist.

Mein Versprechen für heute

Heute will ich mich daran erinnern, dass meine alten Süchte ein Weg waren, Gefühle und Lebensentscheidungen zu vermeiden und dass ich eigentlich Unterstützung und Pflege gebraucht hätte.

2. Bedarf nach Gemeinschaft

Paare haben heute mehr Stress als vielleicht jemals zuvor in der Geschichte. Zum Beispiel ist es das erste Mal in der Geschichte, dass die Menschheit erwartet, dass nur zwei Menschen Kinder erziehen. Eltern im achtzehnten Jahrhundert hatten in der Regel mehr Kinderbetreuungsmöglichkeiten als wir sie heute haben. Früher standen die erweiterte Familie und Freunde für Hilfe zur Verfügung. Heutzutage leben wir in Wohnungen in Vierteln, in denen wir unsere Nachbarn größtenteils nicht kennen. Zudem ziehen wir im Durchschnitt alle drei Jahre um, was ungefähr der Zeit entspricht, die nötig ist, um in einer Gemeinschaft anzukommen. Ganz klar unterstützt unsere Kultur nicht diejenigen Genesenden unter uns, die aus Familien kommen, die bereits isoliert und unfähig sind, um Hilfe zu bitten.

Unser Versprechen für heute

Heute wollen wir einander eingestehen, dass wir die Unterstützung anderer für unser Leben als Beziehungspartner benötigen. Wir brauchen diese Unterstützung und Gemeinschaft, um uns nicht wieder von einander und vom Rest der Welt zu isolieren. Wir wollen uns bemühen, etwas zu unserer Gemeinschaft beizutragen.

Mein Versprechen für heute

Heute will ich mich daran erinnern, dass mein Partner Freunde und Freundinnen hat, wie auch ich meine eigenen habe und wir beide gemeinsame haben. Alle sind für unsere Genesung unerlässlich.

3. Paarscham

Viele von uns schämen sich für ihre Paarbeziehung. Wir denken, dass andere nicht mit uns als Paar zusammen sein wollen. Wir sind vielleicht wegen vergangener Verhaltensweisen verlegen. Wir können auch noch befürchten, dass alte Verhaltensweisen zurückkehren könnten, wenn wir mit anderen zusammen sind. Oder wir können uns so mangelhaft fühlen, dass wir nicht glauben können, dass „gute" Menschen gerne mit uns zusammen sein möchten, unsere Kämpfe akzeptieren und ihre Zeit mit uns teilen. Manchmal fürchten wir, dass die Anderen Wahrheiten in uns sehen werden, die wir entweder nicht wahrnehmen oder gar nicht zugeben wollen. Manchmal schaffen wir es nicht, diese Gefühle mit anderen zu teilen.

Unser Versprechen für heute

Heute werden wir darüber nachdenken, wie wir uns in Gesellschaft anderer fühlen. Schämen wir uns für unsere Paarbeziehung? Welche Stärken können wir anderen bieten? Welche Vereinbarungen oder Grenzen brauchen wir um uns in der Öffentlichkeit sicher zu fühlen? Würde es uns helfen, mit anderen Paaren über unsere Gefühle zu sprechen?

Mein Versprechen für heute

Heute werde ich daran arbeiten, unsere Fortschritte als ausreichend anzusehen und mich auf unsere Stärken zu konzentrieren. Ich will meinem Partner im Verlauf des Tages Rückmeldungen über die guten Seiten unseres Zusammenlebens geben.

175

4. Selbstbild unserer Paarbeziehung

So wie der Einzelne ein Bild von sich selber hat, so haben Paare ein "wir"-Bild. Das Wohlbefinden des Paars hängt wesentlich davon ab, wie sie selber ihre Paarbeziehung wahrnehmen. In unserer individuellen Genesung haben wir gelernt, dass die Art wie wir über uns oder zu uns selbst gesprochen haben, einen direkten Einfluss auf unser Selbstwertgefühl hatte. Selbstmitleid, Selbstanklage und Selbstverurteilung zogen uns herunter und verschlimmerten die Situation. Das gleiche Prinzip gilt für Paare. Wenn wir einander oder unsere Paarbeziehung stets kritisch betrachten oder wie ein Mantra wiederholen, dass "es schrecklich ist zusammen zu sein", bleiben wir in den alten Mustern stecken. Um zu genesen, müssen wir unsere Paarbeziehung mit dem gleichen Wohlwollen betrachten, das nötig war, um uns selbst zu vergeben.

Unser Versprechen für heute

Heute werden wir uns bemühen, unsere gemeinsame Zeit sehr sorgsam zu behandeln. Wir akzeptieren, dass Intimität schwierig ist, vor allem für Menschen in Genesung. Wir werden "uns" vergeben und miteinander nachsichtig sein. Wir wollen uns von unserem Humor leiten lassen.

Mein Versprechen für heute

Heute werde ich mich nicht zu ernst nehmen. Vielmehr will ich nach Wegen suchen, mit mir und meinem Partner gut zu sein. Ich will mich daran erinnern, dass ich nicht die nötige Kraft habe, die Dinge zu lösen, bei denen ich zwanghaft bin – vor allem nicht diejenigen, die ich als "Fehler" an meinem Partner sehe.

5. Herkunftsfamilie

Eine Paarbeziehung ist eine "Mischung von Geschichten". Beide Partner tragen die Geschichten früherer Generationen in sich. Bei Menschen in Genesung aus dysfunktionalen Familien sind dies oft bittere Geschichten. Es ist Teil der Machtlosigkeit, in Beziehungen aufzuwachsen, in denen Vermeidung, Sucht oder Co-Abhängigkeit scheinbar die einzigen Möglichkeiten waren. Wenn wir in der Genesung wachsen, verstehen wir mehr und mehr wie unser Verhalten in Beziehungen von unseren Familien geprägt worden ist. Leider müssen wir auch erkennen, wie schnell wir unser Misstrauen, Angst und Wut auf unsere derzeitigen Partner verschieben, die es nicht verdienen. Ein Teil unseres Fortschritts ist zu erkennen, dass wir zwar alte familiäre Bindungen nicht mehr ändern können, wohl aber etwas für unsere gegenwärtige Paarbeziehung tun können.

Unser Versprechen für heute

Heute werden wir uns erinnern, wie weit wir uns von den alten Schmerzen unserer Familie gelöst haben. Wir wollen uns nicht von unseren süchtig machenden Erbschaften darin beeinträchtigen lassen, wie wir miteinander umgehen. Eine Möglichkeit ist, uns zu fragen, ob das Thema, das uns gerade aufregt, mit unserer Herkunftsfamilie zu tun hat.

Mein Versprechen für heute

Heute werde ich darauf achten, wo Muster aus meiner süchtigen Vergangenheit auftauchen.

6. Spiritualität und Verletzlichkeit

Viele Menschen erfahren ihre Spiritualität wenn sie alleine sind. Wieder andere erleben spirituelle Verbindung in Gemeinschaften, zum Beispiel in einer Kirche oder einer Zwölf-Schritte-Gruppe. Eine gemeinsame Spiritualität mit unserem Partner kann uns beängstigend erscheinen, weil es kaum etwas Intimeres gibt als unseren Kontakt mit unserer Höheren Macht zu teilen. Das Wagnis, uns unserem Partner, der uns kennt, spirituell verwundbar zu zeigen, ist grundverschieden von der Spiritualität im Alleinsein. Wie bei so vielen anderen Risiken in unserer Genesung gilt auch hier, je mehr wir uns verletzlich zeigen, desto größer unsere Möglichkeit zu Wachstum. Denkt daran, dass wir "zu dem Glauben kamen, dass eine Macht größer als wir selbst, uns unsere Verbindlichkeit und Intimität wiedergeben kann."

Unser Versprechen für heute

Heute werden wir herausfinden, welche Risiken wir bereit sind spirituell miteinander zu nehmen. Wie nutzen wir den Zweiten und Dritten Schritt in unserem täglichen Zusammenleben? Wie bereit sind wir, unsere Paarbeziehung einer Macht anzuvertrauen, die größer ist als wir selbst?

Mein Versprechen für heute

Heute werde ich mich fragen, welches spirituelle Wagnis ich mit meinem Partner eingehen will.

7. Unterstützung

Freundschaften unterstützen unsere Genesung, wenn wir sie pflegen und uns an unsere Freunde wenden, wenn wir sie brauchen. Eine der schwierigsten Zeiten in einer Paarbeziehung ist, wenn beide Partner erschöpft und "mit den Nerven am Ende" sind. Wenn wir von unseren Partnern keine Unterstützung bekommen können, so sagt man für gewöhnlich, dass ein jeder für sich Hilfe bei anderen Menschen suchen sollte. Es gibt noch eine andere Möglichkeit. Es ist ein Teil der Paargenesung, ein Netzwerk mit *anderen Paaren* aufzubauen, die für uns in schwierigen Momenten da sein können. Solche Freundschaften unterstützen unsere Genesung, vorausgesetzt, dass wir sie pflegen und uns dann, wenn wir sie brauchen, an unsere Freunde wenden.

Unser Versprechen für heute

Heute werden wir darüber reden, wen in unserem Netzwerk wir anrufen können, wenn wir beide "mit den Nerven am Ende" sind. Welche Ausreden würden wir verwenden, um sie nicht anzurufen?

Mein Versprechen für heute

Heute werde ich mich daran erinnern, dass ich, wenn ich für die Unterstützung meiner Paarbeziehung sorge, gleichzeitig auch für mich selbst sorge.

8. Dem Partner die Schuld zuschieben

Das wohl Schlimmste, was wir in unserer Beziehung tun können ist, unseren Partnern die Schuld in die Schuhe zu schieben. Wir gewöhnen uns so sehr an diese Dynamik, dass wir uns dessen gar nicht bewusst sind. Es gibt jedoch Anzeichen dafür, wenn wir es machen. Wenn wir absolute Aussagen über den anderen machen, wie z.B. „Du tust immer das" oder „Du bist so. . . „ oder „Du bist so ein ... „ beschuldigen wir den anderen. Wenn wir jedoch ein Verhalten kritisieren („Ich mag dieses Verhalten nicht") und nicht die Person, übernehmen wir die Verantwortung für uns selbst – statt sie komplett auf unsere Partner zu schieben.

Unser Versprechen für heute

Heute werden wir uns daran halten, unsere Anliegen respektvoll zu besprechen. Wir wollen Wege finden, wie wir uns gegenseitig gut sein können und dennoch zu unseren unterschiedlichen Ansichten stehen können.

Mein Versprechen für heute

Heute werde ich die Verantwortung für meinen Teil übernehmen, anstatt meinen Partner zu beschuldigen.

9. Unlösbare Probleme

Jedes Paar hat ein Problem, das scheinbar unlösbar ist. Egal wie oft sie darüber diskutieren oder welche Lösungen sie versuchen, das Problem verschwindet nicht. Hier kann das Programm wirklich helfen. In unserer Sucht und Co-Abhängigkeit bemühen wir uns immer weiter das Problem zu lösen, nur um damit die Situation weiter zu verschlechtern. Wenn wir aber unsere Machtlosigkeit zugeben und Hilfe suchen, können wir Fortschritte machen oder zumindest zu einer Annahme des Problems kommen. Ebenso ist es Teil eines ersten Schrittes als Paar die Machtlosigkeit über dieses „unlösbare Thema" zuzugeben. Wenn ein Paar ein Problem zugegeben hat, erhält es Unterstützung von anderen, die ähnliche Muster in ihrer Genesung erlebt haben.

Unser Versprechen für heute

Heute werden wir eins unserer unlösbaren Themen besprechen und uns verpflichten, in dieser Sache um Unterstützung zu bitten. Wir wollen uns daran erinnern, dass wir nicht die einzigen sind, die schwierige Themen haben, die sich hartnäckig halten.

Mein Versprechen für heute

Heute werde ich mit meinem Partner geduldig sein und mich daran erinnern, dass wir bei gewissen Themen machtlos sind.

10. Stress

Familienforscher haben seit langem festgestellt, dass bei den meisten Paaren die Zufriedenheit in der Ehe stark abnimmt, wenn ihre Kinder ins Teenageralter kommen, und wieder ansteigt, wenn die Jugendlichen erwachsen geworden sind. Daraus lernen wir, dass Stress die Paarbeziehung belastet. Bei den meisten Paaren sorgen Themen wie Finanzen, Umzug, Verlust eines Arbeitsplatzes usw. an irgendeinem Punkt für Stress. Viele Stressfaktoren lassen sich nicht vermeiden. So können wir beispielsweise nicht ändern, dass die Pubertät unsere Kinder aufwühlt. Wir können jedoch andere Paare, die ähnliche Stresserfahrungen machen, zu Rate ziehen, so dass wir besser damit fertig werden können.

Unser Versprechen für heute

Heute werden wir das Gelassenheitsgebet anwenden und versuchen, „die Dinge zu erkennen, gegenüber denen wir machtlos sind". Wir bemühen uns, „die Dinge zu ändern, die wir ändern können". Wir wollen beten, die Weisheit zu bekommen, „das eine vom anderen zu unterscheiden."

Mein Versprechen für heute

Heute werde ich meinen Partner unterstützen, indem ich darauf achte, wenn wir an unsere Grenzen kommen und um Hilfe für unsere Partnerschaft bitten. Ich will versuchen, mit meinem Partner und mir selbst behutsam umzugehen.

11. Sich bemühen und verstehen

Ein Kind zieht seiner Mutter die Schuhe aus und spielt mit ihnen. Es bemüht sich, sie der Mutter wieder anzuziehen. Es experimentiert, probiert aus, wie sie passen könnten. Was als Spiel begann, entwickelt sich zu einer Herausforderung und großen Mühe. Es strengt sich sehr an, um herauszufinden, wie die Schuhe an die Füße gehören. Seine Mutter, die viel über das Lernen weiß, widersteht dem Impuls, ihm zu zeigen, wie die Schuhe passen. Sie weiß, dass es für das Kind wichtiger ist, die Fähigkeit zu entwickeln, sich in der Welt zurechtzufinden, als etwas von Schuhen zu verstehen. Also schaut sie geduldig zu, mit Fürsorge, manchmal amüsiert sie sich. Sie denkt darüber nach, ob das vielleicht die Art ist, wie Gott unsere Partnerschaft behütet, wenn wir versuchen, die Dinge "passend" zu machen: geduldig, weise, fürsorglich und vielleicht auch mal amüsiert.

Unser Versprechen für heute

Heute werden wir uns darauf besinnen, dass unsere Anstrengungen tatsächlich nicht nur der Lösung irgendeines Problems dienen, sondern uns helfen, die Welt zu verstehen. Heute wollen wir teilen, wie unser Zusammensein unseren Horizont erweitert.

Mein Versprechen für heute

Heute werde ich um die Weisheit bitten, wertschätzen zu können, wie wichtig meine Beziehung und alle damit verbundenen Anstrengungen für mich sind, um Sinn in meinem Leben zu erkennen.

12. Gegenseitige Abhängigkeit

Die Natur lehrt uns auf vielerlei Weise, was Wachstum bedeutet. Ob im Wald oder in einer Wüste, überall können wir erkennen, wie Lebewesen, Pflanzen und Umwelt voneinander abhängig sind. Wir können bewundern, auf welch vielschichtige Weise Wasser zu blühendem Wachstum beiträgt, vom großen Meer bis hin zum kleinen Teich. Der tiefe Wunsch nach Sicherheit, Wohlbefinden, Geselligkeit und Fortpflanzung zieht uns zu anderen und ist eine der treibenden Kräfte im Universum. Wir können darüber nachdenken, wie ein Paar ein Teil des gesamten Ökosystems und eines größeren Plans ist. Wenn wir erkennen, dass auch wir nur ein kleiner Teil der großen Schöpfung sind, hilft es uns, überwältigende Dinge mit dem rechten Maß zu sehen.

Unser Versprechen für heute

Heute werden wir uns bewusst mit der Natur verbinden. Wir werden einen Ort aufsuchen, an dem wir erkennen können, wie alles miteinander verbunden ist und voneinander abhängt und wo wir die erneuernde Kraft der Natur spüren.

Mein Versprechen für heute

Heute werde ich mich auf meine Sinne konzentrieren und darauf, wie ich die Natur erlebe.

13. Verzweiflung

Wir können uns alle an Momente der Verzweiflung erinnern, wenn unser Leben komplett aus den Fugen zu geraten schien. Unser Leben kam uns hoffnungslos vor. Unser Schmerz konnte entweder durch Umstände die außerhalb unserer Macht lagen oder durch uns selbst verursacht worden sein. Wie auch immer, die Genesung zeigt uns, dass diese Tiefpunkte tatsächlich Geschenke in unserem Leben sein können. Ohne Schmerz hätten wir keinen Antrieb, etwas zum Besseren zu verändern. Verluste können uns tatsächlich ein neues Leben mit neuer Weisheit bescheren. Als Paare zeigen wir uns gegenseitig unsere Fähigkeit, Verzweiflung in eigenes Wachstum umzuwandeln.

Unser Versprechen für heute

Heute werden wir uns gegenseitig von einem Tiefpunkt erzählen, der uns zu mehr persönlicher Reife verholfen hat. Wir erinnern uns daran, dass extreme Schwierigkeiten Teil des Erneuerungsprozesses sind und dass solche Momente wiederkommen werden. Wir können uns dafür wappnen indem wir unsere Partnerschaft stärken; dadurch können wir uns gegenseitig Kraft geben, wenn wir in Hoffnungslosigkeit geraten.

Mein Versprechen für heute

Heute werde ich mit meinem Partner eine Erinnerung teilen, wie er mich unterstützt hat, als ich verzweifelt war.

14. Sinnlichkeit

Sinnlichkeit ist sehr wichtig. Wie wir unsere Umgebung wahrnehmen – durch unser Sehen, Hören, Berühren, Riechen und Schmecken – ist für unsere gesamte Lebenserfahrung wichtig. Unsere Wertschätzung für Sinnlichkeit gibt unserer sexuellen Beziehung Lebendigkeit. Wenn wir dagegen nicht auf unsere Sinne achten, verliert die Sexualität an Bedeutung. Als Genesende wissen wir, dass wir in der Gegenwart leben müssen, statt in einer quälenden Vergangenheit oder ungewissen Zukunft. Unsere Sinne bewusst wahrzunehmen, ist das Tor zum Leben in der Gegenwart. Es ist mehr als stehenzubleiben, um den Duft der Rosen zu riechen; Sinneswahrnehmung ist ein direkter Weg zur Spiritualität. Das Erleben unserer Sinne hilft uns, füreinander präsent zu sein, sowohl spirituell als auch sexuell.

Unser Versprechen für heute

Heute werden wir darüber sprechen, wie bewusst wir uns unserer Sinnlichkeit sind. Wir wollen bewusst darauf achten auf einfache Weise sinnlich füreinander präsent zu sein. Wir können z.B. achtsam sein auf die Nahrung, die wir essen, die Schönheit eines Baumes oder die Eleganz eines fliegenden Vogels, für das Licht des Vollmonds oder die Augenfarbe unseres Partners.

Mein Versprechen für heute

Heute werde ich in der Gegenwart sein, indem ich auf meine Sinne achte. Ich werde besonders bewusst darauf achten, was an meinem Partner attraktiv ist.

15. Hilfe annehmen

Menschen in Genesung haben Schwierigkeiten, Hilfe anzunehmen. Unsere Scheu davor kommt wahrscheinlich von frühen Lebenserfahrungen. Wir wurden vielleicht enttäuscht und verletzt, wenn Hilfe notwendig war aber nicht gegeben wurde. Wir trauern vielleicht noch wegen irgendwelcher Hilfeversprechen, die nie eingelöst wurden. Oder vielleicht hadern wir mit dem Gefühl, uns dadurch zu einer Gegenleistung zu verpflichten. Warum auch immer, wir haben beschlossen, uns nur auf uns und nicht auf andere zu verlassen. Aber mit einer derartigen Haltung werden wir anfällig für Sucht und Co-Abhängigkeit. Was wir brauchten, war HILFE, aber die einzige *Entlastung* die wir fanden war unsere *Zwanghaftigkeit*. Paargenesung erfordert Annahme von Hilfe, sowohl voneinander als auch von anderen Paaren.

Unser Versprechen für heute

Heute werden wir uns fragen, wie gut wir voneinander Hilfe annehmen und wie gut wir sie als Paar annehmen. Welche konkrete Hilfe brauchen wir aktuell, wo wir uns sträuben, dafür um Hilfe zu bitten?

Mein Versprechen für heute

Heute werde ich daran denken, meinen Partner und andere im Programm um Hilfe zu bitten.

16. Gesunde Lebensweise

Ernährung, Bewegung und Entspannung tragen alle zu einem gesunden Leben bei. Manchmal geben die jeweiligen Vorlieben dabei Anlass für erhebliche Meinungsverschiedenheiten, wenn beispielsweise ein Partner raucht oder Vegetarier wird. Wir können nicht bestimmen, was unser Partner tut, aber normalerweise können wir mit ihm über den gewählten Lebensstil sprechen. Eine einvernehmliche Lösung für solche Konflikte ist ein Grundelement der Genesung, aber leider lassen viele von uns ihren Lebensstil einfach nur geschehen. Entscheidungen für eine gesündere Lebensweise sind wesentlich erfolgsversprechender, wenn wir von unserem Partner dabei unterstützt werden. Körperliches Wohlbefinden beeinflusst ganz erheblich unser emotionales Wohlbefinden.

Unser Versprechen für heute

Heute werden wir uns gegenseitig fragen, wie zufrieden wir mit unserem körperlichen Wohlbefinden sind. Sollten wir uns Zeit einräumen, um ernsthafte Veränderungen zu besprechen? Wo können wir stolz darauf sein, wie unser Lebensstil sich förderlich auf die Genesung auswirkt?

Mein Versprechen für heute

Heute werde ich über meine Rolle als "Lebensstil"-Partner nachdenken. Im Rahmen meiner Inventur werde ich mich darauf besinnen, was zurzeit nicht zu einem gesunden Lebensstil beiträgt, und darauf welche Gesundheitsgeschenke mir mein Partner gemacht hat.

17. Perspektive

Einem 10-jährigen Kind kommt ein Jahr wie eine Ewigkeit vor, für einen Erwachsenen verfliegt es. Die Erklärung für diese unterschiedliche Wahrnehmung liegt im Prozentsatz. Ein Jahr entspricht 10% des Kinderlebens, aber nur 2,5% des Lebens eines 40-Jährigen. Die Wahrnehmung des Erwachsenen ändert sich allerdings nicht nur, weil die Zeit vergleichsweise kürzer erscheint, sondern auch dadurch, dass wir normalerweise im täglichen Leben in einer Flut von zu erledigenden Dingen versinken und uns anscheinend nicht die Zeit nehmen können um den „Duft einer Rose" zu genießen. Bei Paaren kann auch der Eindruck entstehen, dass sie immer weniger Zeit füreinander haben, je länger sie zusammen sind, wenn sie sich nicht um intime Momente miteinander kümmern. Als Paare in Genesung müssen wir wieder die Perspektive eines 10-jährigen bekommen, als die Welt noch neu und voller Wunder war. Wir können das tagtäglich tun indem wir aufmerksam auf das Wunder unseres Lebens sind.

Unser Versprechen für heute

Heute werden wir darüber sprechen, wie wir den Tag verbringen würden, wenn wir beide zehn Jahr alt wären. Danach werden wir überlegen, was das für unser heutiges Leben im RCA-Programm bedeutet. Wir machen eine Zeit aus, in der wir gemeinsam sorglose 10-Jährige sind.

Mein Versprechen für heute

Heute werde ich die Verbindung zu meinem inneren Kind aufnehmen, damit ich in der Lage bin, meinen Enthusiasmus, mein Etwas-erreichen-wollen und meine Verspieltheit zurückzugewinnen. Ich will mich darauf konzentrieren, so weltoffen zu sein wie ein 10-jähriges Kind.

18. Offenheit und Annahme

In unseren Paarbeziehungen gibt es Situationen und Verhaltensweisen, die wir dem Partner nur schwerlich eingestehen können oder ungern mit ihm besprechen. Wenn der andere alles über einen weiß, kann das ein sehr beängstigendes Gefühl sein. Die Entscheidung, unserem Partner heute freiwillig Verhaltensweisen und Situationen offenzulegen, birgt immer die Möglichkeit, dass dieses Wissen in Zukunft gegen uns verwendet wird. Statt von Misstrauen und Angst bestimmt zu werden, können wir uns entscheiden, unsere Bereitschaft zur Offenheit als eine Einladung zu einem erneuerten Leben in Genesung zu betrachten. Wenn wir unserem Partner etwas offenbaren, müssen wir zuerst daran denken, niemanden zu verletzen. Auch muss das, was wir mitteilen, nicht schlüssig, perfekt formuliert oder bis zu Ende durchdacht sein. Wenn wir etwas ansatzweise verstanden haben oder vage erahnen, so kann dies einfach durch das Teilen klarer werden.

Unser Versprechen für heute

Heute werden wir uns darüber Gedanken machen, wie offen wir einander schwierige Dinge über uns zugeben. Haben wir eine Atmosphäre der Annahme geschaffen, wo wir uns ausreichend geschützt fühlen, um unserem Partner unsere geheimsten Ängste und Gedanken anzuvertrauen?

Mein Versprechen für heute

Heute werde ich darüber nachdenken, was ich bisher noch nicht mit meinem Partner teilen wollte. Wenn ich mir unsicher bin, ob ich etwas teilen möchte, bespreche ich es mit meinem Sponsor oder Anderen im Programm.

19. Intimität und Risikobereitschaft

Nähe ist ein inneres Abenteuer, voller Risiko, Aufregung und Entdeckung. Viele wollen die Aufregung und die Entdeckung, aber ohne ein Risiko einzugehen. In der Genesung kommen wir um Risiken jedoch nicht herum, wenn wir Intimität mit unserem Partner wollen. Wir meinen nicht den süchtigen Indiana-Jones-Lebensstil, bei dem wir Risiken eingingen, um dann ein Unglück nach dem anderen bewältigen zu müssen. Wir beziehen uns vielmehr auf die eigenen und gemeinsamen Grenzen, innerhalb derer es sich wirklich lohnt, Neuland zu ergründen. Die Risiken dort sind neue Level der Ehrlichkeit, das Lernen miteinander zu spielen, neue Ansätze für sexuelle Intimität oder Kreativität miteinander zu teilen. Wenn wir bereit sind Risiken einzugehen und wirklich intim zu sein, werden wir eine neue Freiheit und ein neues Glück kennenlernen.

Unser Versprechen für heute

Heute werden wir ein ehrliches Gespräch darüber führen, welche neuen Risiken wir gemeinsam einzugehen bereit sind.

Mein Versprechen für heute

Heute werde ich darüber nachdenken, wie ich in meiner spirituellen Suche nach Intimität zu meinem Partner Risiken zulasse; wie kann ich das Eingehen von Risiken als Teil des Dritten Schritts anwenden, indem ich meiner Höheren Macht vertraue?

20. Die Kämpfe unseres Partners miterleben

Viele von uns haben in unserem Leben harte Zeiten durchgemacht. Leider ist Genesung keine Garantie dafür, dass es nie wieder schwierige Zeiten gibt. In diesem Sinne ist der Erste Schritt ein Einführungskurs in die Weisheit des Gelassenheitsgebets; wir müssen verstehen, dass es Vieles in unserem Leben gibt, über das wir *machtlos bleiben*. Diese Einsicht muss Teil unserer Paarbeziehung werden. Bei jedem Paar wird es Momente geben, in denen ein Partner strauchelt und stark leidet, während der Andere nichts weiter tun kann, als das Leiden mitanzusehen. An diesem Punkt werden die Schritte wichtige Leitfäden für den respektvollen Umgang miteinander. Zuerst erkennen wir ganz und gar unsere persönliche Machtlosigkeit an und geben zu, dass wir nur sehr begrenzt helfen können. Anschließend kommen wir zu dem Glauben, dass eine Höhere Macht dabei ist, für unseren Partner und uns selbst zu sorgen. Schluss endlich gibt es die Gemeinschaft im Programm, die uns unterstützen kann.

Unser Versprechen für heute

Heute werden wir eine Erinnerung miteinander teilen, als jeder von uns die Kämpfe des Anderen nur mit ansehen konnte. Wir versprechen uns erneut, diese schwierigen Phasen auszuhalten.

Mein Versprechen für heute

Heute werde ich daran denken, wie die Schritte mich leiten können, damit ich meinen Partner respektiere.

21. Der Realität ins Auge sehen

In einer Paarbeziehung können sich beide Partner falschen Illusionen hingeben. Wenn keiner der beiden die Dinge so sieht, wie sie tatsächlich sind, werden wir für alte Zwanghaftigkeit anfällig. Eine gesunde Paarbeziehung bedeutet, den Tatsachen ins Auge zu blicken, koste es, was es wolle. Die Zwölf-Schritte-Weisheit hat uns immer befohlen, „alles nur Erdenkliche" zu tun, um uns der Realität zu stellen. Wenn wir vor möglichen Problemen stehen – wie alternde Eltern, süchtige Teenager, finanzielle Engpässe oder ungesunder Lebensstil – brauchen wir die Bereitschaft, sie mit unserem Partner zu besprechen und zu entscheiden, ob dies echte Probleme sind oder nicht. Das Letzte, was wir in der Genesung brauchen, ist gemeinsame Verleugnung.

Unser Versprechen für heute

Heute werden wir mögliche Probleme, die wir bisher ignoriert haben, ansehen und hinterfragen. Inwieweit tun wir alles Erdenkliche, um uns der Realität zu stellen?

Mein Versprechen für heute

Heute werde ich meinem Partner meine Bedenken mitteilen. Ich fange an mich der Verleugnung zu stellen, indem ich auf meine innere Stimme höre, die mir sagt, ob etwas im Argen liegt oder nicht richtig ist.

22. Konflikt

Wenn wir unsere Partner lieben und mit ihm intim sein wollen, müssen wir bereit sein, unterschiedlicher Meinung zu sein. Auseinandersetzungen können eine sehr positive Form von Intimität sein. Wir üben uns darin auf unsere Gefühle zu hören und stellen fest, dass Wut ein Geschenk für unsere Paarbeziehung sein kann. Wenn wir uns vertrauensvoll auf eine Meinungsverschiedenheit mit unserem Partner einlassen, zeigt das, dass wir ihn oder sie wertschätzen und als erwachsene Person respektieren, die damit umgehen kann. Wenn wir Konflikte vermeiden machen wir unseren Partner dadurch klein, lassen Probleme ungelöst und beschneiden all unsere Gefühle, auch Freude, Zärtlichkeit und Fürsorglichkeit. Vor unserer Genesung stritten wir um richtig oder falsch. Meinungsverschiedenheiten bauschten wir zu Krisen auf, während derer dann unsere Süchte gut gediehen. Statt klar zu unseren Gefühlen zu stehen zogen wir dramatische Abgänge vor. Heute versuchen wir, Selbstgerechtigkeit und Schuldzuweisung zu vermeiden und bemühen uns um Ehrlichkeit und Korrektheit. Wir arbeiten an Lösungen statt an Krisen. Wir versuchen einander nicht zu schaden, unwichtige Themen wegzulassen, uns nicht voneinander abzukehren und uns daran zu erinnern, dass der Partner Recht haben könnte.

Unser Versprechen für heute

Heute werden wir über unsere Unsicherheit im Umgang mit Wut sprechen und wie wir miteinander im Fall eines Konflikts respektvoll umgehen werden.

Mein Versprechen für heute

Heute weiche ich Konflikten nicht aus. Ich werde meinen Mitmenschen gegenüber authentisch sein und keine Ängste vor den Reaktionen anderer aufkommen lassen, insbesondere bei meinem Partner.

23. Schmerzen aushalten

Durch unsere Lebensgeschichten haben wir gelernt, Schmerzen auszuhalten. Die meisten Menschen die Schmerz empfinden verändern irgendetwas, um ihn zu vermindern oder abzustellen. Ein Naturgesetz der Selbstfürsorge und der Selbstachtung drängt uns dazu etwas zu tun. Für diejenigen unter uns, die ihren Schmerz immer mit Sucht betäubt haben, wird es schwierig, uns unserer extremen Leidensfähigkeit zu stellen. Wir sind an Schmerz gewöhnt. Körperliche Signale wie Müdigkeit, Harndrang, Schmerz oder Unwohlsein übergehen wir. Wir ertragen innere Leere und Scham. In unseren Paarbeziehungen vergraben wir unsere Gefühle und lassen zu, dass die Missachtung weitergeht. Als Paar „passen wir uns dem Schmerz an". Es gibt unerträgliche Situationen, in denen beide Partner nur versuchen, sich noch stärker anzustrengen. Genesung bedeutet, dass beide Partner gemeinsam daran arbeiten, ihre Schmerzen nicht einfach weiter auszuhalten.

Unser Versprechen für heute

Heute werden wir darüber sprechen, was uns beiden wehtut. Wir werden entscheiden, welche Maßnahmen wir dagegen ergreifen werden und wann wir diese umsetzen.

Mein Versprechen für heute

Heute werde ich in mich hineinhören, um zu erkennen, an welchen Schmerz ich mich möglicherweise gewöhnt habe. Ich werde mich bemühen, dies mit meinem Partner zu teilen.

24. Für körperliche Gesundheit sorgen

Genesung erfordert, dass wir konsequent für unsere körperliche Gesundheit sorgen. Viele von uns haben jahrelang unseren Körper ignoriert und waren kurz davor eine der besten Grundlagen für unser emotionales Wohlbefinden zu zerstören. Regelmäßiger Sport und gute Ernährung tragen nachgewiesenermaßen zu psychischer Gesundheit bei. Wir sollten uns gut über Gesundheitsthemen informieren. Wir können Veränderungen vornehmen, die unsere Lebensqualität verbessern würden. Dabei ist es entscheidend, dass unser Partner „mitzieht" und uns unterstützt. In unserer Co-Abhängigkeit haben wir die Krankheit(en) unseres Partners unterstützt. Jetzt, in Genesung, können wir etwas für seine bzw. ihre Gesundheit tun, sowie für die eigene. Paare können ihre gemeinsame Genesung sehr fördern, indem sie sich bei körperlichen Fitnessprogrammen gegenseitig unterstützen.

Unser Versprechen für heute

Heute werden wir darüber sprechen, was wir gemeinsam tun können, um unsere körperliche Gesundheit zu verbessern. Brauchen wir mehr Informationen? Wie können wir uns gegenseitig unterstützen?

Mein Versprechen für heute

Heute werde ich überlegen, wie ich zu meinem Körper stehe und wie ich den Entschluss, etwas für meine körperliche Gesundheit zu tun, in die Tat umsetze.

25. Annahme und Heilung

In vielerlei Hinsicht hat eine intime Partnerschaft Gemeinsamkeiten mit dem Fünften Schritt. Teil der Heilung im Fünften Schritt ist es, dass wir uns vollständig zu erkennen geben – sowohl unsere Stärken als auch unsere Schwächen – und so angenommen werden. Paarbeziehungen heilen, wenn wir die Stärken und Schwächen unseres Partners annehmen. Probleme entstehen, wenn wir unseren Partner kontrollieren, ihm Schuld zuweisen, einschränken oder uns abkehren, weil wir seine Stärken bedrohlich finden oder von seinen Schwächen enttäuscht sind. Ehrlichkeit zwischen zwei Menschen bedeutet nicht, dass der eine oder der andere erniedrigt wird. Ehrlichkeit steht vielmehr für eine tief verankerte Annahme unserer Begrenztheit und lässt uns menschlich sein.

Unser Versprechen für heute

Heute werden wir einander unsere gegenseitige Annahme mitteilen und unser Versprechen, durch beiderseitige Ehrlichkeit zu unserer Genesung beizutragen.

Mein Versprechen für heute

Heute werde ich behutsam mit mir umgehen, indem ich meine Unvollkommenheiten annehme. Ich werde dem Teil in mir entgegenwirken, der behauptet, dass nichts was ich mache gut genug sei.

26. Treue

Treue ist viel mehr als sexuelle Treue. Treue fängt damit an, sich selbst treu zu sein. Wir können uns auf diejenigen verlassen, die wissen, was sie wollen, sagen, was sie meinen und tun, was sie sagen. Menschen, die sich selbst treu sind, machen vertrauenswürdige Versprechen. Diejenigen, die sich für das entscheiden, was gut aussehen würde oder was die andere Person möchte, verlieren sich selbst dabei. Als Paar sollten wir verstehen, dass treu zu sein bedeutet, sich darüber im Klaren zu sein, wer wir sind. Wir sind anderen treu, wenn wir uns selbst treu sind.

Unser Versprechen für heute

Heute werden wir uns gegenseitig ein Beispiel erzählen, wo wir dem oder der Anderen vertrauen.

Mein Versprechen für heute

Heute werde ich darauf achten, ob ich mir wirklich treu bin. Versuche ich anderen zu gefallen und gebe dabei mich selbst auf?

27. Machtlosigkeit

Die meisten von uns können sich an Zeiten erinnern, in denen wir voller Ärger und innerer Unruhe waren. Im Rückblick können wir diese Phasen jedoch ins rechte Licht rücken, weil wir feststellen, dass der Schmerz, den wir erfahren hatten, für unser Wachstum notwendig war. Oder wir können uns eingestehen, dass wir durch Selbstgerechtigkeit und Ungehaltenheit versuchten, anderen die Schuld zu geben für Dinge, die wir selbst angerichtet hatten. Wir verbrauchten unnötige Energie dafür, uns zu schämen. Das Genesungsprogramm erinnert uns daran, dass wir über Vieles keine Macht haben, dass wir Verantwortung für uns selbst übernehmen müssen und dass es eine Höhere Macht gibt, der wir vertrauen können. Als Partner, die verbindlich gemeinsam den Weg des Zwölf-Schritte-Programms gehen, können wir uns gegenseitig dabei unterstützen, die Lehren aus der schmerzhaften Vergangenheit zu ziehen und sie anzuwenden, um eine ausgeglichenere und gelassenere Gegenwart zu schaffen.

Unser Versprechen für heute

Heute können wir eine Vereinbarung darüber treffen, wie wir einander unterstützen wollen, wenn wir verärgert sind.

Mein Versprechen für heute

Heute werde ich an eine schmerzhafte Situation denken und überlegen, was ich durch diese Erfahrung gelernt habe.

28. Gegenseitiger Respekt

Wenn Uneinigkeit entsteht, kann es gut sein, dass beide Partner sagen: „ich fühle mich nicht respektiert". Dabei werden einige sehr wichtige Fragen häufig übersehen: Erstens, finde ich meine eigenen Handlungen anständig und achtbar? War mein eigenes Verhalten und meine Einstellung durchgängig aufrichtig und respektvoll? Und zweitens, war ich selbst respektvoll? Habe ich Schuldzuweisungen, beleidigende und unangemessene Behandlung meines Partners vermieden? War meine Wut konstruktiv oder destruktiv? Wenn es Probleme gab, habe ich mich darum bemüht, dass mein Partner sich im Verlauf der Diskussion nicht erniedrigt fühlen würde? Anständig zu handeln und respektvoll zu sein, erzeugt eine Integrität, die Respekt erzeugt.

Unser Versprechen für heute

Heute werden wir uns erneut gegenseitigen Respekt versprechen.

Mein Versprechen für heute

Heute werde ich versprechen, in meiner Beziehung anständig und respektvoll zu sein.

29. Gleichwertigkeit

Bei den meisten süchtigen oder dysfunktionalen Paaren gibt es vor der Genesung keine Gleichwertigkeit in ihrer Paarbeziehung. Häufig scheint ein Partner weniger verantwortungsbewusst als der andere zu sein und wird eher wie ein Kind behandelt, während der andere die Rolle des Erwachsenen einnimmt. Die Suche nach einer Beziehung auf Augenhöhe beginnt mit gegenseitigen Wiedergutmachungen und Verzeihung. Als Nächstes trennen wir unser Glück vom Glück unseres Partners. Unser emotionaler Zustand soll nicht länger davon abhängig sein, was unser Partner gerade denkt oder tut. Unser Ziel ist es, Glück aus unseren eigenen inneren Quellen zu ziehen, z.B. solche, die wir im persönlichen Genesungsprogramm gelernt haben, anstatt aus einer Verstrickung mit unseren Partnern. Sobald wir beide dieses Prinzip verstehen, können wir unterscheiden, was eine Gemeinsamkeit und was eine Verstrickung ist.

Wir können auch unsere Verschiedenheiten betrachten. Verschiedenheit kann uns mehr Auswahlmöglichkeiten bringen, was unsere Paarbeziehungen stärkt. Gleichwertigkeit entsteht, wenn das „Unterschiedlichsein" zu einer Bereicherung und mehr Wahlmöglichkeiten führt, statt zu Irritierung und Scham. Die Stärken zu respektieren, die in der Verschiedenheit des oder der Anderen liegen, ist eine Basis für Gleichwertigkeit.

Unser Versprechen für heute

Heute sagen wir uns gegenseitig welche Verschiedenheit des oder der Anderen wir respektieren.

Mein Versprechen für heute

Heute werde ich mir selbst eingestehen, welche Verschiedenheit meines Partners mich irritiert und will wohlwollend prüfen, ob dieser Unterschied eine Stärke sein kann.

30. Erneuerung und Wagnis

Paarbeziehungen wachsen durch den Mut zum Risiko. Wenn wir ein Wagnis eingehen betrachten wir einander mit anderen Augen. Genesung bietet viele Gelegenheiten, Risiken einzugehen: neue Formen des Zusammenseins, eine neue Art und Weise zu teilen, neue Ebenen der Ehrlichkeit, neue Menschen und neue Wege, sich gegenseitig zu unterstützen. Das größte Wagnis ist es, wenn sich Partner einander ihre Verletzlichkeit zeigen. Ein Wagnis fühlt sich immer neu und beunruhigend an. Wenn wir den anderen wissen lassen, wie verletzlich wir uns beim Eingehen von Wagnissen fühlen, wächst unsere Chance auf Nähe und Unterstützung.

Unser Versprechen für heute

Heute werden wir unsere derzeitige Bereitschaft zu Wagnissen beurteilen. Tun wir genug, um den Erneuerungsprozess in Gang zu halten?

Mein Versprechen für heute

Heute werde ich meine Verletzlichkeit bei Wagnissen, die ich aktuell eingehe, mit meinem Partner teilen.

31. Zwölf-Schritte-Arbeit ist spirituelle Arbeit

Die Zwölf-Schritte-Arbeit in RCA bietet wertvolle Möglichkeiten, tiefe spirituelle Wunden zu heilen. Eine spirituelle Beziehung fordert unser Wachstum heraus. Der Zweck einer spirituellen Beziehung besteht darin, Möglichkeiten zur Genesung zu bieten. In diesem Sinne bieten unsere Partner uns Möglichkeiten spirituellen Wachstums, indem wir lernen, Vergebung, Annahme, Vertrauen, Toleranz, Geduld und Mitgefühl zu üben. Es gibt bestimmt Leute, mit denen leichter auszukommen wäre, aber würden sie uns helfen, spirituell zu wachsen? Während wir spirituell wachsen genesen wir. Wenn wir unsere Paarbeziehungen als Chancen für Wachstum und Genesung sehen, kann dies unseren Entschluss zusammenzubleiben stärken, bis das Wunder geschieht.

Unser Versprechen für heute

Heute werden wir versuchen, die Möglichkeiten zur Genesung, die wir einander geben, wertzuschätzen. Wir wollen diese Herausforderungen als Chancen sehen, um die spirituellen Grundsätze zu finden, die notwendig sind um jede Situation zu heilen. Wir werden versuchen, Vergebung, Annahme, Vertrauen, Toleranz, Geduld und Mitgefühl zu üben.

Mein Versprechen für heute

Heute werde ich jedes Mal dankbar sein, wenn mein Partner mir eine Gelegenheit gibt, Vergebung, Geduld, Vertrauen, Toleranz und Mitgefühl zu üben. Ich werde sie als Geschenke meines Partners betrachten.

32. Leben in Gelassenheit

Annahme ist für die Gelassenheit in unserer Paarbeziehung unentbehrlich. In diesem einfachen Wort liegt der Schlüssel zum Glück. Wenn wir neu bei RCA sind, bedeutet „Annahme" wahrscheinlich, dass wir die aktuelle Situation aushalten müssen, um daraus gemeinsam zu wachsen. Wenn wir beginnen, unsere Partner zu tolerieren (trotz der vielen Dinge, die wir falsch an ihnen finden), stellen wir allmählich fest, dass sie *uns* toleriert haben – und die vielen Dinge, die sie an uns falsch fanden!

Um Toleranz zu entwickeln, müssen wir in unserem Beziehungskrieg für einen Waffenstillstand sorgen. In RCA nennen wir das „ein Moratorium vereinbaren". Sobald wir uns dazu entschließen, können wir anfangen die zwölf Schritte und die RCA-Werkzeuge zu benutzen um Annahme für uns selbst und den Anderen bzw. die Andere zu entwickeln. Wenn wir uns selbst und unseren Partner annehmen können, befinden wir uns auf dem Weg der Genesung.

Unser Versprechen für heute

Wenn wir heute streiten, werden wir die erlernten Werkzeuge benutzen. Wir können ein Moratorium vereinbaren oder einen Vertrag über faires Streiten verwenden. Wir werden um Führung beten, um zu lernen uns selbst und unseren Partner anzunehmen.

Mein Versprechen für heute

Wenn ich mich heute aufrege, werde ich mich fragen: "Will ich Unzufriedenheit oder will ich Frieden?" Wenn ich Frieden möchte, werde ich meinen Ärger auflisten und ihn meiner Höheren Macht übergeben und dann ein Moratorium über diese Gedanken verhängen. Ich werde meinen Tag genießen.

33. Verantwortung übernehmen statt Schuld zuzuweisen

Beide Partner müssen die Verantwortung für Gesundheit oder Dysfunktion ihrer Paarbeziehung übernehmen. Wir alle bringen unsere eigenen Süchte, Persönlichkeiten, Botschaften aus Herkunftsfamilien und verschiedene eigene Dysfunktionen in die Beziehung mit. Es ist nicht die Paarbeziehung, die eine Dysfunktion erschafft. Es sind die beiden Partner die zum Wesen der Paarbeziehung beitragen.

Das heißt nicht, dass wir für irgendwelche süchtigen oder dysfunktionalen Verhaltensweisen unserer Partner verantwortlich wären. Diese Verhaltensweisen sind deren Verantwortung und zeigen deren Wahl, ihre Gefühle zu bewältigen. Wir sind beide für das Vorhandensein oder das Fehlen von Intimität verantwortlich. Sobald jeder von uns Verantwortung übernimmt, sind wir für den ersten Schritt in RCA bereit. „Wir gaben zu, dass wir über unsere Beziehung machtlos waren und dass wir unser Zusammenleben nicht mehr meistern konnten."

Ein Paradox in der Zwölf-Schritte-Arbeit ist, dass wir gewinnen wenn wir kapitulieren. Wenn wir kapitulieren und zugeben, dass wir über unsere Paarbeziehung machtlos sind, können wir beginnen sie mit Abstand zu betrachten. Während wir die Fragen des Ersten Schritts für unsere Paarbeziehung bearbeiten, wächst in uns das Mitgefühl für unseren eigenen Anteil wie auch den unseres Partners. Wir fangen an, einander zuzuhören – wirklich hinzuhören. Wir erkennen, dass Verantwortung nicht gleich Schuld ist, sondern vielmehr eine Grundlage für Veränderung. Während unsere Paarbeziehung sich verändert, wird Verantwortung für uns mehr und mehr das Tor zur Befreiung von den Fesseln der Vergangenheit.

Unser Versprechen für heute

Heute wird jeder von uns etwas teilen, mit dem wir zu der Dysfunktion unserer Paarbeziehung beigetragen haben. Wir werden uns darum bemühen, dem Anderen mit Offenheit und Anteilnahme zuzuhören.

Mein Versprechen für heute

Heute werde ich versuchen, die Wahrheit über mein Verhalten herauszufinden. Ich werde meinen Anteil zugeben ohne mich dabei nieder zu machen. Ich werde mich fragen, was ich in Zukunft anders machen kann und dann darum bitten, mein Verhalten ändern zu können.

34. Den wunden Punkt treffen und auf die Palme bringen

Ein Fischer präpariert seinen Angelhaken. Er wählt einen Köder, der den Fisch garantiert anlocken soll – groß genug um Interesse zu wecken, aber nicht zu offensichtlich. Er weiß: sobald der Fisch angebissen hat, hat er ihn am Haken und damit die Kontrolle über ihn. Genauso wirft ein Mensch, wenn er Bemerkungen macht um eine spezielle Reaktion hervorzurufen, Köder aus, um diese Reaktion zu angeln. Der Zweck ist, den Partner dadurch kontrollieren zu können. Beispiel: eine Ehefrau (die nicht vorhat, Tapeten abzureißen) kann ihren Partner indirekt fragen, ob er den ganzen Tag weg sei, indem sie sagt: „Das sollte lange genug sein, damit ich die Schränke wegrücken und die Tapete abreißen kann", (nur um die Reaktion ihres Partners zu sehen). Sie hofft, dass ihn die Sorge, sie könnte während seiner Abwesenheit die Küche zerstören, daran erinnern wird, sie wichtig zu nehmen und früher heimzukommen.

Äußerungen, die einen wunden Punkt treffen und auf die Palme bringen, garantieren uns Aufmerksamkeit und Kontrolle über den Partner. Auch Blicke, Gesten oder einzelne Wörter können Auslöser sein, die Scham, Angst oder Wut bei unseren Partnern hervorrufen. Unsere „Treffer" berühren Wunden oder Erinnerungen aus der Vergangenheit; manche liegen so weit zurück, dass die Ursache schon vergessen worden ist. Indem wir Äußerungen, die den wunden Punkt treffen sollen, weglassen, schützen wir aktiv unsere Paarbeziehung. Beim „Wettkampf der Vorwürfe" müssen wir um jeden Preis gewinnen. Manipulatives Verhalten schafft ein ständiges Ringen um die Kontrolle. Das Ziel einer gesunden Partnerschaft ist jedoch, *mit* unseren Partnern zu gewinnen, *nicht auf ihre Kosten*. Die Verletzlichkeit unserer Partner zu respektieren, ist ein Zeichen von Reife, durch die eine Paarbeziehung mehr Vertrauen und Liebe entwickeln kann.

Unser Versprechen für heute

Heute werden wir einander erneut versichern, dass wir ein Team sind und versuchen, als gleichwertige Partner an der Lösung unserer Probleme zu arbeiten.

Mein Versprechen für heute

Heute werde ich darauf verzichten, Bemerkungen zu machen, die den wunden Punkt treffen oder auf die Palme bringen. Ich will besprechen, wie wir sensible Themen mit gesunden Kommunikationswerkzeugen besprechen können. Wenn ich denke, dass mein Partner bei mir einen wunden Punkt treffen will, werde ich ihn nach seinen bzw. ihren Gefühlen und Bedürfnissen fragen, statt auf den Köder zu reagieren.

35. Dankbarkeit

In einer Welt, die uns mit Bildern von dem was wir alles noch „bekommen" sollten bombardiert, sind wir uns vielleicht gar nicht richtig bewusst, wie viel Gutes wir schon haben. Viele von uns fühlten sich nach den ersten RCA-Meetings erleichtert, weil wir Paare trafen, die das kannten, was wir durchmachten. Wir begannen zu spüren, dass Andere in der Gruppe genauso verhängnisvolle Probleme gehabt hatten wie wir, diese allerdings lösen konnten und nun glücklicher waren. Wir waren endlich bei Menschen, die uns verstanden. Dieses Gefühl des Zuhauseseins nennen wir „Paar-Dankbarkeit".

Viele von uns hatten alles Mögliche ausprobiert, um unsere Paarbeziehung wieder hinzukriegen. Manche von uns hatten Selbsthilfe-Bücher gelesen, manche waren zu Therapeuten oder Beratern gegangen. Aber erst durch das RCA-Programm bekamen wir die notwendigen Werkzeuge. Obwohl es seit der Gründung von AA verschiedene Zwölf-Schritte-Programme für Einzelpersonen gab, hatte vor RCA noch niemand versucht, diese Schritte für Paare anzupassen.

Wenn wir in die Gesichter unserer Kinder schauen und nicht mehr die Furcht sehen, die sie als Mitglied einer dysfunktionalen Familie zwangsläufig hatten, sind wir dankbar. Wenn wir unterschiedlicher Meinung sind und trotzdem unser Leben in Liebe, Vertrauen und Respekt weiterführen, sind wir dankbar. Wenn wir zusammen sind, uns dabei klasse fühlen und stolz auf unsere Beziehung sind, fühlen wir Dankbarkeit. Wenn wir geben und nehmen können, ohne uns darum sorgen zu müssen, „wer das meiste gibt", sind wir dankbar. Wir können unsere Dankbarkeit ausdrücken, indem wir unsere Freude teilen und durch unsere Worte, Taten und Zeit anderen helfen, ihren Weg zu und in RCA zu finden.

Unser Versprechen für heute

Heute werden wir an die Geschenke unserer Paarbeziehung denken. Wir werden uns – als Paar – eine Anerkennung geben, dass wir alles Erforderliche tun, damit diese Geschenke sich verwirklichen. Jeder von uns wird dem Partner für eine Sache danken, die uns gut getan hat.

Mein Versprechen für heute

Heute werde ich versprechen, weniger Ansprüche und mehr Dankbarkeit auszudrücken. Ich werde meine Freude teilen, indem ich anderen helfe.

36. Ein Programm der Tat

Zwölf-Schritte-Programme nennen den Prozess „Arbeit". Wir *arbeiten* unser Programm. Wir *arbeiten* in den Schritten. Wir *arbeiten* mit unserem Sponsorpaar. Arbeit erfordert Handeln.

Über Paargenesung zu lesen ist sehr gut und notwendig. Sich eingehend mit dem Material zu beschäftigen, ist nützlich. Aber solange wir dieses Wissen nicht in die Tat umsetzen, bringt es uns nichts. Alle Schritte verlangen von uns, etwas mit unseren Partnern zu tun.

Das Tun passiert im Inneren wie im Äußeren. Durch Handeln machen wir die Erfahrung, durch die neues Wissen und Verhalten „hängen bleiben" und zu unserem neuen, positiven Überzeugungssystem werden. Viele von uns kamen mit „eingefrorener" Beziehungsfähigkeit zu RCA – wir wiederholten erfolgloses Verhalten in unseren Beziehungen. Trotzdem erwarteten und erhofften wir jedes Mal ein anderes Ergebnis. Inzwischen erkennen wir, dass neues Handeln erforderlich ist. Wir sehen bei anderen, erfahreneren RCA-Paaren welche Einstellung neues Handeln mit sich bringt. Meetingsbesuche und die Arbeit mit unserem Sponsorpaar schenken uns mehr Vertrauen in unsere neuen Fähigkeiten. Je mehr wir gemäß den Prinzipien des Programmes handeln, desto stärker werden wir Genesung in unserer Paarbeziehung und an uns selbst erfahren. Positive Ergebnisse unseres Handelns erzeugen neue Begeisterung für weitere neue Taten. Alle *guten Absichten* der Welt sind nicht so viel Wert wie die Ergebnisse einer einzigen *positiven Handlung*. Handeln ist der Beweis unserer neuen Gedanken und Überzeugungen. Durch Taten drücken wir unsere Liebe zueinander aus. Durch Taten werden wir zu Vorbildern für unsere Kinder. Verbindlichkeit und Nähe kommen wieder zurück in unsere Paarbeziehungen, wenn wir etwas dafür tun.

Unser Versprechen für heute

Heute werden wir eine unserer Handlungen feiern, die zu positiven Ergebnissen führte. Mit Blick auf unser Zusammenleben schauen wir, was wir noch für unsere Genesung tun können und welche positiven Ergebnisse wir uns dadurch erhoffen.

Mein Versprechen für heute

Heute werde ich überlegen was ich tun kann, was einen positiven Einfluss auf meine Paarbeziehung haben würde. Ich werde das tun, es für mich behalten und die Ergebnisse meiner Höheren Macht überlassen.

37. Aufhören mit der Verleugnung

Es passiert nicht selten, dass obwohl zwei Menschen in ihrem eigenen Genesungsprogramm sehr gute Erfolge haben, ihre Beziehung äußerst konfliktreich und unvorstellbar dysfunktional ist! Wir haben zwar hart an unseren Charakterfehlern gearbeitet, aber in unserem Zusammenleben fliegen die Fetzen.

Ein großes Geschenk der Arbeit im RCA-Programm ist die Möglichkeit, dass die Seiten unserer Persönlichkeit klar zum Vorschein kommen, die noch genesungsbedürftig sind. Eine Paarbeziehung ist ein Testgelände in dem wir versuchen, Lösungen für unsere aufeinander prallenden Charakterfehler zu finden.

Wir arbeiten jeder für sich – an unserer eigenen und unsere Partner an deren eigener Genesung. Wir sollten inzwischen wissen, dass „zum Tangotanzen immer zwei gehören" (und zum Streiten auch). Wo wir auf Probleme mit unseren Partnern stoßen, tauchen unsere eigenen Themen auf. Wir erinnern uns an den zehnten Schritt von RCA: „Wir setzten die Inventur bei uns fort und wenn wir Unrecht hatten, gaben wir es sofort zu – gegenüber unseren Partnern und anderen, die wir verletzt hatten". Wenn jetzt also Probleme aufkommen, erkennen wir, dass sie wahrscheinlich nur alter Wein in neuen Schläuchen sind.

Wir haben durch die Arbeit in den zwölf Schritten von RCA viel Genesung erfahren und wissen nun, dass es zu keiner Lösung führt, immer auf dieselbe Weise zu reagieren. Wenn wir das tun was wir immer getan haben, können wir auch mit denselben Ergebnissen rechnen.

Diese Erkenntnis gibt uns jetzt den Mut, unseren Partnern ein Eingeständnis unserer Fehler zu schenken. Wenn wir unseren Partnern sagen: „Es tut mir leid, es war mein Fehler" und dann alles daran setzen, diesen Fehler nicht noch einmal zu begehen, brechen wir mit diesem liebevollen Geschenk den Teufelskreis. Das ermöglicht unseren Partnern ebenfalls, anders als sonst zu handeln und mit Liebe und Verzeihung zu reagieren. Ein größeres Geschenk kann es nicht geben.

Unser Versprechen für heute

Heute werden wir das Bewusstsein für Konflikte in unserer Paarbeziehung als eine Chance sehen, weil wir wissen, dass das Eingestehen von Konflikten ohne Scham und Vorwürfen der erste Schritt unseres Veränderungsprozesses in RCA ist.

Mein Versprechen für heute

Heute traue ich mich, meine Fehler einzugestehen, zuerst mir selbst und dann meinem Partner. Ich wähle dafür eine Ausdrucksweise, die mir, meinem Partner und der Möglichkeit, in unserem Programm weiterzukommen, gerecht wird.

38. Das RCA-Paradox: Verbindlichkeit bringt Freiheit

Oh nein! Das große Schreckenswort. Es lässt uns um all die Dinge fürchten, die für uns einen hohen Stellenwert haben, wie zum Beispiel unsere Individualität. Wenn wir verbindlich werden, ist es mit Sicherheit das Ende für uns als einzigartige Individuen. Solche oder ähnliche Befürchtungen hegten die meisten von uns zu Beginn unserer Paarbeziehung.

Um mit diesen Ängsten fertig zu werden haben wir zwar nach außen schön über Verbindlichkeit geredet, aber in unserem Inneren Fluchtpläne geschmiedet: „Wenn es schief geht, kann ich immer noch abhauen (eine Affäre haben, mich scheiden lassen, mich – oder meinen Partner – umbringen, durchdrehen, zu Mama und Papa zurückkehren usw.)". Aber Verbindlichkeit ist kein Vertrag mit Ausstiegs-Klausel. Es ist ein Versprechen, unser Ehrenwort, dem wir gerecht werden wollen. Über Verbindlichkeit wird nicht verhandelt. Es gibt kein „mein Anwalt wird die Details mit deinem ausarbeiten".

Verbindlichkeit ist eins der schönsten Geschenke, die Menschen einander machen können. Verbindlichkeit entsteht nach gründlicher Abwägung und berührt die Herzen der Menschen – *egal was passiert,* wir sind zusammen in dem, was vor sich geht. Mit Verbindlichkeit kann etwas höchst Erstaunliches entstehen: Intimität! Intimität befähigt uns, ganzheitlich zu entdecken, wer wir selbst sein können. So seltsam es uns auch erscheint, so ist es doch wahr: mit Verbindlichkeit kommt Freiheit – die Freiheit, voll und ganz wir selbst zu sein.

Unser Versprechen für heute

Heute werden wir unsere Verbindlichkeit überprüfen. Ist sie stabil? Vertrauen wir der Höheren Macht unserer Paarbeziehung und dass das RCA Genesungsprogramm für uns funktioniert?

Mein Versprechen für heute

Heute werde ich meine Angst vor Verbindlichkeit loslassen. Ich werde "so tun als ob" meine Verbindlichkeit sicher in den Händen meiner Höheren Macht wäre, ohne Fluchtgedanken zu hegen.

39. Konflikt als Weg zur Genesung

Im Zusammenleben mit unseren Partnern kommen die Seiten von uns zum Vorschein, die noch emotionale Genesung brauchen. Wenn wir eine Partnerschaft eingehen, bringt ein jeder von uns ein Überzeugungssystem aus unseren Herkunftsfamilien mit. Diese Überzeugungen sind vielleicht niemals vollkommen kompatibel mit denen unserer Partner, weil unsere individuellen Verletzungen unterschiedlich sind.

Einige Therapeuten und psychologische Berater vermuten, dass wir gerade die Menschen anziehen, die mit unseren Überzeugungssystemen kollidieren, so dass wir sie ändern können. So gesehen sind Beziehungskonflikte ein Weg um ein besserer Mensch zu werden. Fest steht, dass Konflikte in unserer Paarbeziehung unvermeidbar sind. Wir können die Konflikte mit unseren Partnern als etwas Negatives sehen oder sie als Chance betrachten, um uns – und unsere Paarbeziehung – zum Besseren hin zu ändern.

Wenn wir aufdecken, warum wir auf unsere Partner wütend oder sauer sind, stoßen wir oft auf ungelöste Probleme aus der Vergangenheit. In unserem zehnten Schritt können wir eine weiße Weste behalten indem wir die Verantwortung für unseren persönlichen Ärger übernehmen. Um unsere Paarbeziehung im Gleichgewicht zu halten, können wir diese Angelegenheiten in unserem eigenen Genesungsprogramm oder mit einem Therapeuten oder spirituellem Berater lösen. Wenn wir lernen, diese Konflikte auf erwachsene Art und Weise zu bearbeiten und dabei die RCA-Werkzeuge, wie z.B. den Vertrag über faires Streiten, zu Hilfe zu nehmen, beginnen gleichzeitig alte persönliche Wunden und unsere Paarbeziehung zu heilen.

Unser Versprechen für heute

Heute werden wir unseren Vertrag über faires Streiten (oder unseren Konfliktlösungsvertrag) prüfen. Halten wir uns an unsere Vereinbarungen? Welche Hilfe brauchen wir von dem Programm, um aus einem Konflikt eine positive Lösung zu machen?

Mein Versprechen für heute

Heute werde ich mir meinen Anteil im Umgang mit Konflikten anschauen. Wenn ich sie vermeide oder leugne, werde ich um Mut bitten. Wenn ich mit Wut reagiere oder ausraste, werde ich daran mit Hilfe meines eigenen Genesungsprogramms arbeiten.

40. Unsere Unterschiede wertschätzen

Manche Menschen suchen sich ihre Partner nicht aus, weil sie so viel gemeinsam haben, sondern oft weil sie etwas am Anderen bewundern oder weil sie sich ergänzen. Trotzdem kann es im Laufe des Zusammenlebens zu Krisen mit unserem Partner kommen und manchmal stören wir uns an eben jenen Eigenschaften, die wir einmal so attraktiv fanden! Während wir vielleicht gerne für die Zukunft planen, möchte unser Partner im Hier und Jetzt leben. Nach einigen Monaten oder Jahren hören wir uns vielleicht sagen: „Wenn du doch nur mehr wie ich wärst."

Entgegen üblicher Annahmen gibt es *kein* Paar, das perfekt zusammenpasst. Viele von uns sind in RCA, weil wir feststellen, dass unsere eigenen Probleme aus den Herkunftsfamilien einer erfolgreichen Paarbeziehung im Weg stehen. Manche von uns begannen die Paarbeziehung mit einer illusorischen Vorstellung davon, wie unsere Beziehung und unser Partner wären. Je mehr wir versuchen unsere Partner zu ändern, desto schneller findet unsere Kommunikation ein Ende. Wir werden frustriert, einsam, wütend und verbittert.

Unser Versprechen für heute

Heute werden wir uns darin üben, die Unterschiedlichkeiten in unserer Paarbeziehung wertzuschätzen, weil wir wissen, dass unsere Unterschiedlichkeiten ein starkes Team aus uns machen.

Mein Versprechen für heute

Heute werde ich zunächst daran arbeiten, mich selbst anzunehmen und dann meinen Partner in diese Annahme einzubeziehen. Ich werde die einzigartigen Eigenschaften, die mein Partner besitzt, wertschätzen. Ich werde mir ansehen, wo meine unterschiedliche Art meinen Partner ergänzt, und eine Unterschiedlichkeit suchen, mit der mein Partner mich ergänzt.

41. Ärger und Groll

Die meisten von uns waren voller Ärger und Groll. Jeden Tag gab es irgendetwas das unseren Ärger erregte und als Groll nachwirkte. Auch der nichtigste Anlass konnte uns auf die Palme bringen und allen Respekt für unseren Partner vergessen lassen. Wir gaben unserem Partner die Schuld daran, dass unsere Beziehung sich emotional totgelaufen hatte. Aber unser Problem war ein *spiritueller Bankrott*. Statt Verantwortung für unsere eigenen Probleme zu übernehmen, wollten wir unsere unbequemen Emotionen auf unsere Partner übertragen (projizieren), indem wir bei ihnen Fehler suchten. Damit wurden wir die Verantwortung los, uns selbst ändern zu müssen.

Zu Beginn unserer Genesung lernten wir, dass wir für unsere Gefühle selbst verantwortlich waren. Andere Menschen waren nicht dafür verantwortlich. Wir hatten ihnen nur erlaubt, unsere Emotionen zu kontrollieren. Es wurde uns klar, dass es eigentlich genauso verkehrt war, Verletzungen einzustecken wie Verletzungen auszuteilen. Indem wir wieder die *Verantwortung* für unsere eigenen Emotionen übernommen haben, haben wir auch die Kontrolle über unser Glück wiedergewonnen.

Seit wir angefangen haben, die Beziehung zu unserer Höheren Macht zu pflegen werden wir glücklicher. Wenn unser Partner zu nerven scheint, kommt die Lösung nicht in erster Linie von unserem Partner, sondern dadurch, dass wir die persönliche Beziehung zu unserer Höheren Macht verbessern. Wir verändern die Beziehungen zu unserem Partner, indem wir uns selbst ändern, nicht ihn. Dadurch können wir unseren Partner wieder lieben. Wenn wir aufhören, unsere eigenen Unsicherheiten auf unseren Partner zu projizieren, kommt der Mensch zurück, den wir am Anfang bewunderten und liebten. Das ist das Wunder!

Unser Versprechen für heute

Heute werden wir als Paar bestätigen, dass unser Glück als Einzelpersonen und als Paar aus unserer Beziehung mit einer Macht größer als wir selbst stammt.

Mein Versprechen für heute

Heute werde ich mich für mein Glück an meine Höhere Macht wenden um die Freiheit zu bekommen, ein Freund und Begleiter meines Partners zu sein.

42. Verzweiflung loslassen

Die Zwölf-Schritte-Genesung verbessert unsere Fähigkeit, Verzweiflung loszulassen. Zu lernen, dass wir unsere Hoffnungslosigkeit an unsere Höhere Macht abgeben können selbst wenn das Leiden endlos erscheint, ist der Segen, der uns jedes mal geschenkt wird, wenn wir bereit sind, uns an die RCA-Versprechen zu erinnern.

Wir hören, dass wir aus gutem Grund eine Beziehung eingehen – um etwas über das Leben und uns selbst zu lernen. Wir versuchen, achtsam auf diese Lehren zu sein und streben danach, unseren Partnern Dankbarkeit dafür zu zeigen, dass sie Teil unseres Lebens sind. Wir können jeden Tag auf die Ereignisse in unseren Leben zurückschauen, um zu verstehen, welchen Sinn und Zweck sie hatten: sie halfen uns das zu lernen, was wir auf unserer spirituellen Reise lernen sollten.

Unser Versprechen für heute

Wenn wir heute merken, dass wir uns überfordert fühlen, werden wir im RCA-Programm arbeiten. Statt in Verzweiflung zu geraten, werden wir unserer Höheren Macht vertrauen.

Mein Versprechen für heute

Heute will ich mich bemühen, die Dinge, die ich nicht verstehe, anzunehmen, indem ich mich daran erinnere, dass Sachen passieren, die ich nicht kontrollieren kann.

43. Enttäuschung

Bevor wir ins Genesungsprogramm kamen, konnten die meisten von uns niemandem vertrauen – am wenigsten unserem Partner. Wenn er uns einst perfekt vorgekommen war, so war diese Person nun jemand, auf den man sich nicht verlassen konnte – jemand, der log, verheimlichte, in die Irre führte und sich nicht vertrauenswürdig benahm. Wo war die verständnisvolle Person geblieben, einst so voller Liebe und Zuwendung, deren reine Anwesenheit uns schon gut tat?

Der Einstieg in das Genesungsprogramm war ein Schock. Wir erkannten, dass es keine „perfekten" Partner gab. Die Verliebtheit hatte uns für die Fehler unserer Partner blind gemacht. Es war unsere verzerrte Wahrnehmung, die uns den oder die anderen als perfekte Menschen hatte sehen lassen.

Unsere Vorstellungen von Vertrauen stammten aus unserer frühen Kindheit, in der die Eltern als vertrauenswürdig erlebt wurden, die es uns in jeder Lage gut gehen lassen konnten. Wir versuchten, unsere Partner auf das gleiche Podest zu stellen. Am Ende erkannten wir, dass wir eine *spirituelle* Verbindung benötigten, die immer da war, wenn wir sie brauchten. Kein menschliches Wesen konnte das leisten.

Es ist jetzt so viel leichter, mit unseren Partnern auszukommen. Wir müssen sie nicht mehr auf ein Podest stellen (oder zum Sündenbock machen). Wir versuchen mit Menschen in Beziehung zu sein – nicht mit Leuten, die uns permanent enttäuschen, weil wir versuchen, sie zu unserer Höheren Macht zu machen. Wir können Beziehungen auf Augenhöhe entwickeln. Wir können unseren Partnern vertrauen, als Menschen, die uns lieben.

Unser Versprechen für heute

Heute werden wir uns die Enttäuschungen in unserer Paarbeziehung anschauen. Waren diese durch Idealvorstellungen und unrealistische Erwartungen vorprogrammiert? Wir werden eine realistische Affirmation für die Paarbeziehung auswählen.

Mein Versprechen für heute

Heute werde ich meinen Partner als mir ebenbürtig behandeln, als einen wertvollen Menschen, so wie ich – mit vielen guten Eigenschaften und Verbesserungspotenzial.

44. Paarbeziehung

Bei unseren ersten RCA-Meetings machten wir keinen richtigen Unterschied zwischen den Wörtern „Beziehung" und „Paarbeziehung", wenn wir unser Zusammensein beschrieben. Allerdings haben wir mit der Zeit zu schätzen gelernt, dass RCA einen deutlichen Unterschied zwischen den beiden Begriffen macht.

Eine „Beziehung" kann eine „einseitige" Bindung sein und häufig ist sie das auch. Ich kann eine *Beziehung* zu einer Person, einem Haustier, einem Besitz oder sogar einem Arbeitsplatz haben. In RCA allerdings ist eine „Paarbeziehung" eine wesentlich dynamischere Beziehung. Sie ist durch einvernehmliche Gegenseitigkeit gekennzeichnet. Wenn zwei Menschen frei „wählen", die Beziehung nicht nur aus eigenen Interessen einzugehen, sondern auch für das Wohl des Partners, sind sie eine *Paarbeziehung* eingegangen. Sie entwickeln gemeinsame Ziele und teilen eine Vision.

Wann immer zwei Menschen sich einigen eine Paarbeziehung eingehen, entsteht eine *Paardynamik*, die von den beiden Einzelpersonen unabhängig ist. So kann etwas Größeres entstehen, als lediglich die Summe dessen, was jeder in die Beziehung mitbringt. Diese *Paarbeziehung* entwickelt ihr Eigenleben und verändert sich, manchmal auf vorhersehbare und manchmal auf unvorhersehbare Weise. In den „Versprechen" finden wir einige der vorhersehbareren Veränderungen, die viele von uns durch das RCA-Programm erleben werden. Wenn ein Paar sich verbindlich auf die gemeinsame Arbeit in den Schritten einlässt, begibt sich ihre Paarbeziehung auf einen spirituellen Weg.

Unser Versprechen für heute

Heute werden wir gemeinsam daran arbeiten, aus unserer Beziehung eine *Paarbeziehung* zu machen, eine Partnerbeziehung mit gemeinsamen Zielen und Visionen. Wir teilen unsere Begeisterung für sowohl die vorhersehbaren als auch die unvorhersehbaren Veränderungen, die vor uns liegen.

Mein Versprechen für heute

Heute werde ich meine Erwartungen, wie die Beziehung mit meinem Partner aussehen sollte, zurückstellen. Ich werde offen sein für das was entsteht während wir gemeinsam die Schritte in RCA arbeiten und unsere Paarbeziehung sich mehr in der spirituellen Richtung entwickelt.

45. Spaß

Vor der Genesung war "Spaß" ein durch Alkohol, Drogen oder Sex herbeigeführter Rauschzustand, in dem wir uns einbildeten, dass wir Kontrolle über uns, unsere Partner oder andere hätten. Der Alltag war öde und langweilig, aber durch „Spaß" wurde er erträglich. Selbst als der Schmerz immer schlimmer wurde, merkten wir nicht, dass wir uns von uns selbst, unserem Partner und unserer Höheren Macht entfremdeten.

Doch die Folgen unseres Verhaltens machten deutlich, dass etwas *schrecklich schief* lief. Wir *mussten* unser Leben ändern. Wir begannen, uns selbst durch eigene Genesungsprogramme zu ändern und unsere Paarbeziehung durch das RCA-Programm. Die erste Zeit in Genesung war schwierig und so etwas wie Spaß fehlte dabei für gewöhnlich komplett, aber wir durften in der Gemeinschaft genesender Menschen Ruhe und Gelassenheit für uns selbst und als Paar finden. Durch die Schrittearbeit erfuhren wir ein Zugehörigkeitsgefühl, wie wir es vorher noch nie kennengelernt hatten.

Allerdings waren viele von uns noch sehr auf das Arbeiten fixiert. Wir mussten noch lernen, wie man zusammen spielen und Spaß haben kann. Es brauchte Zeit und Übung bevor Lachen, Spontanität und Fröhlichkeit allmählich in unser Leben kamen. Das ist ein Teil unseres RCA-Gleichgewichts. Mittlerweile bevorzugen wir unsere heutige reale Freude gegenüber dem, was wir vorher hatten.

Unser Versprechen für heute

Heute werden wir uns ansehen, woran wir als Paar gemeinsam Spaß hatten. Wir werden in unserem Leben Zeit dafür einplanen.

Mein Versprechen für heute

Heute werde ich Spontanität und Verspieltheit bei meinem Partner und mir selbst wertschätzen. Ich gebe mir selbst die Erlaubnis, das Leben zu genießen.

46. Auf Kontrolle verzichten

Vor unserer Genesung versuchten wir das Geschehen und die Menschen um uns herum so gut es ging zu kontrollieren. Es würde uns gut gehen, wenn nur die Dinge nach unserer Nase liefen – also richtig. Wir mussten die Zukunft kontrollieren, damit es uns später gut gehen würde. Wie viel überflüssige Zeit und Energie haben wir durch diese Kontrollversuche verschwendet! Damals war für uns der erfolgreichste Umgang mit jedem Thema der, sich darüber Sorgen zu machen.

Die Genesung, vor allem der dritte Schritt, führte einen scheinbar unmöglichen Gedanken ein. Das Geheimrezept um zu erreichen, dass es uns gut geht, war nicht, alles was passierte zu kontrollieren, sondern so für uns selbst zu sorgen, dass es uns gut geht, *egal* was passieren würde. Was für eine radikale Idee.

In der Praxis haben wir festgestellt, dass es uns eine Menge Elend erspart, wenn wir dafür sorgen, nicht zu hungrig, ärgerlich, einsam oder müde zu werden (HALT – hungry, angry, lonely, tired). Regelmäßig RCA-Meetings zu besuchen ist eine wichtige Stütze. Ein Sponsorpaar zu haben und andere Paare zu sponsern hilft uns, auf dem Weg zu bleiben. Das Lesen von RCA-Literatur gibt uns bewährte Richtlinien an die Hand. Dienst lässt uns über den Tellerrand schauen. Wenn wir all diese Dinge tun, wird es uns wahrscheinlich gut gehen, wenn die Zukunft um die Ecke kommt.

Unser Versprechen für heute

Heute wollen wir eine Inventur der Dinge machen, die wir ändern können: Für uns selbst und für uns als Paar sorgen. Wir sind sicher, dass, wenn wir das heute machen, wir vertrauen können, dass Gott sich um die Zukunft kümmert.

Mein Versprechen für heute

Heute riskiere ich es, meine Zukunft und die meines Partners vertrauensvoll in die Hände einer Höheren Macht zu legen. Ich werde darauf achten, die Prinzipien des Programms anzuwenden, denn ich weiß, dass sie mich im Gleichgewicht halten werden.

47. Geld

Viele Leute zitieren das Sprichwort "Die Liebe zum Geld ist die Wurzel allen Übels" falsch, wenn sie sagen *"Geld* ist die Wurzel allen Übels". Das eigentliche Sprichwort besagt, dass die Bedeutung, die wir dem Geld beimessen, das ist, was Probleme verursacht. Das Geld an sich kann sowohl zum Guten als auch zum Schlechten verwendet werden.

Zu den drei häufigsten Problemen, die Paarbeziehungen plagen gehört (neben Sex und Macht) das Thema Geld. Die Arbeit in den Zwölf Schritten von RCA kann uns helfen zu verstehen, dass wir es wert sind, eine finanzielle Grundversorgung zu haben und eine bessere Haltung in Bezug auf Mangel und Überfluss zu entwickeln. Wenn wir unsere emotionale Bindung an Geld loslassen, verschwindet allmählich die Angst vor wirtschaftlicher Unsicherheit.

In der Praxis ist es nicht so wichtig, welche Entscheidungen wir zum Umgang mit dem Geld der Paarbeziehung treffen sondern dass wir überhaupt etwas entscheiden und einen durchdachten Plan haben. Manche Paare haben gemeinsame Konten für allgemeine Rechnungen und getrennte Konten für persönliche Ausgaben. Andere trennen das Geld nicht und bezahlen alles von einem gemeinsamen Konto. Manche Paare haben zwei Konten und jeder zahlt bestimmte Rechnungen. Wie auch immer die Regelung aussieht, wichtig ist, dass jede bzw. jeder Einzelne sich als Teil der Partnerschaft sieht und sich mit dem Thema Umgang mit Geld in der Paarbeziehung auseinandersetzt.

Viele von uns sind keine ausgebildeten Finanzexperten. Es ist nicht ungewöhnlich, dass Paare Unterstützung von außen in Anspruch nehmen, wenn sich Geldprobleme abzeichnen. Es ist auch nützlich, ein persönliches und ein Paar-Netzwerk zur Unterstützung zu entwickeln. Es ist hilfreich, vor einem Paarmeeting zum Thema Geld gemeinsam die Höhere Macht zu bitten, uns ihren Willen erkennbar werden zu lassen.

Unser Versprechen für heute

Heute werden wir unsere finanziellen Hoffnungen und Ängste besprechen und unsere Höhere Macht in unser finanzielles Leben einbeziehen.

Mein Versprechen für heute

Heute werde ich mir anschauen, was ich von meiner Seite aus zu einem sicheren, vernünftigen und gesunden Verhältnis zum Geld beitragen kann.

48. Dienst ist Therapie

Mein Partner und ich finden, dass Dienst-tun eine therapeutische Wirkung auf unsere Paarbeziehung hat. Es tut uns gut, die Saat der Genesung zu säen und Dienst zu übernehmen. Zumindest sehen wir uns damit als Teil der Lösung und nicht des Problems. Wenn wir Anderen von RCA erzählen oder Literatur auslegen profitieren wir persönlich davon – sei es durch Sponsorschaft, einen Dienst auf Intergruppen-Ebene oder im eigenen Meeting.

Das ist unsere Gemeinschaft! Es liegt an uns, sie wachsen zu lassen. Das Geschenk der Genesung weiterzugeben ist wesentlicher Teil der Zwölf-Schritte-Programme. Wir fragen uns „Können wir einen Euro mehr in den Korb werfen? Können wir das neue Paar ansprechen oder sie anrufen, um zu fragen, warum sie seit ein paar Wochen nicht mehr im Meeting waren? Können wir Kinderbetreuung für unser Meeting organisieren oder in ein Meeting gehen, in dem wir noch nie waren? Können wir einem Intergruppen-Ausschuss bei einem Projekt helfen? Können wir hilfreiche Leitfäden für unser Meeting entwickeln, wie zum Beispiel „Kein Crosstalk", „kein Anprangern", oder „keine Schuldzuweisungen"? Können wir ein anderes Paar sponsern, ein Meeting leiten, eine Veranstaltung außerhalb der Meetings oder ein halbtägiges RCA-Treffen planen? Können wir einen Workshop organisieren? Können wir eine RCA-Veranstaltung planen, zu der alle auch ihre Freunde einladen dürfen?

Nachdem wir durch diese Schritte ein spirituelles Erwachen erlebt hatten, versuchen wir diese Botschaft an andere Paare weiterzugeben und diese Grundsätze auf alle Aspekte unseres Lebens anzuwenden. Und wenn wir das tun, werden wir erstaunt sein, wie gut es uns tut. Die RCA-Versprechen, die wir im Meeting lesen, werden sich in unserem Leben bewahrheiten, wenn wir daran arbeiten.

Unser Versprechen für heute

Heute können wir uns anschauen, welcher Dienst für uns geeignet ist und diesen verbindlich übernehmen.

Mein Versprechen für heute

Heute ergreife ich die Initiative. Ich werde nach einem Zweiermeeting fragen, jemanden aus dem Programm anrufen oder einen Dienst übernehmen.

49. Der Mut, verletzlich zu sein

Einige von uns haben einen Hund, der sich so wohl fühlt und so vertrauensselig ist, dass er mitten im Flur schläft, auf dem Rücken, alle viere von sich gestreckt, und nicht mal ein Auge öffnet, wenn wir über ihn hinweg steigen. Das ist Verletzlichkeit! Der Hund vertraut darauf, dass – was immer auch geschieht – wir ihm nicht wehtun. Diese Art von Sicherheit streben wir in unserer Paarbeziehung an. Wir wollen Beziehungen, in denen wir darauf vertrauen, dass unser Partner uns niemals absichtlich wehtut. Durch die Zwölf Schritte erleben wir ein spirituelles Erwachen für unsere Paarbeziehung. Deshalb arbeiten wir gemeinsam in den Schritten. Die meisten von uns haben genügend Verletzungen erlebt. Jetzt wollen wir etwas was uns nährt – etwas Sicheres.

Durch die Arbeit in den Schritten können wir üben, mit unserem Partner ehrlich, offen und verletzlich zu sein. Wir können unsere wahren Gefühle mitteilen und unsere heimlichsten Gedanken aussprechen und dabei die Erfahrung machen, dass unsere Partner uns weder verurteilen noch verlassen, wenn sie uns besser kennen lernen. Nachdem wir mit allen Schritten durch sind, üben wir weiterhin uns verletzlich zu zeigen, indem wir täglich den Zehnten Schritt machen. Wir beten und meditieren zusammen. Diese intimen Momente verstärken noch unsere Verletzlichkeit.

Manche von uns machen jeden Tag ein „Zweiermeeting", um ihre Gefühle an diesem Tag zu teilen. Andere vereinbaren regelmäßige Meetings. Viele Paare treffen sich weiter mit ihrem Sponsorpaar. Viele machen Familienmeetings mit ihren Kindern und werden Vorbilder für Ehrlichkeit, Nähe und Verletzlichkeit. Wir hegen die Hoffnung, dass die nächste Generation nicht ganz so ängstlich sein wird wie viele von uns es waren. Sie werden ein neues Erbe mitbekommen und mit der Sprache des Herzens aufwachsen.

Unser Versprechen für heute

Heute werden wir ein RCA-Werkzeug nutzen, durch das wir uns verletzlicher zeigen können.

Mein Versprechen für heute

Heute werde ich eine Inventur dazu machen, wie verletzlich ich mich zeigen kann. Ich werde ein RCA-Werkzeug nutzen, das meine Verletzlichkeit unterstützt.

50. Den „kritische Elternteil" zähmen

„So macht man das nicht!" Sagen wir unseren Partnern solche oder ähnliche Sätze? Sagen wir ihnen, dass sie Dinge nicht „richtig" machen und versuchen dann, ihnen zu erklären, wie es „richtig" wäre? Ist unser Weg fast immer der „Richtige"? Und ist ihr Weg fast immer der „Falsche"?

Wenn wir andauernd unsere Partner nach unseren Vorstellungen beurteilen, ohne zu verstehen, dass sie als erwachsene Menschen durchaus in der Lage sind, Entscheidungen zu treffen, dann handeln wir als *kritische Eltern*. Wenn ein Kind von den Eltern ständig als unangemessen oder unfähig kritisiert wird, wächst es normalerweise mit wenig Selbstwertgefühl auf. Als Erwachsene brauchen sie sehr viel emotionale Energie, um all die negativen Urteile zu bewältigen, besonders wenn sie kritische Partner haben. Natürlich macht jeder ab und zu Fehler, aber daraus können wir lernen. Für uns als Partner gilt: Wir lassen die geliebten Menschen Erwachsene sein, indem wir sie wie Erwachsene behandeln – und nicht wie Kinder, die wir erziehen. Mit dem Finger auf den Anderen zeigen und „Du-bist-nicht-gut-genug" spielen, wird unsere Partner nicht zum Besseren ändern. Es treibt lediglich einen Keil zwischen uns und zerstört jegliche Möglichkeit der Nähe.

Gesunde Erwachsene gestehen sich gegenseitig zu, sie selbst zu sein und ihre eigenen Lektionen zu lernen. Wie erkennen wir, ob wir uns wie kritische Eltern verhalten? Nun, wir sollten versuchen, 24 Stunden lang überhaupt keine Kritik an unseren Partnern zu üben. Wenn wir dabei feststellen, dass wir uns selbst mitten im Satz oder Gedanken unterbrechen müssen, ist es gut möglich, dass wir in die Rolle der kritischen Eltern schlüpfen. Sich dessen bewusst zu werden ist der erste Schritt um mit dieser zerstörerischen Verhaltensweise aufzuhören.

Unser Versprechen für heute

Heute werden wir unsere Partner freundlich und fürsorglich behandeln und auf liebevolle Kommunikation achten.

Mein Versprechen für heute

Heute werde ich mich hinsichtlich kritischer Gedanken beobachten, festhalten, wo ich meinen Partner oder mich selbst kritisiere, und darüber nachdenken, wie ich annehmender sein kann.

51. Gleichgewicht und Stabilität: Der dreibeinige Schemel der Genesung in RCA

Die drei Beine unseres Genesungsschemels (zwei für die Genesung jedes Einzelnen sowie einer für die Genesung der Paarbeziehung) sind aufeinander angewiesen. Unsere persönlichen Genesungsprogramme helfen uns selbst, was dann wiederum unsere Arbeit an der Genesung unserer Paarbeziehung unterstützt. Ohne eigene Genesung ist es schwierig, wesentlich zur Genesung der Paarbeziehung beizutragen. Die Genesung der Paarbeziehung bringt nicht nur mehr Intimität für das Paar, sie unterstützt auch unsere persönliche Genesung. Wenn die Paarbeziehung keine Genesung erfährt, wird unsere eigene Genesung schwieriger, weil das unterstützende Umfeld fehlt. Und ohne unsere Paarbeziehung als eigenständige genesungsbedürftige Einheit zu behandeln, ist die Genesung sowohl für die Paarbeziehung als auch uns selbst schwierig. Jedes Bein ist wichtig für das Ganze – sie sind miteinander verbunden und aufeinander angewiesen. Wenn eins der drei Beine fehlt, besteht die Gefahr, dass unser Leben aus dem Gleichgewicht gerät. Zur Stabilität brauchen wir alle drei Beine.

Unser Versprechen für heute

Heute werden wir darüber sprechen, wie die Genesung des Einzelnen dazu beiträgt, unsere Paarbeziehung gesund und lebendig zu erhalten.

Mein Versprechen für heute

Heute achte ich auf mein eigenes Wohlbefinden – körperlich, emotional und spirituell – so dass ich in meiner Paarbeziehung ein gesunder Partner sein kann.

52. Paare auf einem spirituellen Weg

Ein weiser Mann sagte einst: „Menschen auf einem spirituellen Weg haben eine spirituelle Praxis. Sie üben ihre Praxis und sie bleiben ihrer Praxis treu, und ihre Praxis hält ihnen die Treue."

In RCA haben wir uns als Paare gemeinsam auf einen Weg spiritueller Praxis begeben. Wir haben uns darauf eingelassen, das Wohl unserer Paarbeziehung über uns selbst als Einzelpersonen zu stellen. Praktisch beinhaltet unser spiritueller Weg unter anderem gemeinsame RCA-Meetingsbesuche, Teilen in unserer lokalen Gemeinschaft, Arbeit in den Schritten und Treffen mit dem Sponsorpaar. Diese spirituelle Arbeit ermöglicht unsere Genesung. Sie hilft uns, unserem Partner ehrlicher und intimer zu begegnen, als wir es je zuvor erlebt hatten.

Darum bleiben wir als Paar unserer neuen gemeinsamen spirituellen Praxis *treu*, so gut wir es können. Wir sehen wie diese Praxis anderen Paaren geholfen hat. Das gibt uns neue Hoffnung, dass auch wir genesen können, wenn wir konsequent diese spirituelle Praxis anwenden. Wir versuchen, unvoreingenommen dem Prozess des RCA-Programms und seiner Gemeinschaft zu vertrauen. Unsere Treue drückt sich durch *beständige Praxis* aus.

Die meisten von uns haben sich seit ihrem ersten RCA-Meeting verändert. Das passiert nicht über Nacht, bei einigen von uns geht es eher ziemlich langsam. Ein spiritueller Weg ist nicht geradlinig. Er führt durch viele Höhen und Tiefen. Wir können leicht erkennen, dass unsere Tiefen heute viel höher sind als unsere früheren Höhen. Dank der konsequenten Anwendung des Programms sind wir aus so manchem Tal der Verzweiflung wieder herausgekommen.

So sind die spirituellen Wege. Wenn wir zurückschauen wird es klar, dass unsere Veränderungen, sowohl die individuellen wie auch die in der Dynamik unserer Paarbeziehung, das natürliche Ergebnis unserer Praxis im Zwölf-Schritte-Programm sind. Weil wir der spirituellen Praxis der Paarbeziehung treu geblieben sind, hat unsere Praxis uns die Treue gehalten und die Belohnung ist „mehr als wir uns in unseren kühnsten Träumen" vorstellen konnten.

Unser Versprechen für heute

Heute werden wir für die RCA-Versprechen, die wir erhalten haben, dankbar sein. Wir werden unsere gemeinsamen Wege aus der Verzweiflung heraus und hin zur Hoffnung nicht vergessen. Wir erneuern das Versprechen für unsere spirituelle Praxis, indem wir mit den Anderen aus der RCA-Gemeinschaft teilen, wie es bei uns funktioniert.

Mein Versprechen für heute

Heute werde ich meinen Teil tun, indem ich mir nicht erlaube, mich auf meinen Lorbeeren auszuruhen. Ich werde konsequent im Programm arbeiten und meine spirituelle Praxis anwenden. Ich mache die Fußarbeit und vertraue auf den Prozess, selbst wenn ich nicht sofort Ergebnisse sehe.

Kapitel VII

Gastansprachen

Die folgenden drei Grundsatzreden zeigen die Entwicklung von RCA von der ersten RCA-Convention im Jahr 1991 an bis zur RCA-Convention von 2009. Pat Carnes Gründungsrede beschreibt, welche Ziele RCA am Anfang verfolgte. In der Rede auf der Hawaii-Convention von 2002 wird erzählt, wie RCA in Schweden entstanden ist. Die Rede bei der Fort Lauderdale Convention von 2009 stellt die Erfahrungen eines Paars dar, das von Anfang an dabei war, und die Bedeutung des Programms für die Paarbeziehung.

Gastansprache anlässlich der ersten RCA-Convention vom 7. bis 9. August 1991 in Minneapolis, Minnesota

Pat C.

In meinem Leben hat es Zeiten gegeben, in denen mir lauter Sachen passierten und ich überhaupt nicht wusste, wo sie mich hinführen würden. Ich habe das Gefühl, dass es im Moment gerade so ist. Ich möchte mit meiner Geschichte anfangen und dem was ich denke, was für mich persönlich bedeutsam war. In meiner Geschichte können sich vermutlich viele von euch wiederfinden, denn der gemeinsame Nenner der Co-Abhängigkeit und Sucht sind Verlassenheit und das Gefühl der Isolation und Einsamkeit, worauf süchtige und co-abhängige Zwanghaftigkeit gedeiht.

Ich habe viel über meine Kindheit nachgedacht. Ich wuchs auf einem Bauernhof auf. Mein engster Freund lebte fast einen Kilometer weit weg. Abgesehen von der zwanghaften Arbeit zu Hause, dem Alkoholismus meines Vaters und was da sonst noch vor sich ging, wurde ich oft alleine gelassen. Mein Vater war von Beruf Dompteur und wir besaßen Tiere. Für mich waren die Tiere um mich meine Freunde und Lebensgefährten, an die ich mich wendete, um Trost zu finden. Die meiste Zeit meines Lebens suchte ich nach Gemeinschaft. Ich fühlte mich zu Dingen und Organisationen hingezogen, die mir ein Gemeinschaftsgefühl vermittelten.

Ich erinnere mich daran, dass ich als Student total Angst davor hatte, unter Menschen zu sein. Ich fragte mich, ob ich akzeptiert würde. Wenn die anderen morgens ihre Kaffeepause machten, quälte mich der Gedanke, da hinzugehen, denn meine Hand würde zittern, wenn ich die Tasse hielt. Und klar, je mehr ich sie kontrollieren wollte, desto mehr würde sie zittern.

Ich stellte mir immer vor, dass ich mich blamieren und den Kaffee verschütten würde. Derartige Mini-Panikattacken hatte ich häufig und wollte doch eigentlich in der Gemeinschaft akzeptiert werden. Das war Anfang der Siebziger. Von den Erwachsenen Kindern von Alkoholikern wusste ich da noch nichts und viele der Dinge, die heute selbstverständlich sind, kannte ich noch nicht. Für meine berufliche Orientierung gefiel mir zu der Zeit das Konzept der Familientherapie. Wir wussten immerhin, dass die Familien- und Eheberatung bessere Fortschritte brachte als Einzeltherapie. Es gab schon in den frühen Siebzigern Forschungsergebnisse, nach denen es sogar nicht ethisch wäre, die Leute einzeln zu behandeln, wenn es um familiäre oder Eheprobleme ging. Einzeltherapie verschlimmerte oft den Zustand der Menschen. Deshalb war es richtiger, bei den Familien und Ehen anzusetzen, aber um mich herum gab es kaum jemanden, der eine derartige Beratung anbot.

1976 wurde ich mit der Gründung eines Behandlungszentrums betraut. Auf die Frage der Klinik, wie die Behandlung ablaufen sollte, antwortete ich, dass sie auf die Familie ausgerichtet würde; das heißt, es sollten ganze Familien behandelt werden. Zu dieser Zeit war das eine ziemlich ungewöhnliche Vorstellung. Wir fingen mit einem zehnwöchigen Programm an, zu dem ganze Familien kommen konnten. Kinder ab sechs durften dabei sein. Wir hatten zunächst Familien mit stofflichen Süchten und erweiterten die Behandlung im gleichen Stil auf Familien mit Sexsucht und Inzest. Die Menschen, die mit ihren Ehepartnern und Kindern zur Behandlung kamen, waren bei Einzelgesprächen und Treffen mit Ihresgleichen am Nachmittag und Familiengruppen am Abend. Danach, gegen 21:30 oder 22 Uhr, gingen fünf, sechs dieser Familien in eine Konditorei, kauften Kuchen, trafen sich bei jemandem zuhause und hatten bis etwa 2 Uhr in der Nacht weitere Gruppentreffen. Am nächsten Tag arbeiteten sie ganz normal; um 15 Uhr kamen sie wieder ins Behandlungsprogramm und sagten „Mensch, die Therapie macht einen fertig".

Ihr Problem war, dass sie einfach nicht ins Bett gingen! Es dauerte eine Zeit, bis ich das herausfand. Dann wurde mir klar, dass sie ein großes Bedürfnis danach hatten, Teil einer Gruppe zu sein. Sie wollten zu einer Gruppe gehören, einer erweiterten Familie, wo sie mit Älteren und Jüngeren als Familie verbunden waren. Es kam ihnen so vor, als müsste es eigentlich so sein, und sie das in ihrem Leben irgendwie vermisst hatten. Der Grund, warum sie nicht nach Hause gehen wollten war, dass es sich so gut in der Gemeinschaft anfühlte. Sie hatten nie zuvor so zu einer derartigen Gruppe gehört. Wenn ich jene Familien betrachtete, beeindruckte mich ihr Gemeinschaftssinn. Viele davon haben heute noch Kontakt und stehen miteinander in Verbindung.

Wenn ich darüber nachdenke, glaube ich, dass wir eine Kultur haben, die Gemeinschaft weitgehendst verhindert. In früheren Zeiten gab es ein Zusammenleben in einer Gemeinschaft aus Erwachsenen, die eine Gemeinschaft mehrerer Kinder aufzogen. Zum ersten Mal in der Geschichte erwarten wir, dass nur zwei Menschen Kinder erziehen. Wenn man in einer Gemeinschaft war, die gemeinschaftlich Kinder großzog, und man sah, dass ein Kind etwas falsch machte, fühlte man sich mitverantwortlich, das Kind zu stoppen, ihm Grenzen zu setzen oder etwas Angemessenes zu tun. Wenn wir heute sehen, dass das Kind eines Anderen etwas Falsches oder Gefährliches macht, sagen wir „Jemand sollte sich darum kümmern." Wir haben nicht das Gefühl, zum Eingreifen berechtigt zu sein, weil wir keinen inneren Bezug dazu haben. Der Punkt ist, dass es früher einen Sinn für Verbundenheit gab.

Damit will ich nun nicht sagen, dass es früher ein vorbildliches Familienleben gab. Bis ins 19. Jahrhundert hatte in vielen Teilen der Welt der Vater das Recht, seinem Kind das Leben zu nehmen. Wir haben große Fortschritte gemacht, wenn es darum geht, sich die Kindheit anders vorstellen zu können. Mir geht es darum, dass es einen Gemeinschaftssinn gab und während wir uns auf der einen Seite weiterentwickelt haben, sind wir in anderen Dingen rückschrittlich. Die Menschen, die uns heutzutage wirklich leidtun, sind Alleinerziehende. In Wahrheit sitzen einige Paare hier, die bereits damit überfordert sind, ihre Kinder nur zu zweit zu erziehen. Es fehlen nämlich heute die Tanten und Onkel, die anderen Menschen und all die verschiedenen Teile der Gemeinschaft, die normalerweise in das Leben des Kindes einbezogen waren. Wir könnten einen ganzen Abend damit verbringen, nur um aufzuzeigen, in welcher Form wir von einander entfremdet und distanziert sind.

Die nächste wichtige Begebenheit in meinem Leben war der Kontakt mit einer Basisgemeinde. Die katholische Kirche in Mittelamerika führte Basisgemeinden ein, weil es zu wenige Priester gab. In Basisgemeinden übernahmen Familien bestimmte Aufgaben und sorgten füreinander z.B. durch Liturgie, Seelsorge und sozialen Aktivitäten. Sechs oder sieben Familien bildeten eine Gemeinde, in der sie intensiv zusammen lebten und füreinander da waren. Ende der Siebzigerjahre – in dieser Zeit heiratete ich – waren wir sehr stark in einer Basisgemeinde engagiert. Zu unserer Gemeinschaft gehörten sechs weitere Familien.

In mancherlei Hinsicht waren es die drei besten Jahre meines Lebens. Drei Jahre lang machten wir alles mögliche zusammen. Es gab dieses einmalige Gefühl, dass man einfach mit anderen Erwachsenen sprechen konnte, dass es Menschen gab, die in unserem Leben mit dabei waren. Ich konnte mich um deren Kinder kümmern und sie um meine. Es nahm ein bisschen den Druck aus meiner Elternrolle heraus. Es nahm auch den Druck aus meiner Rolle als Partner heraus. In dieser Gemeinschaft konnten Männer und Frauen Freunde sein und wir durften uns nahe sein.

Diese Erfahrung hat mich stark beeinflusst, denn ich wusste, dass ich so etwas in meinem Leben haben wollte. Daraus ist auch die Erwägung des „Wir-kamen-zu-dem-Glauben"-Themas im Rahmen des A-Programms entstanden. Prinzipiell weiß ich, dass wenn Menschen in Beziehungsschwierigkeiten stecken, diese Beziehungen quasi ein Eigenleben entwickeln. Eine Beziehung ist mehr als die Summe der Individuen, aus denen sie gebildet wird.

In dem zuvor erwähnten Behandlungszentrum gab es alle zehn Wochen eine praktische Übung. Die erste Anweisung wurde den Leuten schon mit dem Eintreten an der Türe zugeteilt. Es kamen Kinder und Erwachsene, Singles wie auch Paare. Wir baten die Kinder, sich neue Geschwister auszusuchen. Danach sollten sie sich neue Eltern auswählen und dann sollten sie als neu formierte Familie weggehen, den Abend miteinander verbringen und etwas tun, was sie noch nie zuvor getan hatten.

Allerdings war es auch ein wenig gefährlich! Es konnte z.B. eine Frau in der Gruppe sein, die schon etliche Jahre mit keinem anderen Mann mehr geredet hatte und plötzlich war da der Ehemann einer anderen Frau. In diesem Fall konnten wir die Regeln dann etwas abändern.

Als die ersten Familien zur Behandlung kamen, stand in den Referenzblättern: „Die folgenden Auffälligkeiten liegen bei der Familie vor: Sie wissen nicht, wie man Ich-Botschaften ausdrückt; sie können nicht zuhören; sie können nicht differenzieren; sie wissen nicht, wie man Probleme bearbeitet; sie können keine Konflikte lösen; sie können nicht mit Wut umgehen; sie wissen nicht, wie man Grenzen setzt – die Liste ist endlos. Sie wissen nicht, wie sie Spaß haben können, sie wissen nicht, wie man etwas unternimmt.

Aber etwas Erstaunliches passierte, wenn man sie mit den Kindern der Anderen und den Partnern der Anderen zusammenbrachte. Dann wussten sie auf einmal, wie man Respekt übt und Grenzen beachtet. Dann wussten sie, wie man Ich-Botschaften formuliert und zuhört und Spaß hat. Sie konnten sie selbst sein und sich mit den Anderen freuen. Und sie amüsierten sich.

Wenn sie am Ende des Abends zurückkamen, wurde unvermeidlich immer Einer nachdenklich und sagte „Woran liegt es, dass ich so sein kann bei den Menschen, mit denen ich nicht zusammenlebe? Und bei den Menschen, die mir am meisten bedeuten, kann ich nicht so sein?

Es ging also nicht darum, dass sie die Dinge nicht konnten. Was sie erlebten, war eindeutig ihre Krankheit. Die Pathologie hatte nämlich ein Eigenleben in ihrer Beziehung. Ich weiß, dass so etwas bei uns allen vorkommt, weil wir es von unseren Herkunftsfamilien übernommen haben. Dazu kommen dann noch unsere selbst entwickelten Eigenheiten im Umgang miteinander. Solche Systeme sind sehr ausgeprägt.

Es war ein immenser Fortschritt erkennbar durch das, was wir mit den Menschen tun konnten. Aber wir haben unser Wissen nicht dafür genutzt, um ein Zwölf-Schritte-Programm für Paare zu gründen. Für einen Familientherapeuten, der bei null anfing und versuchte, einen Weg für Paare auszuarbeiten, damit sie die zentralen Dilemmas, mit denen jedes Paar konfrontiert ist, bearbeiten konnten, gäbe es nichts Besseres als die Zwölf Schritte. Aber niemand hatte jemals das Programm für Paare weiterentwickelt.

Der andere für mich wichtige Teil unserer Arbeit war die „Nenne-es-nicht-Liebe"-Studie, bei der etwa 1000 Leute mitmachten; einige davon sind heute Abend hier. Wir befragten sie paarweise und einzeln. Als wir die Daten später auswerteten, stellten wir ganz klar fest, welche Leute am weitesten gekommen waren, die besten Daten hatten, sich am wohlsten und am ehesten als ganzheitliche Paare fühlten: es waren diejenigen, die Unterstützung für ihre Paarbeziehung bekommen hatten.

Es wurden zwar viele Leute einzeln unterstützt, aber sie bekamen keine Hilfe für ihre Beziehung. Da war z.B. Mark, der über den Missstand der Paare sagte: „Ich habe Mitstreiter und bekomme Zuspruch in meiner Gruppe und du hast deine Mitstreiter und bekommst Zuspruch in deiner Gruppe." Paare wurden nicht von Menschen begleitet, die alle beide unterstützten und sich ein Gesamtbild machen konnten. Die Paare bekamen keinen Zuspruch von Menschen mit einer ganzheitlichen Perspektive. Diese Beobachtung hat mit dazu beigetragen, dass wir mit den „Wir-kamen-zu-dem-Glauben"-Wochenenden anfingen.

Meiner Meinung nach haben Paare im Grunde nur ein Problem und darüber möchte ich kurz sprechen. Die These klingt vielleicht etwas trivial, aber es ist tatsächlich so: Alle Paare müssen hauptsächlich damit zurechtkommen, wie sie gleichzeitig einerseits getrennt und für sich sowie andererseits ein Paar sein können, und wie sie diese beiden Zustände simultan erreichen.

An dieser Stelle möchte ich kurz meine Gedanken zu dem äußern, was dieses Dilemma für uns als Genesende bedeutet. Was bedeutet es für unsere individuellen Anteile? Hinsichtlich unserer gemeinsam eingebrachten Anteile? Inwieweit sind wir getrennt und inwieweit sind wir wir selbst? Ich denke, dass wir viele Möglichkeiten zur Verfügung haben. Wir fragen uns: Was ist unser eigenes Innenleben, auf das wir achten müssen? Spiritualität heißt für mich, das eigene Leben betrachten zu können und darin Metaphern zu erkennen. Metaphern sind Dinge, die eine Analogie und einen Bezug zu dem haben, was wir gerade erleben. Ich achte auf das, was passiert und überlege, was es mit meinem Leben zu tun hat und welche Botschaft es mir sendet. Denn die Botschaften sind überall um uns herum, wenn wir darauf achten.

Ich hatte vor einiger Zeit einen Traum, der mir das verdeutlichte. Einige von euch kennen diesen Teil meiner Geschichte. Ich habe ein Problem damit, dass mein Vater ein Alkoholiker ist, der 35 Jahre lang trocken war und seit etwa vier Jahren wieder trinkt. Deshalb begab ich mich vor ungefähr 18 Monaten wieder in Therapie. Da stehe ich also. Ich bin 46, kenne mich aus auf dem Gebiet, bin seit 14 Jahren im Genesungsprogramm. Und nun muss ich meine Zeit mit Therapie verplempern; so stand es um mich. Das war ein ganz bedeutendes Jahr, in dem ich Einiges gelernt habe, was ich noch nicht wusste. Es war wie mit großen Puzzleteilen, die mir jetzt nicht mehr fehlen.

Mein Traum war hilfreich, denn es ging um zwei Falken. Es gab einen Schneesturm. Als die beiden Falken vorbeiflogen, konnte ich sehen, dass das Männchen irgendwie verletzt war. Es flog und hielt sich oben. Da waren ein Falkenweibchen und ein Falkenmännchen; das Männchen hielt sich in der Luft, aber es musste sich abmühen. Also fing ich sie ein, aus der Luft, alle beide. Ich hatte erwartet, dass der verletzte Falke sich wehren und versuchen würde, abzuhauen. Überraschenderweise wusste der Falke jedoch, dass ich ihm helfen und ihn heilen wollte. Als ich ihn näher an mich heranzog, kuschelte er sich an mich und antwortete mit Liebe. Das rührte mich. Als ich zurück zum Haus ging, stolperte ich und ließ den Falken fallen. Und ich dachte „jetzt ist es vermasselt, bestimmt fliegt er weg". Aber er wartete auf mich und ich hob ihn auf. Er schmiegte sich wieder an mich und ich brachte ihn rein. Die Spitze seines Flügels war gebrochen und die Kinder haben mit mir zusammen den Flügel wieder gerichtet.

Als ich die Geschichte in meiner Therapie erzählte, mussten wir beide weinen. In vielerlei Hinsicht war der Traum eine Metapher dafür, wie die Therapie auf mich wirkte und dass ich hart darin gearbeitet habe.

Ich fühlte das Wohlwollen meines inneren Kindes, dass ein Teil in mir geheilt werden wollte und ausharrte, während der erwachsene Teil von mir sich um mich kümmerte. Es war immens wichtig für mich, darauf zu achten, denn ich glaube, hierbei geht es um das Leid, mit dem wir alle in unseren einzelnen Genesungsprogrammen umgehen müssen. Das ist das Geschenk für unseren Partner. Meiner Meinung nach sind es diese Bereitschaft und der Weg durch das Leid, die zu den Geschenken der Genesung gehören.

Übrigens war ich ziemlich betroffen von der Werbung, die neuerdings witzige Anspielungen auf die Zwölf-Schritte-Meetings macht. Da steht dann einer auf und sagt, ich bin ein So-und-so-holiker und was bist du? Zunächst bin ich regelrecht zusammengezuckt, als ich es hörte, denn sie machen sich über etwas lustig, was mir heilig ist. Aber andererseits hat die Genesungsbewegung im Grunde auch einen kulturellen Einfluss, mit dem die anderen Menschen zurechtkommen müssen. Der Einzug in die Werbung zeigt, dass etwas in Bewegung gesetzt wurde.

Ich denke, wir bringen darüber außerdem etwas mit in die Paarbeziehung, das wir in der eigenen Genesung gelernt haben: wir können uns von „imaginär anwesenden Personen" befreien. Wann immer ihr eine Paarbeziehung eingeht, bringt ihr die Verhaltensweisen mit, die ihr durch den Einfluss Anderer entwickelt habt. Es ist ganz entscheidend, dass ihr euch klar darüber seid, was auf eure Herkunftsfamilie zurückgeht und was ihr selbst seid.

Ich weiß, dass der gerade erzählte Traum meine schwierigsten Herausforderungen des vergangenen Jahres aufgreift. Und ich verdanke ein besonderes Geschenk einem Mann namens Louie Anderson. Ihr habt vielleicht etwas von Louie gelesen. In seinem Buch beschreibt er unter anderem, wie er ein Video seiner Familie erstellt. Ich fand das eine tolle Idee und kramte meine Videokamera hervor. Ich fragte meine Angehörigen, ob sie vor der Kamera etwas über ihre Kindheit, ihre Jugend und ihre Ehe erzählen könnten. Das war eine beeindruckende Erfahrung für mich.

Ich bin das zweite Kind in meiner Familie. Meine ältere Schwester wurde tot geboren. Das war an Allerheiligen 1941. Mein Onkel war Arzt und seine Partnerin brachte das Baby zur Welt. Mein Onkel stürzte rein und schnappte sich das Baby. Meine Mutter hat es nie gesehen. Nach ihrer Aussage hat es damals keine Trauergruppen gegeben. Sie konnte niemandem davon erzählen; es gab kein Verarbeitungsgespräch für sie. Sie war beim Roten Kreuz und wie ihr wisst, war der 7. Dezember nicht lange her. Als sie in diesen ersten Tagen des Zweiten Weltkriegs aus dem Krankenhaus kam, wurde sie gleich für das Rote Kreuz aktiv. Seit 1941 sprach sie zum ersten Mal in diesem Video im Jahr 1980 darüber. Es hat mich echt umgehauen, weil ich selbst diese ungeheure Traurigkeit nachempfand.

Und ich stellte fest, dass diese Geschichte in meiner eigenen Sucht und Genesung eine Rolle spielte. Ich lernte etwas über meine Muster bei der Anbahnung sozialer Kontakte und warum ich mir immer sehr traurige Frauen aussuchte. Mein Leben hätte so anders sein können. Stellt euch einfach mal mit mir zusammen vor: Ich war das zweite Kind. Mein Vater war im Krieg. Meine Mutter hatte das erste Kind verloren, sodass ich für sie ein ganz besonderes Kind wurde; eins, das viel Energie, ihre ganze Aufmerksamkeit und ihre Traurigkeit bekam. Dementsprechend sind bei mir eine Reihe von Mechanismen entstanden, die ich nie richtig begreifen konnte. Klar ist mir, dass ich diese Mechanismen mit in meine Ehen genommen habe.

Ich glaube, dass ihr zu eurer Arbeit in RCA etwas mitbringt, das ihr aus euren eigenen Genesungsprogrammen in die Beziehung übertragen habt, und zwar, dass ihr euch selbst um eure Angelegenheiten kümmert. Wir haben alle unsere Geschichten aus unseren Herkunftsfamilien und unsere Muster, die wir einsetzen oder in unseren Beziehungen wiederfinden.

Als nächstes komme ich zum Umgang mit Bekanntschaften. Wie nimmt man Kontakt auf und wird verbindlich gegenüber Anderen? Ich muss jetzt selbst mit meinen „Verabredungen" klarkommen, was ein interessantes Thema in meiner Familie ist. Zunächst interessiert die Leute nur, was ich so mache. Bei regelmäßigen Verabredungen wurde es schon komplizierter, sobald es mir wichtig war, über meine Genesung als Sex-Süchtiger zu sprechen. Dafür gibt es nie eine charmante Art und Weise.

Ich erinnere mich an eine Begebenheit mit einer Frau, mit der ich sehr eng befreundet war. Wir fingen an, uns regelmäßig zu treffen und da wir uns recht nahe waren, hielt ich es für wichtig, dass sie etwas mehr über mich erfuhr. Also sagte ich „weißt du, es würde mir wirklich viel bedeuten, wenn du das Buch „Out of the shadow" liest". Sie las das Buch. Als sie fertig war, sagte ich: „Ich muss dir ein paar Dinge erklären" und das tat ich dann. Ungefähr einen Monat später hatte ich einen anderen tollen Roman „The Wolf's Hour" gelesen, in dem es um Wehrwölfe geht. Ich sagte: „weißt du, du solltest wirklich dieses Buch lesen". Sie gab es mir später zurück und meinte, dass es ein wirklich gutes Buch wäre. Ich weiß nicht, wo das herkommt, aber ich habe auch so eine schelmische Seite und sagte „Da gibt es noch was, das ich dir über mich erzählen muss"… und einen kurzen Moment konnte ich sehen, dass sie damit gerechnet hatte. Aus der Beziehung mit ihr nehme ich mit, dass ich lernen durfte, wie es ist, mit einem Menschen zusammen und ich selbst zu sein.

Ich fühle mich anmaßend, wenn ich vor euch stehe. Wir witzeln darüber, dass ich als Single eine Art Ehrenteilnehmer bei RCA bin, aber ihr seid diejenigen, die sich angestrengt und um das Gute gekämpft haben und jetzt seid ihr hier. Ihr macht es richtig. Deshalb ist es eher anmaßend von mir, über Beziehungen zu sprechen. Aber auch ich habe etwas aus meinen Erfahrungen mit Bekanntschaften gelernt (wohl dasselbe wie ihr), nämlich, dass ich den Erfolg einer Beziehung daran messen kann, ob ich mit jemandem zusammen sein und mich gleichzeitig vorwiegend wie ich selbst fühle. In dem Maße wie das nicht der Fall ist, geht es mir schlecht.

Manche Paare in RCA geben sich gegenseitig Fotos aus ihrer Kindheit, was ich ein bemerkenswertes und wunderbares Geschenk finde. Damit hat man etwas Konkretes, was ein Gefühl für die Verletzlichkeit des Partners vermittelt und dafür, dass es dieses Kind in einem gibt, um das man sich auch kümmern muss. Ich denke, dass es zum Aufbau unserer Verbundenheit (wie bei dem Falken in meinem Traum) dazu gehört, dass wir gegenseitig Rücksicht auf unsere Verletzlichkeiten nehmen und allmählich an Sicherheit gewinnen, dass Erwachsene tatsächlich vertrauenswürdig sein können.

Ich glaube auch, dass diejenigen von uns, die aus schambesetzten Systemen kommen, diese besondere Herausforderung kennen: Unser Bemühen, immer alles richtig zu machen, kann uns im Weg stehen und uns sogar blind machen. Ich bin sicher, dass in euren Familien so etwas vorgekommen ist. Ihr ward absolut sicher, wie etwas war und ihr habt das beschworen, doch jeder in der Familie sagte, „Nein, du weißt nicht, wie es war" Und ihr sagtet „doch" und ihr wusstet es einfach. Erst später kam durch unwiderlegbare Beweise heraus, dass ihr euch geirrt hattet. Ich denke ungern an so etwas zurück. Und ich habe gelernt, dass immer alles richtig machen zu müssen, absolut tödlich sein kann, vor allem wenn dieses es-richtig-machen sich mit meiner Wut mischt.

Vor kurzem erst war ich richtig aufgebracht und wütend und durchaus im Recht. Ich stürzte in mein Schlafzimmer und machte den Fernseher an. Es liefen die „Ninja Turtles", die "Teenage Mutant Ninja Turtles". Für alle, die die Sendung nicht kennen: es gibt darin eine Figur namens Splinter, die eine Art Riesenratte und gleichzeitig so was wie ein Zen-Affe ist. Er sagt richtig weise Sachen. Er ist derjenige, der die vier mutierenden Kampf-Schildkröten gezüchtet hat, ihnen den Kampfsport beigebracht und Weisheit gegeben hat. Splinters Worte aus dem Fernseher lauteten (er redete mit Raphael), "Weißt du, Raphael, deine Wut wird dich kaputt machen." Ich ging ein paar Schritte zurück, setzte mich hin und hörte Splinters zweiminütigem Dialog mit Raphael zu, wie dessen Wut ihn von innen heraus aufzehren und zerstören würde. Es war das Beste, was ich seit langem gehört hatte.

Der Punkt ist, wir müssen uns alle darüber bewusst sein, dass Scham konkrete Folgen hat. Es geht darum, dass eines der größten Hindernisse für Verbundenheit in unserem Richtigkeitswahn und unserer Wut liegt. Nichts spricht dagegen, unseren Wahrheiten treu zu bleiben, unsere Grenzen zu wahren und so etwas, nein, ich spreche über diese automatischen Beschuldigungen, das Gefühl, dass mein Wohlbefinden beeinträchtigt wird, weil die andere Person etwas nicht richtig macht. Nach meiner Erfahrung sowohl bei der Beobachtung der Menschen in Genesung als auch bei meiner Arbeit als Familien- und Ehetherapeut denken die Leute "ich brauche diese Zustimmung." Und nachdem man das hundertste Paar in der Therapie gesehen hat, scheint das einfach nicht zu passen. Wir sind selbst die Schmiede unseres Wohlbefindens!

Also denke ich, dass ihr etwas Wertvolles tut, ihr schafft wirklich eine Revolution der Zwölf-Schritte-Gemeinschaften! Die Zwölf Schritte sind ein disziplinierter Weg, euer Leben als Paar zu leben. Wir sind in einer Phase der Geschichte, in der wir eine traumatische Veränderung durchlaufen. Wir sehen das, wenn wir uns weltweit die Demokratien betrachten. Vor zwei Jahren (1989) hätte niemand vorhergesehen, was auf demokratischem Gebiet alles passiert. Wir bekommen nicht mit, dass noch andere Umbrüche passieren. Als im Jahr 1215 die amerikanische Verfassung geschrieben wurde, gab es in Europa Bewegungen, die das Verhalten bei der Bildung von Partnerschaften verändern sollten. Es war in der westlichen Zivilisation und auf der ganzen Welt neu, den Partner wählen zu müssen. Joseph Campbell sagt, das sei die bemerkenswerteste Entwicklung in der Geschichte der Menschheit. Um dies zu verdeutlichen, erschien letzten Herbst ein Artikel über eine Untersuchung von Paaren in China. Es wurden Paare in arrangierten Ehen, wie es lange Zeit auf der ganzen Welt üblich war, mit Paaren mit gewählten Partnern verglichen. Die Paare mit den gewählten Partnern waren auffallend glücklicher, vor allem die Frauen, als die Paare in arrangierten Ehen. Was ich daran so wichtig finde, ist Folgendes: ich glaube, dass eine Beziehung eine fortlaufende Wahl ist. Jeden Tag entstehen Entscheidungssituationen. Und in diesen Situationen stecken viele Menschen fest. Das kommt daher, dass die Beziehung quasi als festgelegt empfunden wird. Man sagt dann „das muss ich tun" statt anzuerkennen „das ist meine Wahl".

Zu jeder Beziehung gehört auch Leid. Ich mag Scott Pecks Aussage „jede Beziehung ist ein Kraftakt". Die Frage ist, wie man daraus den bestmöglichen Kraftakt machen kann. Das ist tatsächlich eine schwierige Herausforderung. Was ihr gerade vorhabt, ist von Bedeutung, und die Genesungsbewegung hat in der Tat eine neue Kultur und eine neue Daseinsform eingeführt. Die Menschen haben Prinzipien verallgemeinert, die in der Therapie erlernt wurden.

Die Menschen gehen heute auf einem anderen Niveau miteinander um als vor zwanzig Jahren. Ich muss nur meinen Kindern zuhören. Der Gedanke, dass ich mit sechzehn das gleiche psychologische Verständnis hätte haben können wie sie, macht mir Komplexe! Meine sechzehnjährige Tochter sagte mir einmal, während sie mich anschaute, „Weißt du, deine Erziehung ist kontraproduktiv geworden." Sie sagte, „Deine Konsequenz macht mich noch trotziger und ich werde mehr ausagieren und das ist dann deine Schuld."

Es ist dasselbe Kind, das ich während einer Reise nicht angerufen hatte. Wenn ich reise, halte ich normalerweise täglich Kontakt mit meinen Kindern und seit drei oder vier Tagen war das ausgeblieben. Es waren hektische Tage und aus verschiedenen Gründen haben wir uns nicht gesprochen. Als ich zurückkam, sah sie mich an und sagte: „Papa, wenn man zwei Zuhause hat, gibt es keinen geographischen Ort als Mittelpunkt. Also sind Menschen meine Mitte. Wenn ich nichts von dir höre, verliere ich meine Mitte." Alles was man einem Kind auf so etwas antworten kann, ist „Ich kann es nicht abwarten, deine eigenen Kinder zu erleben".

Unsere Genesungsarbeit bringt Verständnis für verschiedene Umgangs- und Beziehungsformen mit sich. In unserem Land sind 20 Millionen Menschen in Genesung. Wenn 10% der Bevölkerung tun, was wir tun, färbt das zwangsläufig auf den Rest der Bevölkerung ab. Aufgrund dessen, was die Zwölf-Schritte-Gruppen tun, werden wir unsere Kinder nie mehr so wie früher erziehen.

Und wie ihr wisst, kritisieren die Leute. Wir ernten Kritik, meistens von Akademikern aber, Entschuldigung, manchmal liegt es an deren eigenen Pathologien. Sie üben Kritik, weil sie damit zurechtkommen müssen, dass Menschen im Zwölf-Schritte-Programm ein neues Leben anfangen, für sie das Programm unverzichtbar ist und es ihr Leben verbessert. So passiert es, dass die Genesungsbewegung die Allgemeinheit mitnimmt.

Ich denke z.B. an John Bradshaw, der das Buch „Homecoming" geschrieben hat. Die New Yorker versuchen immer noch zu verstehen, was passiert ist, denn das Buch wurde in drei Monaten 610.000 Mal verkauft. Kein Sachbuch auf der Welt hat das je geschafft! Romane vielleicht, aber kein Sachbuch. Was doch heißt, dass der Bedarf da ist.

Bei den Akademikern und unter den Kritikern versteht man nicht, was das bedeutet. Klar, wenn wir anfangen, uns mit den sensiblen Gefühlen des inneren Kindes in uns auseinanderzusetzen, passieren Veränderungen. Die Genesungsbewegung hilft dabei, dass es uns besser geht. In der Genesung sagen wir „Ich habe viel Leid erzeugt". Eine Besserung tritt ein! Wir werden stärker für unsere eigene Genesung verantwortlich. Es sind nicht mehr nur die Mediziner, die uns sagen, wo es lang geht. Es ist doch so: die meisten, die sich Sendungen zur medizinischen Weiterbildung anschauen, drei Mal dürft ihr raten, sind keine Mediziner. Für Ärzte gibt es Sonntagmorgens Aufklärungsprogramme über bestimmte Krankheiten. Nur etwa 63.000 Mediziner sehen diese Sendungen. Dafür schauen sie sechs Millionen Andere! Sechs Millionen, die etwas gemeinsam haben: sie sind von irgendeiner chronischen Krankheit betroffen, wobei Alkoholismus zu den häufigsten gehört.

Immer mehr Menschen übernehmen die Verantwortung für ihren Genesungsweg. Die Ärzte müssen berücksichtigen, dass einige ihrer Patienten mehr über ihre Krankheiten wissen, als sie selbst. Bei Sexsucht ist das weiß Gott der Fall. Häufig müssen Sexsüchtige und Co-Abhängige ihren Therapeuten ihre Krankheit und was sie mit ihnen macht, erklären. Wir sind wertvoll, denn durch unser Leid entsteht erkennbarer Mut.

Ich glaube auch, dass die Zwölf-Schritte-Gemeinschaften wieder Spiritualität in unser Land bringen und dass diese Menschen spirituell leben. Da gibt es meines Erachtens eine Kluft zwischen den für die Spiritualität schädlichen Kräften und dem, was die Zwölf-Schritte-Gemeinschaft hat entstehen lassen. Ich glaube wirklich, dass ihr etwas ausstrahlt. Ich würde sagen, dass ihr als Paare in Genesung noch eine Art Zusatzeigenschaft habt und eine weitere Botschaft hinzufügt. Seit eh und je ist es typisch (ich meine für AA), dass Menschen, die aus schambesetzten, co-abhängigen, süchtigen Familien kommen, am Ende alles nur noch schwarz oder weiß sehen. Sie werden rigide. Sie gehen auch die Genesung rigoros an. Sie sprechen die zwölf Schritte „heilig", so dass sie niemals etwas in ihnen ändern können. Doch die Zwölf Schritte brauchen nun mal Veränderung. Wenn ihr für alles, was ihr habt, in das jeweilige Meeting gingt, wäre von eurem Leben nicht mehr viel übrig. RCA ist die eine Gruppe, zu der ihr mit allem kommen könnt! Und während des Meetings ist es o.k. Das ist der eine Ort, wo es immer passt.

Darüber hinaus legt ihr, nach einer Zeit, in der ihr dem Einzelnen, der neuen Generation und der narzisstischen Kultur viel Aufmerksamkeit gegeben habt, auf die Paarbeziehung Wert. Jetzt kommt ihr und propagiert den Wert der Verbundenheit und dass es eine gute Sache ist, in einer verbindlichen Beziehung zu leben.

Meine Hoffnung begleitet euch. Ich bin jetzt zum zweiten Mal dabei, wenn eine A-Gemeinschaft gegründet wird. Ich erinnere mich an die ersten Tage von SAA. Ich weiß noch, wieviel Angst wir hatten und dass wir diese spirituelle Männergruppe waren. Wir wollten nicht, dass die Kirche erfuhr, was wir da machten. Von den ersten 10 SAA-Teilnehmern waren neun Therapeuten und wir wollten weiß Gott nicht, dass unsere Patienten es erfuhren. Also gründeten wir eine neue Gruppe als „Mittwochabend-gruppe". Allerdings sind wir in den ersten zwei bis drei Jahren wegen unserer Ängstlichkeit nur sehr langsam gewachsen. Wir hatten immer diese Logik, dass wir erst genau begreifen müssten, was wir taten, bevor wir anderen davon erzählen konnten, was meiner Meinung nach reiner Perfektionismus war. Ich denke, wir hätten besser viele Leute reinlassen und sie von sich aus über ihre Probleme reden lassen sollen. So machten es die Leiter dieser Veranstaltung hier, indem sie euch einluden. Dadurch seid ihr mitverantwortlich, um zu bestimmen, wie es jetzt weitergehen soll. Da ihr wirklich anders als die anderen A-Gemeinschaften seid, hoffe ich, dass ihr vielleicht über das hier Gesagte ein Gruppengewissen schreiben wollt. Wir sind alle neu in diesem Programm. Meine Bitte an euch ist, dass ihr offen für eine solche Sache seid.

Außerdem sollten wir anerkennen, dass wir nicht perfekt sind. Diese Organisation wird genauso ihre Fehler haben, wie es Fehler in unseren Beziehungen gibt. Wir müssen tolerant sein und zulassen, dass die Dinge sich entfalten. Denn ja, manchmal braucht man unheimlich viel Zeit.

In diesem Jahr erlebte ich etwas, das mich sehr bewegt hat. Vor 20 Jahren war ich mit einer Frau liiert und wir lebten ungefähr ein Jahr lang zusammen. Das war für mich eine verheerende Erfahrung. Manche von euch haben meinen Monolog über die „Kletten-Frau" gehört. Eigentlich ging es dabei um jene Beziehung. Die Frau war auch eindeutig sexsüchtig.

Dieses Jahr hat sie mich angerufen und mir angeboten, mit mir essen zu gehen. Sie war nun in Genesung und ihr Therapeut hatte ihr zur Auflage gemacht, sich ein Zwölf-Schritte-Buch zu besorgen. Sie konnte das empfohlene Buch nicht finden, fand aber ein Buch, das von mir selbst geschrieben wurde. Nach dem Lesen hatte sie zwei schwere, schmerzhafte Tage. Sie sagte: „Du hast damals sogar über diese Dinge nachgedacht und ich war so mies drauf, dass ich nicht mal ahnen konnte, was du mir sagen wolltest und es tut mir so leid." Bis zum Ende unseres Essens leistete sie Wiedergutmachung für Dinge, die passiert waren. Und ich muss sagen, dass Wiedergutmachung genau so sein sollte. Dadurch konnte ich anschließend selbst Wiedergutmachung leisten für die Verletzungen, die ich ihr zugefügt hatte. Das hat meine Genesung ein großes Stück weitergebracht. Und es wurde mir bewusst, dass dies erst 20 Jahre später passierte! 20 Jahre!

Was das Programm angeht, denken wir, etwas sollte in einem Jahr passieren oder in zwei oder so ähnlich. Aber für den richtigen Zeitpunkt ist Gott zuständig. Ich bin ziemlich ungeduldig, alles soll immer sofort geschehen. Ich glaube allerdings, dass der Zeitpunkt für die genannte Erfahrung genau der Richtige war. Es hat mir in vielerlei Hinsicht geholfen und der Zeitpunkt war absolut perfekt. Für die Aussichten eures Vorhabens rechnet nicht in einzelnen Jahren, ihr müsst ganze Jahrzehnte betrachten.

Ich hoffe sehr, dass nach diesem Wochenende RCA über Minneapolis hinaus wachsen wird. Die Leute hier haben einiges auf die Beine gestellt. Es gibt viel zu tun. Ich weiß nicht, wie ihr die Sachen angehen werdet, aber ich bin zuversichtlich, dass die Leitungsmitglieder eine landesweite Vertretung im Sinn haben. Es bleibt allerdings eine zentrale Postanschrift und Verwaltung in Minneapolis mit all ihren Mechanismen. Trotzdem wird das Leitungsgremium im ganzen Land vertreten sein. Wenn ihr also jetzt auf euren Plätzen hier sitzt und denkt, das wäre was für euch, ihr aber in Fresno oder sonst wo lebt, dann denkt daran, dass ihr überall als Teil der RCA-Leitung gebraucht werdet.

Meine weitere Hoffnung für euch ist, dass ihr eure Genesung nicht versteckt. Ich bin im Land herumgereist und einige von euch sind heute Abend nicht hier. Ich habe überall RCA-Gruppen besucht und von manchen Orten, an denen ich war, ist heute niemand hier. Ich hoffe, dass ihr euer Engagement fortführt, damit diese Menschen eine Chance haben, zu uns zu kommen und wir der ganzen Welt von RCA erzählen.

Ich hoffe, dass ihr eine schöne Zeit hier habt. Ich weiß schon viel von euch und deshalb bin ich sicher, dass euch das Wochenende eine Menge Spaß bringen wird.

Ich hoffe, dass diese Gruppe sich engagieren und auch Minderheiten und Unterdrückte willkommen heißen wird. Ich habe vor kurzem mit einem RCA-Paar in North Carolina gesprochen, die eine tolle Geschichte haben. Zu ihren Genesungsthemen gehört (der Mann ist sexsüchtig) die Offenbarung ihres Sohns, dass er schwul sei, eine Liebesbeziehung habe und wolle, dass seine Eltern den Freund akzeptieren. Die Mutter war gerührt von der Aufrichtigkeit des Sohns, der die Wahrheit sagte und wollte, dass sein Freund von seinen Eltern angenommen würde. Sie hieß den jungen Mann willkommen, während der Vater ihn ablehnte. Er war besorgt. Seine RCA-Gruppe hat ihm dann nahegelegt, das „lockerer zu nehmen". Heute mag er den jungen Mann gerne, und das war wirklich ein Meilenstein in ihrer RCA-Genesung. Ich war gerührt von dem lesbischen Paar, das ganz hinten saß. Ich wünsche mir, dass wir uns nicht abschotten gegen die Bedürfnisse von unterdrückten und nicht verstandenen Mitmenschen.

Es sieht einfacher aus, als es ist, solch eine Konferenz zusammenzustellen, sich den Kopf zu zerbrechen, was man für den Erhalt eurer Genesung ausprobieren kann, aber auch zu Meetings und Leitungstreffen zu gehen, um Dinge zu erledigen. Es ist eine Menge Arbeit, Leute. Hier sitzen wahre Kämpfer in der ersten Reihe. Ich möchte einen Moment Zeit dafür nehmen, ihren Beitrag anzuerkennen. Ich habe euch beobachtet. Ich weiß, was ihr gemacht habt. Ihr verdient die Würdigung. Ihr habt es gut gemacht.

Ein Muster in meinem Leben ist, dass ich mit Sachen anfange, die ich eigentlich selbst bräuchte. Das trifft auch hier zu. Ich habe noch einen abschließenden Wunsch für mich. Nun, ich weiß, was ihr habt und ich kenne euer Potential. Ich wünsche mir, dass ich eines Tages in der Lage sein werde, zu euch zu kommen.

Danke.

Gastansprache anlässlich der RCA Convention 2002 in Honolulu, Hawai

Annliz und Per

Annliz

Ich bin in Genesung mit Per. Ich kam zu meinem eigenen Zwölf-Schritte-Programm, Al-Anon, als Per trocken wurde. Es war unheimlich befreiend zu hören, dass es anderen genauso ging wie mir. Ich dachte bis dahin, dass ich alleine wäre. Anderen zuzuhören war sehr hilfreich. Ich komme zwar nicht aus einer Alkoholikerfamilie, aber es gibt andere Dinge, die ich sehe, seit ich im Programm arbeite.

1975 traf ich Per zum ersten Mal. Er war Patient des Krankenhauses, in dem ich arbeitete. Es war keine Liebe auf den ersten Blick. Es brauchte zwei Jahre, glaube ich. Er rief mich öfters an und eines Tages verabredeten wir uns. Ich dachte, ich würde nur mal einen Kaffee mit ihm trinken. Ich bin immer noch da.

Ein paar Jahre später glaubte ich nicht mehr, dass diese Beziehung gut gehen könnte. Er trank zu viel. Es machte keinen Spaß, Freunde zu treffen, zu einer Feier oder ins Restaurant zu gehen, die Familie zu besuchen oder ähnliches. Dann begann ich daran zu arbeiten, dass er trocken würde. Es war harte Arbeit, was einige von euch kennen. Wir suchten verschiedene Ärzte und Kliniken auf. Per folgte mir überall hin, aber er war zu sehr anderweitig beschäftigt, er musste arbeiten etc. Also gab ich meinen Freundeskreis auf und ging nie weg, um etwas für mich zu tun. Ich sorgte für Per, so dass er weitertrinken konnte. Ich musste die Kontrolle behalten.

Eines Tages – wir hatten eine Woche Urlaub, in der Per täglich trank – fing er an zu weinen. Er fragte mich, ob ich ihm helfen könne, trocken zu werden. Ich sagte „das kann ich nicht". Ich musste weder weinen noch rumschreien – „ich kann es nicht, das musst du alleine schaffen. Ich hab's so satt". Eine Sache machte ich dann doch. Ich rief die Klinik für ihn an. Es war ein Montag und eine Woche später war er dort. Das war vor zwölf Jahren und seitdem ist er trocken.

Nachdem wir einige Jahre in unseren eigenen Programmen waren, stellten wir fest, dass in unserem Leben etwas fehlte. Wir machten eigentlich fast nichts zusammen, abgesehen von Alltagskram. Wir führten keine Gespräche, unser Sexualleben war schlecht und Intimität gab es nicht. Wir sprachen nur über Rechnungen die zu bezahlen waren und ähnliches. Eines Tages fragte mich ein Mitglied meiner Al-Anon-Gruppe, ob Per und ich Lust hätten, eine Gruppe für Paare aufzumachen. Zuhause fragte ich Per und er sagte „naja, wir haben nichts zu verlieren". Und so gründeten wir eine RCA-Gruppe. Wir waren vier Paare. Ein Riesenschritt. Keiner von uns wusste, wie man in einem solchen Meeting teilt. Was konnte man sagen, was nicht und so weiter. Am Anfang hatten wir noch keinen Meetingraum, aber Pers Bruder stellte uns sein Büro zur Verfügung. Für lange Zeit (ein Jahr) waren wir drei Paare. Wir wollten uns erst einmal sicher fühlen, bevor wir Neue aufnahmen, damit wir uns dann auch um sie kümmern konnten.

Zwei der Paare sind seit dem Anfang vor 5 Jahren weiterhin dabei. In Schweden gibt es sieben Gruppen mit wöchentlichen Meetings. Eine Gruppe sucht noch einen Meetingsraum. Wenn eine neue Gruppe aufmacht, besuchen wir sie und helfen ihnen beim ersten Meeting. Per und ich wären heute nicht zusammen, wenn wir RCA nicht gefunden hätten. RCA ist sehr wichtig für uns. Unsere Kommunikation ist nicht perfekt, aber sie ist wesentlich besser als vor RCA. Heute unternehmen wir etwas zusammen, treffen andere Paare, gehen abends aus essen und manchmal haben wir sogar richtig Spaß. Alleine schon dadurch, dass wir die Schritte gemeinsam arbeiten wird unsere Beziehung besser. Wenn wir mal Schwierigkeiten miteinander haben, fühlen wir uns nach einem Meeting wieder viel besser.

Seit unserem Start mit RCA vor fünf Jahren haben wir jedes Jahr am letzten Märzwochenende eine Convention organisiert. Dieses Jahr war es am ersten Aprilwochenende und es kamen zwanzig Paare.

In Schweden ist es so wie überall schwierig, Leute zu finden, die Dienste übernehmen. Wir haben die Schritte, die Traditionen, die Tagesmeditationen und die Meetingsunterlagen, übersetzt. Aber das ist zeitaufwändig.

Per und ich sind das Dienstbüro in Schweden. Wir bemühen uns, die

Gruppen mit Informationen zu versorgen und sie können uns kontaktieren, wenn es etwas gibt, dass ihnen unklar ist. Sie können auch Chips und Bücher bei uns kaufen. Ich denke, ich höre hier mal auf und bedanke mich bei euch allen, dass ihr gekommen seid und uns die Möglichkeit gebt, hier zu sein. Danke.

Per

Ich bin in Genesung mit Annliz. Ich bin wirklich froh, hier bei dieser RCA-Convention in Honolulu zu sein. Diese ist unsere vierte Convention in den Staaten und es ist sehr aufregend, RCA-Freunde zu treffen. Wenn mir jemand vor zwölf Jahren gesagt hätte, dass ich mal bei einer RCA-Convention in Hawai sprechen würde, hätte ich der Person geantwortet, dass sie verrückt sei, denn vor zwölf Jahren war ich ein aktiver Alkoholiker. Ich war so krank, dass mir sogar der Alkohol nicht mehr half. Ich fing schon früh an zu trinken; mit zwölf war ich das erste Mal betrunken. Ich begann immer mehr zu trinken. Bald schon war der Alkohol das wichtigste in meinem Leben. Meinen ersten Alkoholismus-Arzt hatte ich mit fünfzehn und danach war ich bei vielen Therapeuten, Psychologen und anderen Fachleuten für Suchtkranke. Der Alkohol kam zuerst, nicht die Mädels, Freunde und Familie.

Die Folgen des Trinkens wurden für mich immer schlimmer. Ich trank noch 25 Jahre lang weiter. Mit 37 bin ich auf AA gestoßen. Ab November 1990 musste ich nicht mehr trinken. Ich gehe zwei Mal die Woche ins AA-Meeting. Es war eine große Befreiung und Erleichterung, nicht mehr zu trinken. Annliz, meine Eltern, Geschwister, Freunde und Arbeitskollegen atmeten regelrecht auf. All das dank einer Menge Meetings und Dienst in AA; das meiste ist gut gewesen.

Die Jahre gingen nun also vorbei und das Verhältnis zu Annliz war zwar friedlich aber ohne emotionale Wärme. Etwas fehlte. Annliz hatte ihr eigenes Zwölf-Schritte-Programm und ich hatte meins, doch es entstand keine Nähe zwischen uns. Wir hatten nichts Gemeinsames. Wir lebten unter demselben Dach, aber es war nicht gut. Ich liebte Annliz, konnte allerdings nicht akzeptieren, dass ich in unserer Beziehung machtlos war. Also hatten wir nichts zu verlieren, als wir die Chance bekamen, mit RCA in Schweden zu beginnen.

Gastansprache anlässlich der RCA-Convention 2009 in Fort Lauderdale, Florida

Karl und Pat

Karl

Hier sind wir. Eure Gastprecher für die RCA Convention 2009. Ich bin Karl und ich bin in Genesung mit Pat.

Pat

Hallo, ich bin Pat in Genesung mit Karl.

Karl

Wie ihr seht, sind wir nichts Besonderes, nur ein gewöhnliches RCA-Paar. Nun ja, Pat ist in vielerlei Hinsicht etwas Besonderes, aber als Paar betrachtet, sind wir nichts Besonderes. Doch so wie Pat es sagte, als wir letztens mit einem anderen alteingesessenen RCA-Freund plauderten: „Wir haben so viel Glück. Wir haben noch eine Chance bekommen, um ein abwechslungsreiches und ausgefülltes Leben zu führen".

Und wir verdanken so viel davon RCA! Wenn wir nicht rechtzeitig zu RCA gekommen wären, zu diesen außergewöhnlichen Menschen, weiß ich nicht, wo wir heute wären. Bestimmt nicht zusammen, voll Liebe und Freude und frei. Wie John Prine in seinem Song über ein eher durch-schnittliches Paar singt: „Wir sind der große Glückstreffer". Denn trotz all unserer Fehler lieben wir einander, wir sind seit mehr als 30 Jahren zusammen und wir bleiben ein Paar bis dass der Herr uns scheidet. Wir müssen nichts Besonderes sein. Wir können höllischen Mist bauen. Doch wenn wir uns gegenseitig lieben und respektieren als derjenige, der wir sind – nicht als der, von dem der andere denkt, dass wir es sein müssten – wenn wir beständig bleiben, in schwierigen Zeiten genauso wie in guten, dann sind wir die großen Gewinner!

Und kein Mensch hätte ahnen können, dass wir mal Gewinner wären, als man uns zu den anfänglichen RCA-Meetings kommen sah. Wir waren die Misere schlechthin. Ich war ein nörgeliger und demoralisierter Säufer. Ich will nicht Pat's Inventur machen, aber ich vermute, dass sie angeben würde, für dieses Programm höchst geeignet gewesen zu sein. Wir haben beschuldigt, schlecht gemacht, gemobbt und das vom Feinsten! Schlimm für uns beide und schlimm für jeden, der vergeblich versucht hat, uns zu helfen. Aber viele Menschen in diesem Programm hielten zu uns. Jetzt sind es gerade mal 21 Jahre später und schaut uns an – alt und kaputt, wir lieben uns jede Minute, die uns noch bleibt.

Ich bin mir sicher, dass wir eher wegen unserer langen Programmzugegörigkeit für die Grundsatzrede heute Abend ausgewählt wurden als etwa wegen unserer großartigen Arbeit in der Paargenesung. Neben zwei weiteren Paaren (die anonym bleiben möchten) sind Pat und ich schon in RCA gewesen bevor es RCA wurde – und glaubt mir, wir haben jede Minute davon gebraucht. Wir begannen unsere Genesungsreise in Oakland, Kalifornien, in der Kaiser ADAP im Februar 1988. (Für die Nicht-Eingeweihten: ADAP steht für Alkohol- und Drogensuchtprogramm).

Ich nehme an, dass es noch einen weiteren Grund gab, warum wir gebeten wurden, hier zu sprechen. Wir kamen über einen anderen Gründungsimpuls zu RCA als die 1988iger A-Freizeit in Golden Valley, Minnesota, wo Pat Carnes einen Zwölf-Schritte-Ansatz für von Sexsucht zerrüttete Paare einführte. Soviel ich weiß, war dies ein deutlicher Wendepunkt in ihren Leben, so dass sie anschließend weitermachen wollten. Sie begannen regelmäßige Meetings und nannten sich Paare in Genesung. Das geschah in etwa zeitgleich, aber damals hatte noch keine Gruppe etwas von der Anderen gehört.

Da wir keine ausgesprochenen Experten sind, abgesehen davon, lange im Programm zu sein, möchte ich es schlicht halten. Pat und ich werden darüber sprechen, was uns auf den Genesungsweg brachte und wie das zur Gründung einer Paargruppe führte, die sich in einer Kindertagesstätte namens The Snuggery in Berkeley, Kalifornien, traf. Diese frisch aus Al-Anon heraus geborene Gruppe tat sich schließlich mit den lügge gewordenen Paaren in Genesung zusammen, um RCA als etwas Eigenständiges zu bilden, so wie wir es heute kennen und lieben. Abschließend sprechen wir über Pats und meine RCA-Geschichte und was wir gelernt haben – was es uns bedeutet hat.

Bei Kaiser ADAP wurde ich seinerzeit widerwillig in die Genesung vom Alkoholismus eingeführt (und, wie ich später erst begriff, von einer ganzen Menge anderer Süchte einschließlich Drogen, Sex, Essen, Tabak, Spielen, Co-Abhängigkeit und alle möglichen Arten der Beziehungssucht sowie bestimmt noch viele weitere Süchte, die weniger klar definiert sind). Nach meiner Erfahrung ist Sucht wie ein Geschenk, das sich von selbst vervielfältigt. Sobald ich denke, dass ich von einer Sucht genese, stelle ich fest, dass ich mich mit zwei Neuen auseinandersetzen muss.

Meine – bei weitem – schlimmste Sucht war nach Tabak. Ich dachte, ich würde es nie schaffen, das Rauchen aufzugeben. Ich konnte schon nicht mehr zählen, wie oft ich schon versucht hatte aufzuhören, bis es mir endlich gelang. Wenn ich mich recht erinnere, war es 1986, als ich meine Kaffeepause nutzte, um eine Tube TOPOL, also Zahnpasta für Raucher, zu kaufen. Ich werde wohl niemals erfahren, warum ich es gerade dann schaffte aufzuhören, wo ich doch vorher so oft kläglich versagt hatte, aber der Kauf von Zahncreme, nur um Verfärbungen vom Rauchen zu entfernen, hatte so etwas unheimlich Albernes an sich. Noch fast zwei Jahre lang spürte ich den Impuls, eine Zigarette zu rauchen, aber seit diesem Morgen habe ich es nie mehr getan.

Doch etwas Unerwartetes passierte: Nachdem ich aufgehört hatte. Zigaretten zu rauchen, stieg mein Marihuana- und Alkoholkonsum drastisch an. Und meine Probleme mit Pat wurden nur noch schlimmer. *(Wenn du Knall auf Fall die Zigaretten weglässt und dann die meiste Zeit betrunken und bekifft bleibst, wirst du obendrein noch Beziehungsprobleme haben!)*

Pat und ich haben uns immer heftig gestritten. Als unsere Beziehung ca. sechs Monate alt war, gingen wir zu einer Beziehungsberaterin. Unsere durchaus vorhandene Liebe und Leidenschaft litt sehr unter der Streiterei und unserer Unfähigkeit, irgendwelche Beziehungsprobleme zu erkennen, geschweige denn zu lösen. Ihr kennt sie: Geld, Sex und Macht. Von unserer 50-minütigen Beratungseinheit verbrauchten wir 45

Minuten, um zu erklären, dass wir anscheinend nicht klarkamen, obwohl wir uns doch liebten. Die Beraterin hörte uns beiden geduldig zu, seufzte danach und sagte, dass bedauerlicherweise manche Paare einfach mehr Rumgezanke tolerierten als andere. Sie meinte, wir würden wahrscheinlich zusammenbleiben, jedoch wahrscheinlich auch weiter zanken.

In einer frostigen Nacht im Januar 1988 stieß ich auf der vorderen Treppe unseres Hauses in Berkeley auf Pat, die von der Arbeit heimkam. Ich war betrunken (Tequila; wir waren gerade aus Mexiko zurück). Sie war müde und gestresst. Es entstand sogleich ein Streit – die Gattung Geschrei und Gewaltausbrüche, wo die Nachbarn sich genötigt fühlen, die Polizei zu holen „bevor er sie umbringt". Zu allem Überfluss fuchtelte ich mit einem Steakmesser herum (das ich zuvor in der Küche benutzt hatte), um meine besonders scharfsinnigen Argumente zu verdeutlichen. Einer meiner Brüder (die zu Besuch da waren) versuchte einzugreifen. Der größte Teil meiner Erinnerung an den Abend fiel zu meinem Glück einem Filmriss zum Opfer, aber ich weiß noch genau, wie ich Witze riss, dass seine Frau seine Eier als Ohrringe tragen würde, und danach ging das Licht aus. Ich erinnere mich wage daran, dass irgendwann später die Polizei ankam und ich die Beamten in vollkommen betrunkenem Zustand aufforderte, meine beiden Brüder als ungebetene Gäste mitzunehmen. Viel mehr weiß ich nicht mehr.

Pat

Dieser Tag ist mir leider in lebhafter Erinnerung geblieben. Ich kam aus einer ganz anderen Welt. Ahnungslos in Bezug auf Süchte war Trinken für mich eine Sache, die man gelegentlich machte, um Spaß zu haben. Meine Familie hatte eine Menge Probleme, aber sie waren keine Alkoholiker. Mein Vater trank manchmal an heißen Tagen ein Bier, und ich weiß noch, dass meine Eltern ein bisschen Whisky tranken, nachdem mein Vater von der Arbeit nach Hause gekommen war. Das war nicht verboten – es war eben nichts Besonderes.

Ich konnte nicht verstehen, was sich da abspielte, glaube ich... und ich wusste nicht, wo ich hingehen sollte. Als ich Karl kennenlernte, haute er mich regelrecht um mit seinen Ideen in Bezug auf Reisen, Musik und Sachen auszuprobieren, von denen ich noch nicht mal geträumt hätte. Ich hatte eine langjährige Beziehung für ihn aufgegeben.

In dieser Nacht, als seine Brüder da waren, sind wir alle einfach auseinandergegangen. Seine Brüder schienen sich übrigens gar nicht darum zu scheren, wo ich hinging... aber ich nahm den Hund mit und wir suchten ein Motel, das uns beide aufnehmen würde. Ich rief einen meiner Brüder an, der in der Gegend wohnte (als meine letzte Rettung). Er meinte, ich solle bei ihm wohnen.... was ich eine Zeitlang auch machte. Aber dann änderte sich was. Karl hörte auf zu trinken... er hat eine Tante, die bei AA war (und ist). Sie half mehr, als ich mir das je hätte vorstellen können. Ich blieb noch eine Weile bei meinem Bruder und meiner Schwägerin, aber dann kam ich zurück nach Hause. Ich glaubte Karl, als er sagte, er würde nie mehr trinken. Ich hatte noch nie erlebt, dass er mich wegen irgendetwas anlog.

Karl

Als ich am nächsten Morgen aufwachte, lag ich auf dem Fußboden mit dem übelsten Kater, den ich je hatte; die Katze leckte mein Gesicht ab und ich vermutete ganz stark, dass ich was echt Beschissenes angestellt hatte, wovon die Einzelheiten in meinem mit Alk getränkten Hirn dummerweise nicht mehr abrufbar waren. Klar war, dass sowohl meine Brüder als auch meine Frau abgehauen waren und sogar den Hund mitgenommen hatten. Ich war mutterseelenallein (bis auf die Katze) und es ging mir verdammt schlecht. In dem Moment war ich überzeugt, dass mein Leben jetzt vorbei wäre. Daran glaubte ich eine ganze Weile. Zu der Zeit war ich so miserabel drauf, dass ich nicht mal einen Selbstmord zustande gebracht hätte, weil ich *unfähig war, irgendetwas Handfestes zu tun.*

Ich erinnere mich nicht mehr an Details der Tage danach. Irgendwie wurde mir klar, dass Pat endgültig weg wäre, wenn ich nichts gegen das Trinken unternähme. Ich wusste nicht, was ich tun sollte, also rief ich meinen HMO (Bereitschaftsdienst bei Kaiser) an und erkundigte mich nach einer Maßnahme für Alkoholiker. Sie versicherten mir, dass es die gäbe, aber ich müsste noch ein paar Tage auf den Termin für ein Aufnahmegespräch warten. Es wurde mir nahegelegt, in der Zwischenzeit zu AA zu gehen.

Zu dieser Zeit hatte ich gegenüber AA gemischte Gefühle. Ich schämte mich, in Meetings zu gehen, aber sie waren meine einzige Erleichterung von der heftigen Depression, die mich aufzehrte. Ich war dieser elende, nach vorne gebeugte Typ, ganz hinten im Meetingsraum, der kein Wort sagen würde, wenn es nach mir gegangen wäre. Vermutlich hoffte ich, das Programm durch Osmose absolvieren zu können.

Ich hasste es, mich selbst als Alkoholiker zu bezeichnen. Damals war das Problem für mich, dass ich eine Frau liebte, aber ich konnte weder mit ihr noch ohne sie leben. Ihr würdet auch ein bisschen zu viel trinken, wenn Ihr in so einer ausweglosen Beziehung stecktet! Manchmal entglitten eben Dinge und ich merkte es erst zu spät. Ich wollte ihr doch nie diese lauten und bedrohlichen Szenen eines Betrunkenen machen. Eigentlich wollte ich gar nicht erst betrunken werden. Es war nur so, dass der erste Drink so guttat, es musste einfach noch einer hinterherkommen. Ich hatte ein Problem mit dem Trinken aufgrund meiner Beziehungsprobleme, aber ich war in Wirklichkeit kein Alkoholiker.

Und dann gab es da immer dieses „Gerede über Gott" in den AA-Meetings. Ihr müsst verstehen, ich bin das Kind eines Predigers. Wenn man in einem Haushalt aufwächst, wo Religion sozusagen den Familienbetrieb darstellt, macht man entweder das Gleiche oder man entfernt sich so weit es geht davon. Es gibt nichts dazwischen! Und außerdem hatte Alkoholismus (oder was immer mein Problem war) nichts mit Religion oder dem Mangel daran zu tun. Es war ein medizinisches, psychologisches oder soziales Problem, aber bestimmt kein Religionsproblem. Wenn ich zu einem Psalmen singenden, bibeltreuen Evangelist werden sollte, der Gott auf Knien um Hilfe anflehte, dann würde ich lieber ein Trinker bleiben.

Das Programm von Kaiser-ADAP übernahm den Zwölf-Schritte-Ansatz, aber der Ablauf wurde ein bisschen abgewandelt. Aus der Kaiserperspektive war es erfolglos, den Alkoholiker *isoliert* zu behandeln. Er kam aus einem Familienzusammenhang, der sogenannten Familienmatrix, und würde auch dahin zurückkehren. In der Familienmatrix des Alkoholikers hatte sich ein Tanz entwickelt und jeder machte die ihm zugewiesenen Schritte. Wenn ein Trinker trocken wurde, passte das nicht mehr ins Schema des Familientanzes. So sehr sie sich auch rechtfertigten, dass sie seine Trockenheit bestimmt wollten, so würden sie doch auf subtile Art Druck ausüben, damit er seine gewohnte Rolle im Familientanz wieder einnähme.

Idealerweise würde man die ganze Familie behandeln, damit sie alle gleichzeitig von ihren Süchten, Co-Süchten, Co-Abhängigkeiten und anderen Dysfunktionen genesen könnten. Da dies jedoch meistens nicht durchführbar war, bestand Kaiser darauf, dass wenigstens die wichtigste Bezugsperson mit dem Alkoholiker in das Programm kam. Ich erinnere mich an eine Frau, die mit ihrem Sohn im Teenageralter kam – mehr war von ihrer Familie nicht mehr übrig.

Auf diese Weise war das ADAP-Programm voller Paare, die lernten, *dass sie beide Genesung brauchten,* nicht nur die „als süchtig deklarierte Person". Genesungsarbeit war nicht etwas, was der Alkoholiker alleine machte und dann geheilt wieder nach Hause zurückkehrte. Aber so wie wir den Tanz der Sucht zusammen getanzt hatten, sollten wir auch den Tanz der Genesung zusammen tanzen. Es bot uns einen fundierten Einblick in das Wesen der Familiensysteme und der Sucht. Und es bleibt bis heute ein grundlegender Baustein der „Paargenesung" und von RCA.

Pat

Bis Karl mich bat, mit in dieses Meeting zu kommen, hatte ich noch nie den Begriff „co-abhängig" gehört. Ich dachte, dass es eine gute Sache sei… warum also nicht? Demnach leistete ich „Hilfe". Mann, was ein Irrtum! Ich ging zu den Kaisermeetings und auch ganz regelmäßig zu Al-Anon. Ich begab mich in eine neue Welt und stellte bald fest, dass ich mein anderes Leben hinter mir ließ. Meine Familie verstand das sicher nicht, aber die Menschen in den Meetings taten es sehr wohl. Ich fand es befreiend, tatsächlich in der Lage zu sein, offen über die Dinge zu sprechen. Allerdings hatte ich bei den Besuchen der Kaiser-Meetings noch im Geist die Vorstellung, dass alles nach ein paar Monaten erledigt wäre, dass wir dann unser Leben weiterführten, nur eben ohne Alkohol, und deshalb vermutlich besser miteinander auskommen würden. Wenn mir jemand gesagt hätte, dass wir zwanzig Jahre später noch immer an unserer Beziehung arbeiten, in Meetings gehen und zu „Genesungsgruppen" gehören würden, hätte ich denjenigen für verrückt erklärt.

Karl

Die Kaiserphase dauerte etwa sechs Monate. Dann sagte man uns, wir sollten unsere Maßnahmen zur Paargenesung außerhalb von Kaiser ADAP weiterführen. Das Problem war nur, dass es zwar AA und Al-Anon gab, aber nichts, was der uns so wichtig gewordenen Art der Unterstützung und Genesungsbegleitung gleichkam. Als Paar wurden wir nirgends unterstützt.

Und nichts begeisterte uns so wie die Vorgehensweise von Kaiser ADAP. Ich weiß nicht, wie ich das erklären soll, aber als wir in die Genesungsgruppen für unsere diversen Süchte und Co-Abhängigkeiten kamen, waren wir ganz schön entmutigt. Es kam uns vor, als wäre das Leben nun vorbei. Wir würden zwar weiterleben dürfen, aber wir wären wie aus dem Nest gestoßen und scheinbar ohne Hoffnung auf Erlösung.

Zum Ende der Kaiserphase hin waren wir aufgeweckt und gut gelaunt. Wir wussten alle, dass unsere Süchte und die Beziehungsprobleme miteinander verknüpft waren, aber wir hatten keine Idee, wie wir das angehen sollten. AA und Al-Anon eigneten sich, um uns auf die eigene Genesung zu konzentrieren, aber im Kaiserprogramm hatten wir zusammen mit unserer Bezugsperson gearbeitet, um uns sowohl unserer Sucht als auch den Beziehungsproblemen – in ihrer vielschichtigen Problematik – zu stellen. Es gefiel uns, zusammen zu arbeiten! Wir fingen an, die gleiche Sprache zu sprechen und mit anderen Paaren gemeinsame Ziele zu verfolgen. Wir sahen, dass andere Paare, die im selben Programm arbeiteten, die gleichen Schwierigkeiten hatten. Wir kamen zurecht – bei manchen Sachen zum ersten Mal seit Jahren! Als wir anfangs ins Meeting kamen, dachten wir „Gebt die Hoffnung auf, wenn ihr hier reinkommt" und wir kamen heraus mit mehr Hoffnung als wir seit Jahren gehabt hatten. Und dann sagte Kaiser uns, wir sollten alleine in die Welt hinausgehen.

Abgesehen von den Kursen und Meetings, die wir bei Kaiser ADAP hatten, gewöhnten sich mehrere Paare an, danach zusammen Pizza essen oder Kaffee trinken zu gehen. Wir besprachen, was wir gerade lernten und freundeten uns mit den anderen Paaren an. Ich vermute, dass aus diesen „Meetings nach dem Meeting" später die West Coast's Couple Recovery (Paargenesung der Westküste) hervorging. Mehrere Paare der Kaiserorganisation (zwei bis drei davon bis heute noch in RCA) entschieden, dass wir in Ermangelung von Meetings, die unserer Paargenesung halfen, verdammt nochmal unsere eigene Unterstützung und Genesung machen könnten. Wir brauchten nur einen Meetingsraum, um uns zu treffen.

Wir hatten zu der Zeit noch nicht das Bild des dreibeinigen Schemels im Sinn, aber wir begriffen, dass wir eine Kombination aus eigener, persönlicher Genesung und Paargenesung brauchten, um wirklich auf den Weg zur Genesung zu kommen. Wir hatten auch Horrorgeschichten darüber gehört, wie wenige Paare fünf Jahre später überhaupt noch zusammen waren, wenn einer der beiden alleine in einem Genesungsprogramm arbeitet. Wenn wir nicht zusammen als Paare genesen und Hilfe für unsere Paarbeziehung finden konnten, wäre die Wahrscheinlichkeit hoch, dass unsere Beziehungen kaputt gingen. Darüber hinaus – und das war noch schlimmer – waren wir davon überzeugt, dass wir es später in einer neuen Paarbeziehung mit den gleichen dysfunktionalen Problemen zu tun hätten. In RCA sagen wir: wenn wir unsere Paarbeziehungsangelegenheiten nicht mit unserem aktuellen Partner bewältigen, werden wir bei einem neuen Partner gerade wieder mit ihnen konfrontiert. Meiner Meinung nach waren diese Befürchtungen gerechtfertigt.

Wir glaubten auch, dass Paargenesung die härteste und gleichzeitig die wichtigste Genesung für uns war. Hier ging Genesungsarbeit in die Tiefe, wir würden mit unseren innersten Ängsten konfrontiert und taten das alles, ohne uns vor dem Kritiker, der uns am nächsten stand, verstecken zu können. Da wir aus Suchtfamilien kamen, wussten wir, dass bei uns Sucht und Näheprobleme eng verknüpft waren. Aber wenn wir diese Dinge gemeinsam bearbeiten könnten, würden wir vielleicht wirkliche Freiheit erleben. Es ist eine gute Sache, zu lernen, wie man ohne Alkohol oder Drogen lebt, aber zu lernen, wie man glücklich als Intimpartner, Elternteil und Freund lebt, das wäre grandios! Für den Anfang brauchten wir den Mut, uns auf etwas wirklich Beängstigendes einzulassen, und einen Meetingsraum.

Ein Paar, das mit einigen anderen in unserer kleinen Gruppe befreundet war, bekam von ihrem Chef die Erlaubnis, sich abends mit uns in ihrer Kindertagesstätte „The Snuggery" zu treffen.

Pat

Eines Abends war ich bei einem Al-Anon-Meeting in Oakland, wo am Ende ein Typ aufstand und sagte, dass er und seine Frau mit anderen Paaren aus dem Genesungsprogramm zusammenkommen wollten. Er verteilte Adresse, Datum und Uhrzeit, wann dieses Treffen stattfinden sollte, und lud uns ein, es auszuprobieren. Ich ging nach Hause, erzählte es Karl und der war ganz dafür. Als wir nun an einem Freitagabend zur Kita „The Snuggery" gingen, war das für uns der Anfang von RCA. Wir sind noch immer in Kontakt mit mehreren Paaren aus der kleinen Gruppe von damals. Mindestens drei Paare aus der Gründungsgruppe gehören noch zu unseren besten Freunden. Sie haben mehr tragische Höhen und Tiefen von uns miterlebt, als wir es je für möglich gehalten hätten. Aber sie waren uns immer eine Stütze und verurteilen uns nicht, im Gegensatz zu manchen Familienmitgliedern und Freunden, die wirklich nichts verstanden und nicht nachvollziehen konnten, warum wir die Sache nicht einfach irgendwann abhakten.

Karl

Wir haben uns bei dieser Convention ein bisschen über Dienst unterhalten. Mehr als ein Paar hat erzählt, dass es im näheren Umkreis ihres Wohnorts noch keine Paargruppen gab und da sie mit ihren Beziehungen so gut wie am Ende waren, gründeten sie ihre eigenen Gruppen. Also das ist Dienst mit einem extragroßen „D". Genau das hat die Gruppe in Golden Valley nach einer A-Freizeit gemacht. Das hat auch ein Paar direkt hier in Florida gemacht. Die erfolgreiche Verbreitung von RCA wäre in Florida bestimmt nicht möglich gewesen, wenn sie nicht die Energie aus ihren Ängsten, ihrer Scham und ihrem Schmerz gebündelt in den Dienst am Anderen umgeleitet hätten und so zu ihrer eigenen Genesung beitragen konnten.

Den gleichen Weg gingen auch einige Paare aus der Gegend von San Francisco Bay im September 1988. Wir waren das nicht. Wir waren mit den Paaren befreundet, die das gemacht haben, und profitierten von ihrer Energie, ihrem Mut und ihrer Zuversicht. Und dafür sind wir unermesslich dankbar.

In der ersten Zeit wussten wir gar nicht so recht, was für eine Art Gruppe wir waren. Da die meisten von uns Alkoholiker oder mit Alkoholikern liiert waren, spielten wir mit dem Gedanken, uns AA anzuschließen. Andererseits kam die bei uns benutzte Literatur hauptsächlich von Al-Anon und wir konzentrierten uns auf Paargenesung, so dass wir zunächst entschieden, uns mit Al-Anon zusammenzuschließen. Al-Anon schien unseren Schritt zu begrüßen. Eine Zeitlang wirkte es so, als würden wir vielleicht die neueste Entwicklungsrichtung für Al-Anon vorgeben. Das war alles sehr aufregend!

Als dann unsere flügge gewordene Gruppe beschloss, bei regionalen und nationalen Angelegenheiten mitzuwirken, mussten wir feststellen, dass es eine Regel gab, die Süchtige von Ämtern bei Al-Anon ausschloss. Die Hälfte unserer Gemeinschaft war entrechtet. Aber was noch bedeutender war, unsere Gruppe basierte auf dem Gleichstellungsprinzip der Partner in einer Paarbeziehung. Wir waren alle in einer verbindlichen Paarbeziehung. Die war sicherlich dysfunktional, aber den entsprechenden Paarbeziehungstanz tanzten wir zusammen. Die Paarbeziehung konnte nicht genesen, wenn ein Teil davon verteufelt und entrechtet wurde.

Ich bin sicher, dass Al-Anon ausreichend gute Gründe für die Aufstellung und Beibehaltung dieser Regel hat. Uns sagt das jedoch, dass die Ausrichtung von Al-Anon im Grundsatz anders war als bei uns. Al-Anon legte den Schwerpunkt auf die Genesung der *einzelnen* Person, die von Sucht in ihrer Beziehung betroffen war. Wir konzentrierten uns auf die *Genesung der Paarbeziehung und jedes Einzelnen in ihr.*

Als Gruppe bewundern wir heute wie damals Al-Anons großartige Arbeit. Pat wird euch erzählen, was für eine Super-Hilfe Al-Anon für sie war. Doch deren Schwerpunkt ist der Einzelne, der durch Sucht beeinträchtigt ist, mit oder ohne das Überleben und Genesen der Partnerschaft. Es war klar, dass unsere Gruppe nicht mehr länger in diese Kategorie eingeordnet werden kann. Wir schauten uns nach einer anderen Zwölf-Schritte-Gruppe um, der wir uns anschließen könnten.

Eine Zeitlang zogen wir auch CoDA für einen Zusammenschluss in Betracht, aber nicht alle wollten sich als co-abhängig bezeichnen (*obwohl ich das im Nachhinein sehr häufig für Verleugnung halte).* Allerding hat wieder deren Fokus auf die Einzelperson den Ausschlag gegeben. *(In den Meetings, die ich besuchte, waren die meisten Teilnehmer noch nicht mal in einer Beziehung!).* Unser Schwerpunkt war natürlich, dass der Einzelnen nicht isoliert sondern innerhalb der Paarbeziehung mit seinem Partner von Co-Abhängigkeit genesen würde.

Pat

Wo immer wir hinschauten, konzentrierten sich alle Zwölf-Schritte-Programme auf die Genesung der *Einzelperson.* Familien- oder Paargenesung, wenn überhaupt vorhanden, war eine Nebensache, nicht die Hauptsache. Dann ist einer aus unserer Gruppe auf einen Artikel in der Zeitschrift „Recovery" gestoßen, über ein praktisch unbekanntes Zwölf-Schritte-Programm, das gerade erst in Golden Valley, Minnesota, gegründet worden war. Es widmete sich der Genesung von Familien, die den Gefahren von Sexsucht ausgesetzt waren. Je länger er las, desto mehr dachte er, wir könnten dazu passen. Obwohl wir uns auf sehr unterschiedliche Arten von Sucht ausrichteten, war deren Einstellung zum Einfluss von Sucht auf die Familie und die Notwendigkeit, die Familie in der Genesung zusammenzuführen, für uns durchaus logisch. Nachdem er uns seine Entdeckung erzählt hatte, stimmten wir dafür, der Möglichkeit eines Zusammenschlusses mit Recovering Couples Anonymous nachzugehen.

Der Rest ist, wie man sagt, Geschichte. Die beiden Initiativen haben sich zusammengeschlossen und wurden RCA, Paare in Genesung, wie wir es heute noch nennen. Es ist nicht mehr bloß das Genesungsprogramm für Suchtfamilien – sei es aufgrund von Sexsucht oder einer stofflichen Abhängigkeit – sondern für jede Familie, die von so gut wie jedweder Dysfunktion beeinträchtigt ist. Natürlich sind wir das praktisch alle.

Karl

Pat und ich sind durch viele Verwandlungen gegangen seit wir in dieses Programm kamen. Ich denke, meine Frau würde mir zustimmen, dass wir ohne das Kaiser ADAP-Programm vor ca. einundzwanzig Jahren und die Fortführung mit den verschiedenen Entwicklungsstadien von RCA, heute nicht mehr zusammen leben würden und nicht so glücklich und zufrieden wären, wie wir es heute sind. Das war ein Geschenk unserer Höheren Macht für jeden Einzelnen und für uns als Paar. Ihr seht hier ein Wunder, das leibhaftig vor euch steht.

Pat

Ich bin vollkommen einverstanden mit allem, was Karl über unseren Prozess gesagt hat (und das kommt in unserem Alltag eigentlich ziemlich selten vor). Ich bin normalerweise kein Gruppenmensch. Es macht mir nichts aus, Dinge alleine zu machen und in einer Gruppe stehe ich normalerweise nicht im Mittelpunkt. In unserer Familie haben wir nie über Gefühle gesprochen.... wir nahmen die Dinge, wie sie kamen und beklagten uns nicht darüber. Karls Familie redet (die ganze Zeit). Ich glaube, als ich sie zum ersten Mal traf, sagte ich keinen Mucks; und ich glaube, das merkte keiner.

Karl

Vor kurzem hatte ich die Ehre, an der Erstellung der neuesten Ausgabe des *Blauen Buchs* mitzuarbeiten. Diejenigen, die im Literaturausschuss waren, mussten zwangsläufig ausgiebig über die tiefere Bedeutung aller Aspekte unseres Programms nachdenken. Das hat dazu geführt, dass ich die Geschenke, die dieses Programm mir und uns gegeben hat, wieder neu wertschätze.

Ich möchte gerne ein paar davon mit euch teilen. Es sind nur einige der Geschenke die wir bekommen haben. Wenn wir alle erhaltenen Geschenke beschreiben müssten, wären wir die ganze Nacht hier. Ich bin mir sicher, dass das niemand so toll fände. Bitte bedenkt auch, dass ich nur für mich selbst oder bestenfalls für meine Paarbeziehung spreche. So wie es in der amerikanischen Autowerbung heißt: „Ihr Spritverbrauch kann abweichen!"

Zunächst möchte ich sagen, dass auch ganz „kleine" Verbesserungen im Verständnis füreinander auf lange Sicht riesengroß sein können. Nun zum ersten Geschenk: Einer der Vorteile, zusammen im Kaiser ADAP-Programm und später die ganzen Jahre in RCA gewesen zu sein, ist, dass

Pat und ich eine Sprache entwickelt haben, mit der wir uns gegenseitig verstehen und die wir beide akzeptieren.

Pat

Ihr habt keine Ahnung, was das für uns bedeutete! Ich bin aus einer Großstadt im Norden, katholisch und die Jüngste von sieben Kindern. Karl ist aus dem Süden, evangelisch, vom Land und der Älteste von fünf Kindern. Wir haben permanent aneinander vorbeigeredet und uns genau die falschen Signale gegeben. Wir dachten, wir würden verstehen, was wir einander mitteilten, aber unsere Körpersprache und unsere Interpretationen des vermeintlich Verstandenen gingen vollkommen daneben. Banale Missverständnisse konnten sich hochschaukeln und zu wochenlangen Beziehungsstreitigkeiten führen. Wir hatten null Vertrauen, weil wir immer dachten, der andere würde uns anlügen. Das lag einfach nur daran, dass wir bestimmte Signale vollkommen missverstanden.

Kaiser ADAP und RCA verhalfen uns zu einer einheitlichen Betrachtungsweise der Sucht und zu einer gemeinsamen Sprache, um diese auszudrücken. Wir lernten, Ich-Botschaften anstelle von Du-Botschaften zu verwenden. Wir gewöhnten uns an, den Partner zu bitten, das von uns Gesagte zu „spiegeln", statt davon auszugehen, dass wir uns absolut klar ausgedrückt hatten. Und über die Jahre haben wir in Meetings und Gesprächen mit Freunden aus dem Programm ein Vokabular aufgebaut, das wir beide gleichermaßen verstehen. Wir konnten manchmal schon hören, was der Andere erst noch von sich geben wollte. Dieses neue Vokabular ist noch immer nicht perfekt, aber es hat schon einen himmelweiten Unterschied für unsere Paarbeziehung und unser gegenseitiges Vertrauen ausgemacht.

Karl

Geschenk Nr. 2: Du musst im Programm nicht gut sein, um etwas zurückzubekommen. Du musst nur immer wieder kommen. Pat und ich sind seit 21 Jahren plus ein paar Monate im Programm. Wir waren nie die sogenannten „guten Programmleute". Wir sträubten uns, die Vorgaben unserer Sponsoren oder des Programms selbst zu akzeptieren und noch viel weniger wollten wir sie in die Tat umsetzen. Ob es das Gerede von

„Gott" war oder man darauf bestand, dass ich mich auf mich selbst besinnen solle und nicht auf die Marotten meiner Partnerin, ich habe nur widerwillig die Programmvorschläge für mein Leben angenommen und sie nicht gerade sehr enthusiastisch in die Tat umgesetzt.

Es steht außer Frage: wären Pat und ich für die Vorschläge des Programms von Anfang an zugänglicher gewesen, hätten wir schon früher stärker davon profitiert. Aber wenn ich der Typ Mensch gewesen wäre, der von Anderen Anweisungen für seine Lebensführung annimmt, wäre ich gar nicht erst ins Programm gekommen! Du bekommst, was du bekommen kannst, wenn du es bekommen kannst. Der Lehrer kommt, sobald der Schüler bereit ist.

Pat

Eins funktionierte bei uns: wir kamen immer wieder. Bei der dummen Streiterei mit überflüssigen Verletzungen wussten wir immerhin, dass wir uns wieder ein Stück weit davon befreien würden, wenn wir zu einem Meeting gingen oder mit unserem Sponsor in einem Schritt arbeiteten. Unser Leben wurde ein kleines Bisschen gesünder. Irgendwie kamen wir zu der Einsicht, dass das, was bei anderen funktionierte, auch uns helfen dürfte. Vielleicht wurden wir nur des ständigen Streitens müde und gaben auf, uns emotional an unseren persönlichen Stolz zu klammern – jenes Bedürfnis, immer Recht haben zu müssen, was uns irgendwann umgebracht hätte. Das Wunder kam spät bei uns, weil wir arrogant und störrisch waren. Es hätte sich aber nie ereignet, wären wir nicht bereit gewesen, immer wieder zu kommen.

Karl

Geschenk Nr. 3 ist die Erkenntnis: Pat ist nicht schuld! Ja, mein Leben wäre leichter gewesen, wenn Pat mehr dem entsprochen hätte, was mir gefiel. Zweifellos wäre ihr Leben leichter gewesen, wenn ich mehr dem entsprochen hätte, was ihr gefiel. Ich war nicht so, sie war nicht so. Und egal wie stark wir uns bemühten und wie sehr wir es versuchten, wir konnten den Anderen nicht nach unserem idealisierten Bild von einem perfekten Partner umformen. Und wir haben uns weiß Gott wie stark bemüht und es weiß Gott wie oft versucht.

Im Blauen RCA-Buch heißt es, dass jeder von uns zu 100% für die Gesundheit oder die Dysfunktion unserer Paarbeziehung verantwortlich ist. Für mich klang das falsch. Wie konnte jeder 100% Verantwortung für unsere Paarbeziehung haben? Nun, das macht vielleicht keinen logischen Sinn, aber es macht umso mehr „psychologischen" Sinn. Das ist so wie bei einem dieser Zen-Paradoxe, die eine unlösbare Aufgabe stellen, mit denen du dazu gebracht wirst, die Realität mit anderen Augen zu sehen.

Mein Problem war nicht, ob ich oder Pat Recht hatten. Es ging darum, *wie wir zusammen glücklich und zufrieden sein konnten,* und das wurde nicht erreicht, indem ich ihre Fehler kritisierte, egal wie berechtigt die Kritik vielleicht gewesen wäre. Auf diese Weise konnte kein Vertrauen aufgebaut und kein Sinn für ein gemeinsames Lebensziel entwickelt werden, was ich aber eigentlich gerne wollte.

Da ich Pats Wesen nicht ändern konnte – bestenfalls konnte ich sie dazu bringen, sich äußerlich in gewissem Maße anzupassen – musste ich schauen, ob sie „im Wesentlichen" die Frau war, in die ich mich verliebt hatte und wenn ja, wie ich zu dieser Frau wieder eine Verbindung herstellen konnte. In anderen Worten, wenn ich keine Lust hatte, sofort wegzurennen und den nächstmöglichen Fluchtweg zum Verlassen der Ehe zu nehmen, war es meine Aufgabe, einen Weg zu finden, um gegenseitiges Vertrauen und den Glauben aneinander wieder herzustellen. Und darauf zu vertrauen, dass wenn ich mein Möglichstes dafür tue, Pat in gleicher Weise darauf reagieren würde. Es war hart, aber ich hab's versucht – und Pat ebenfalls. Sie ist immer noch die Person, in die ich mich vor vielen Jahren verliebt habe – und so viel mehr!

Pat

Ein weiteres Geschenk von RCA sind die bemerkenswerten Menschen, wie wir in diesem Programm kennen und lieben gelernt haben. Menschen, die es trotz ihrer zerstörerischen Belastung mit Sucht- und Nähestörungen irgendwie geschafft haben, ihre persönlichen Probleme in eine Quelle der Kraft für sich und andere umzuwandeln. Wir verlassen uns immer noch auf die starke Unterstützung durch die Menschen, die wir vor einundzwanzig Jahren bei Kaiser ADAP getroffen haben. Sie halfen uns, ohne zu verurteilen, während all der Jahre qualvollen Wachsens und sie sind uns heute noch immens wichtig. Es gibt keine tiefere Freundschaft als jene, die man mit Menschen eingegangen ist, die einem in wirklich schlimmen Zeiten zur Seite gestanden haben. Fragt einen Kriegsveteranen nach einem Kumpel, mit dem er bei einem Angriff zusammen gekämpft hat! Nun, diese Freundschaften halten viel länger und sind viel intensiver! Ohne solche Freundschaften wären Karl und ich nicht da, wo wir jetzt sind – nämlich hier!

Karl

Daran anknüpfend denke ich, wenn die Menschen, die gemeinsam im Genesungsprogramm sind, sich außerhalb der Meetings zusammenfinden und anfreunden, tut das ihnen und den Meetings gut. Wenn die Teilnehmer eines Genesungsmeetings nicht diese gemeinschaftlichen Verbindungen eingehen und keine Beziehungen außerhalb der Meetings entwickeln, kann die Genesung nur halbwegs stattfinden. Sie wird sogar verkümmern und das Meeting scheitern. Meetings, *die zusammen spielen, genesen zusammen.*

Und schließlich: Es mag zuerst wie das Ende der Welt erscheinen, aber eigentlich ist es ein Abenteuer! Am Anfang sagte ich, dass Pat und ich aus den falschen Gründen hier hineingeraten sind, aber auf den zweiten Blick waren es nur kurzsichtige Gründe. Zunächst habe ich an kaum etwas geglaubt und hatte die Vorstellung, dass was immer in meinem Leben gut war, nun vorbei wäre, sofern es überhaupt jemals etwas Gutes gegeben hatte. Ich sah mich als Taugenichts und die Aufnahme in ein Suchtprogramm bewies genau das. Meine größte Hoffnung war, dass Pat mich nicht verlassen würde, wenn ich eine Zeitlang angepasst im Programm bliebe. Und vielleicht würde ich meinen Alkohol- und Drogenkonsum kontrollieren lernen.

Ich erinnere mich noch an eine Frau, als sie am Anfang der Genesung stand. Sie ging den Gang runter und sagte jammernd zu ihrem Mann: „Wenn ich keinen Wein trinken kann, wie sollen wir denn da essen gehen? Bedeutet das, wir können in kein schönes Lokal mehr gehen? Müssen wir den Rest unseres Lebens bei McDonald's essen?

Zu dieser Zeit fühlte ich mich leer und bedrückt in Bezug auf mein Leben im Allgemeinen und meine Chancen, jemals glücklich zu werden. Ich hatte keine Ahnung, dass ich in das größte Abenteuer meines Lebens eingestiegen war und dass ich Liebe und Verständnis jenseits meiner kühnsten Träume erleben würde.

Pat

Mein Leben wäre zweifellos ohne RCA ganz anders verlaufen. Ich lernte Menschen zuzuhören, ohne sie zu unterbrechen. Ich lernte zu sagen „ich fühle" anstelle von „du musst". Es ist bis jetzt noch nicht perfekt .... aber ich frage mich, ob es irgendetwas gibt, das wirklich perfekt ist. Wir waren im Laufe der Jahre bei vielen Conventions und haben ein paar Jahre leitende Dienste übernommen. Von jeder Erfahrung mit RCA haben wir etwas über uns selbst gelernt. Ich bin vor kurzem nach über dreißig Jahren Berufstätigkeit auf derselben Arbeitsstelle in den Ruhestand getreten. Die Kollegen fragten mich, was ich machte und ob ich die Arbeit nicht vermissen würde. Ich verneinte das immer. Ich glaube wirklich, dass ein Großteil dieses Zufriedenheitsgefühls daran liegt, dass Karl und ich uns letztlich verstehen und wir uns bewusst sind, wie reichhaltig ausgefüllt unser Leben war. Ich glaube, dass ich mehr als alles andere einfach Glück gehabt habe. Danke euch allen, dass ihr hier seid.

Anhang

Die Sprache von RCA

Ausdrücke und Redewendungen, die du in Meetings hören wirst

Begriffe aus dem Zwölf-Schritte-Programm

Für Neue bei RCA und in anderen Zwölf-Schritte-Gemeinschaften können einige Ausdrücke, die die Erfahreneren so selbstverständlich benutzen, verwirrend sein. Um also sicherzustellen, dass ihr „eingeweiht seid", haben wir einige unserer speziellen Ausdrücke hier aufgelistet:

Das Gelassenheitsgebet

"Gott, gebe mir die Gelassenheit, die Dinge anzunehmen, die ich nicht ändern kann; den Mut, Dinge zu ändern, die ich ändern kann und die Weisheit, das eine vom anderen zu unterscheiden."

Das Gebet stammt zwar nicht ursprünglich aus den Zwölf-Schritte-Programmen, doch es wird häufig eingesetzt, um uns (wieder) mit der Quelle unserer Spiritualität zu verbinden. In RCA ersetzen wir das „ich" und „mir" durch „wir" und „uns".

Die Leitsätze

Es geht auch einfach

Dieser Leitsatz bringt uns wieder in Balance und befreit uns von dem Stressgefühl, zu viel zu schnell erledigen zu wollen.

HALT

Werde niemals zu hungrig, ärgerlich, einsam oder müde (aus dem Englischen „ Hungry, Angry, Lonely, or Tired"). Dies ist ein grundlegendes Prinzip der Selbstfürsorge.

Halt es einfach

Vermeide es, die Dinge komplizierter als nötig zu machen.

Einen Tag nach dem anderen; Nur für heute; nur für 24 Stunden.

Dies sind Schlüssel um sich auf „das Jetzt" auszurichten.

Begriffe aus dem RCA-Programm

Affirmationen

Positive Aussagen die wir treffen, um uns für die Möglichkeit der Veränderung zu öffnen.

Bestätigung

Unsere Wahrnehmung einer Situation äußern.

Schuldzuweisung

Keine Eigenverantwortung übernehmen, indem man anderen die Schuld zuschiebt. Schuldzuweisungen machen die Situation oft schlimmer, weil sie zu Rechtfertigungsreaktionen und Widerstand führt.

Jemanden bewusst in Rage bringen; jemandes Knöpfe drücken

Etwas sagen oder tun, womit wir eine alte Verletzung berühren und dadurch bei unserem Partner eine negative Reaktion auslösen.

Absicherung („Büchstutzen")

Das Sponsorpaar treffen oder anrufen, bevor oder nachdem wir eine schwierige Entscheidung treffen oder etwas Schwieriges tun.

Einchecken

Kurz teilen, wie wir uns fühlen und was in unserem Leben und in der Paarbeziehung ansteht. Normalerweise machen wir dies in einem Meeting, aber auch mit Sponsoren oder im Zweiermeeting.

Vertrag (siehe auch schriftliche Vereinbarung)

Eine schriftliche Vereinbarung mit unserem Partner, in der wir festlegen, welches Verhalten in bestimmten Situationen akzeptabel ist, z.B. ein Vertrag über „faires Streiten", der angemessenes Verhalten während einer Auseinandersetzung definiert. Verträge werden so lange verhandelt, bis beide Partner ihnen zustimmen, dann unterschrieben und häufig von den Sponsoren bezeugt.

Crosstalk (Discussieren/Dazwischensprechen)

Jede Interaktion oder Unterbrechung, welche die Aufmerksamkeit vom Geteilten ablenkt. Dazu gehören sowohl Äußerungen wie Stöhnen und „ohs", auffällige Gesichtsausdrücke und Körpersprache als auch Kommentare zum Inhalt. Jedes Teilen sollte sich an die gesamte Gruppe wenden und keinesfalls nur an eine Person, insbesondere nicht an den Partner.

Vertrag über faires Streiten

Eine schriftliche Vereinbarung, die angemessenes Verhalten während eines Streits oder bei einem Konflikt festlegt. (Siehe Beispielverträge im folgenden Abschnitt)

"Ich"-Botschaften

Lernen, im Gespräch die Aufmerksamkeit weg vom Partner und statt-dessen hin zu uns selbst zu lenken. Statt „du warst so unverschämt, mich eine Stunde warten zu lassen", kann der Partner etwa sagen: „ich fühlte mich gekränkt, als du zu spät kamst und nicht angerufen hattest." Bei den Ich-Botschaften geht es um unsere eigenen emotionalen und körper-lichen Empfindungen.

Zweiermeeting

Meeting der beiden Partner eines Paares im Format des RCA-Mee-tings; beispielsweise wird am Anfang und am Ende ein Gebet gespro-chen. Die Anwendung des Sicherheitsleitfadens gewährleistet einen res-pektvollen Austausch.

Moratorium/Auszeit

Ein frustrierendes oder aufreibendes Gespräch für eine festgelegte Dauer unterbrechen, um jedem der Partner Zeit zu geben „sich abzuküh-len".

Altes Verhalten

In Verhaltensweisen zurückverfallen, die wir vor der Genesung hat-ten. Aufgrund von unbewussten Mustern und Reflexen unproduktiv oder verletzend reagieren.

Respektvolle Kommunikation

Einander respektvoll zuhören, um zu verstehen, was mitgeteilt wird. Erst denken, dann reden und mit Respekt sprechen.

Sicherheitsleitfaden

Regeln für die Kommunikation in RCA-Meetings und in Zweiermee-tings (Seite 67).

Beschämen

Der Versuch, den Partner zu verletzen, indem man ihn für die Dysfunktion der Beziehung verantwortlich macht – als Mittel der Kontrolle.

Sponsoren

Ein Paar, das ihr euch aussucht, um mit dessen Begleitung und Unterstützung im Programm zu arbeiten.

Die Inventur des/der Anderen machen

Sich vornehmlich darum kümmern, was ein Anderer falsch macht, anstatt sich auf das eigene Genesungsprogramm zu konzentrieren.

Schriftliche Vereinbarung (siehe auch Vertrag)

Eine schriftliche Vereinbarung mit unserem Partner, in der wir festlegen, welches Verhalten in bestimmten Situationen akzeptabel ist, z.B. ein Vertrag über „faires Streiten", der angemessenes Verhalten während einer Auseinandersetzung definiert. Schriftliche Vereinbarungen werden so lange verhandelt, bis beide Partner ihnen zustimmen, dann unterschrieben und häufig von den Sponsoren bezeugt.

Verträge und schriftliche Vereinbarungen

Als wir zu RCA kamen fragten wir uns, wie unser Vertrauen in eine Höhere Macht uns helfen könnte, unsere Mängel zu beseitigen. Wo könnten wir Hilfe bekommen, um zu erfahren, wie man Gespräche führt, fair streitet, gesunde Sexualität lebt usw.? Viele von uns fanden, dass Verträge oder schriftliche Vereinbarungen wichtige Hilfsmittel waren. Egal wie kurz oder lang ihr bei RCA seid, wir legen euch dringend nahe, die Regeln des Sicherheitsleitfadens (Seite 67) als Vereinbarung in euren ersten Vertrag aufzunehmen. Das kann sehr hilfreich werden, wenn ihr über etwas Heikles oder Intimes sprecht.

Wir schlagen vor, die folgenden Themen für eure Verträge zu erforschen.

Sexualität

Die folgenden Fragen fanden wir in Bezug auf unsere Sexualität hilfreich: Haben wir in Erwägung gezogen, einen Therapeuten zu Rate zu ziehen, um bestimmte Einstellungen und Verhaltensweisen zu hinterfragen? Haben wir darüber gesprochen, in unserem Vertrag eine Zeit ohne Sexualität zu vereinbaren, um sexuellen Druck aus der Beziehung herauszunehmen? Brauchen wir Vereinbarungen über unsere sexuellen Grenzen? Wenn wir dazu tendieren Sex zu vermeiden, können wir Vereinbarungen über den Austausch von Zärtlichkeiten aufnehmen? Wir brauchen eventuell Abmachungen darüber, wie oft wir Sex haben, wer die Initiative ergreift usw.

„Ich bin einverstanden, mindestens einmal in der Woche spontan, spielerisch und mit Freude Sex einzuleiten, damit Jimmy weiß, dass er mir wichtig ist und ich nicht nur etwas mitmache, weil er es will."

Zitate aus Sexualitätsverträgen

Ziel dieser Vereinbarung ist es, Maßnahmen und Aktivitäten zu finden und zu planen, die wir mit- oder füreinander tun können, um unsere Liebe zueinander zu stärken. Wir vereinbaren in jedem Monat mindestens eine „Date" (Verabredung) miteinander, eine tagsüber und eine abends.

Beispiele für Dates am Tag oder am Abend:

- Spaziergang in der Natur

- Romantisches Vorspiel und Sex

- Ein Essen in einem neuen Restaurant

- Gemeinsam einen Film oder ein Video anschauen

Wir vereinbaren außerdem, dass wir uns mindestens zweimal im Monat Zeit nehmen, um über unsere Gefühle und unser Sexualleben zu sprechen und darüber, wie wir unsere Intimität verbessern können.

Finanzen

Durch die folgenden Fragen wird klar, warum es viele Paare nützlich fanden, für die jeweiligen Situationen ihre Verantwortlichkeiten und Grenzen in einem Vertrag zu klären. Wie gingen wir damit um, als ein Partner finanziell vom Anderen abhängig war? Oder als beide Partner Geld verdienten und es teilten? Welches Verhalten war Anzeichen für ungesunde Abhängigkeiten, Verwicklungen und Machtkämpfe? Nach welchem Muster haben wir Geld ausgegeben? Nach welchem Muster haben wir gespart? Haben wir einen Haushaltsplan? Haben wir darüber nachgedacht, zu einem Finanzberater zu gehen?

Muster-Finanzvertrag

Ziel unseres Finanzvertrages ist es, uns einen sicheren und liebevollen Rahmen zu geben, in dem wir unsere Finanzen nüchtern besprechen können.

- Wir vereinbaren, regelmäßig abends gemeinsam zu beten und unsere Dankbarkeit auszudrücken für die Fülle die wir teilen dürfen. Wir geben unsere finanziellen Sorgen an unsere Höhere Macht ab und bitten unsere Höhere Macht, alles zu beseitigen, was uns daran hindert uns finanziell sicher zu fühlen.

- Wir vereinbaren unser Konto nie mehr als sieben Tagen zu überziehen.

- Wir vereinbaren keine finanziellen Belastungen aufzunehmen, ohne dass wir beide damit einverstanden sind.

- Wir vereinbaren, diese Vereinbarung jeden Montagabend gemeinsam zu überprüfen.

- Kein Partner wird mehr als 200 € ausgeben, ohne die Ausgabe mit dem Anderen zu besprechen.

Aufteilung der Hausarbeit

Die folgenden Fragen haben wir bei der Gestaltung des Vertrags über die Aufteilung der Hausarbeit berücksichtigt. Welchen Einfluss hat es auf die Verteilung der Hausarbeit, wenn beide Partner berufstätig sind und außer Haus arbeiten? Wenn nur einer außer Haus arbeitet? Wenn beide Partner nicht arbeiten? Haben wir das Gefühl, dass die Arbeit gerecht aufgeteilt ist?

Verträge sind besonders hilfreich beim Festlegen von Verantwortlichkeiten in der Arbeitsverteilung. Eine Liste oder ein Plan mit den Aufgaben für jedes Familienmitglied kann dabei nützlich sein. Dadurch übernimmt nicht einer der Partner alleine die ganze Last der Haushaltsverantwortung.

Kommunikation

Wie sprechen wir miteinander? Sind wir respektvoll, sarkastisch oder grob? Beschimpfen wir einander, schmeißen mit Gegenständen um uns, schreien uns an oder werfen dem Anderen Dinge von vor einem halben Jahr vor? Wir raten euch, einen Blick in den Sicherheitsleitfaden zu werfen, wo ihr Anleitungen für die Struktur eures Vertrags über Gesprächsführung findet. Die Verwendung von Ich-Botschaften kann den Partnern helfen, ihre Gefühle auf gesunde Weise, ohne Vorwürfe, mitzuteilen (z. B. „Ich werde wütend, wenn du...", „Ich bin traurig...", „Ich bin deprimiert..." oder „Ich fühle mich einsam..." anstelle von „Du hast...getan", „Du hast...gesagt", „Immer hast du..." und „Du machst mich...".) Das hilft jedem von uns, Verantwortung für sich zu übernehmen und Schuldzuweisungen zu vermeiden.

Freizeit und Erholung

Wie haben wir zusammen gespielt? Ist es uns wichtig, uns Zeit zum Entspannen und Spielen zu nehmen? Vielleicht haben wir als Paar das Spielerische verloren? Fühlen wir uns schuldig, wenn wir Zeit mit Vergnügungen verbringen? Warum ist es manchmal so schwer, Spaß zu haben? Ein Freizeitvertrag unterstützt Paare dabei, eine Auszeit zu nehmen und zusammen Spaß zu haben. Manche Paare planen einen „Date-Abend" oder eine bestimmte Zeit, die sie gerne mit der Familie verbringen. Andere Familien machen Spieleabende. Das kann ein geeigneter Weg sein, um gute Alternativen zu Fernsehen, Computer, häuslichen Pflichten, Kinderbetreuung, Sportveranstaltungen und Ähnlichem zu finden.

Elternschaft

Wer ist für die Kinder verantwortlich und wann? Sind wir uns darüber einig, wie mehr oder weniger streng wir unsere Kinder erziehen wollen und welche Werte wir an sie weitergeben wollen? Besprechen wir im Vorfeld die Konsequenzen von Handlungen und richten uns danach? Wie haben uns unsere Elternrollen verunsichert? Haben wir zugelassen, dass unsere Kinder einen Keil zwischen uns treiben können, um so ihren Willen zu bekommen? Oder haben wir Einigkeit in Erziehungsfragen bewahrt? Ein Vertrag kann bei der Beschreibung unserer Rollen als Eltern hilfreich sein. Weiterhin kann es nützlich sein, die Kinder in den Vertrag einzubeziehen, damit sie die Regeln und ihren Anteil daran verstehen. Dabei sind Treffen mit der ganzen Familie empfehlenswert, weil wir dann sowohl die Regeln als auch die Konsequenzen bei deren Missachtung besprechen können.

Streiten

Wie streiten wir? Sind wir respektvoll oder müssen wir um jeden Preis gewinnen? Konflikte sind gesund und ein wichtiger Teil von Intimität. Wenn wir aber *unfair* streiten, laufen wir Gefahr unsere Intimität zu verlieren, Groll hervorzurufen und setzen unsere Beziehung aufs Spiel.

Verträge über das Streiten sehen bei jedem Paar anders aus und basieren auf den Erfahrungen, welche wir als Paar gemacht haben. Wenn wir z.B. als eines unserer Muster erkannt haben, dass „wir immer nach 23 Uhr unfair streiten, weil wir einfach zu müde für faires Streiten sind", dann könnte in unserem Vertrag über faires Streiten stehen: „Nach 23 Uhr fangen wir keine Diskussionen an". Wir vereinbaren vielleicht, dass wir nicht im Auto streiten, nicht vor den Kindern etc.

Hier sind einige allgemeine Regeln, die viele Paare angewendet haben:

- Damit eine konstruktive Auseinandersetzung stattfinden kann, müssen sich beide Partner darüber einig sein, dass es tatsächlich einen Konflikt in einer Angelegenheit gibt. Sie vereinbaren eine passende Zeit und einen geeigneten Ort, um den Konflikt zu besprechen. Wenn sich beide über Zeitpunkt und Ort einig sind treten alle anderen Regeln zum "fairen Streiten" in Kraft.

- Wir beschimpfen oder beschämen den Partner nicht, wir zerstören nichts, benutzen keine Schimpfwörter und machen keine Vorwürfe.

- Wir benutzen "Ich"-Botschaften, um unsere Bedürfnisse, Gefühle und Grenzen auszudrücken.

- Wir setzen einen zeitlichen Rahmen. Wenn die Zeit vorbei ist, vereinbaren wir einen neuen Termin, um die Auseinandersetzung fortzusetzen. Wir können "Auszeiten" nehmen oder Pausen machen.

- Wir vereinbaren, dass wir dramatische Abgänge unterlassen und den anderen bzw. die andere nicht körperlich angreifen.

- Wir vereinbaren, nicht mit Scheidung oder dauerhafter Trennung zu drohen.

- Wenn einer von uns eine Auszeit braucht, um die eigenen Gefühle zu spüren, über etwas nachzudenken oder ein Gefühl der Sicherheit zu bekommen, können wir sagen "Ich will nicht aus der Partnerschaft ausbrechen oder dem Gespräch ausweichen, aber ich brauche eine Pause und komme danach zurück. Bist du einverstanden, dass wir uns in einer Stunde (oder morgen früh etc.) wieder treffen?"

Wenn wir nicht wissen wie Streiten geht oder Konflikten am liebsten ganz aus dem Weg gehen, vereinbaren wir, dass wir unsere Gefühle, z. B. Wut, ehrlich teilen, selbst wenn das nur eine kurze Aussage und keine lange Aussprache bedeutet. Wenn wir alleine nicht fair miteinander streiten können oder Angst vor Konfrontationen haben, besprechen wir unsere Unstimmigkeiten nur in Gegenwart unserer RCA-Sponsoren oder unseres Paartherapeuten.

Die Regeln sind je nach Vorgeschichte der jeweiligen Beziehung unterschiedlich. Sie mögen zunächst einengend oder umständlich wirken. Doch wir haben festgestellt, dass wir uns zwar in den ersten Monaten sehr bemühen mussten, diese Regeln einzuhalten, sie aber im Laufe der Zeit automatisch anwandten, weil sie unser altes Verhalten ersetzt hatten und zur Routine geworden waren. Das Ziel ist, Ärger auf gesunde Weise ausdrücken und anhören zu können. Wir haben die Fähigkeit, Konflikte zu lösen und fair zu streiten, als großes Geschenk der Nähe zueinander erfahren. In unseren Verträgen über das Streiten benutzen wir eindeutig formulierte Vereinbarungen und bitten unsere RCA-Sponsoren, sie zu bezeugen.

Einen Vertrag über faires Streiten verfassen

Bevor wir einen Vertrag über faires Streiten erstellen können, sollten wir uns anschauen, auf welche Weise wir nicht wirklich respektvoll und gesund kommuniziert haben. Wir empfehlen, dass jeder von euch die ungesunden, respektlosen Verhaltensweisen, die er oder sie in der Vergangenheit an den Tag gelegt hat, in einer Liste zusammenstellt. Dazu gehören: selbstgerecht sein, andere herabsetzen, beschimpfen, anschreien, schlagen, drohen Schluss zu machen, den Partner mit verletzenden Bemerkungen kränken. Dies sind ein paar Beispiele ungesunden Verhaltens, die du vielleicht auf deine Liste schreiben magst. Jeder sollte eine eigene Liste machen.

Während jeder von uns diese Liste erstellt ist es hilfreich, auf die aufkommenden Gefühle zu achten. Spüren wir Angst, Beunruhigung oder Scham, wenn wir uns an diese Verhaltensweisen erinnern? Solche negativen Gefühle können uns vor Augen führen, dass wir unsere eigenen moralischen Werte verletzen, wenn wir diese Verhaltensweisen ausüben, die ganz sicher auch für unsere Beziehung nicht hilfreich sind. Die Gefühle wahrzunehmen kann uns helfen, die Notwendigkeit einer Veränderung zu erkennen. Sind wir die Vorbilder für unsere Kinder, die wir sein wollen?

Nachdem jede individuelle Liste fertig ist, empfehlen wir euch, beide anzusehen und darüber nachzudenken, welche Art respektvollen Verhaltens für eure Paarbeziehung und eure Familie hilfreicher wäre.

Nachdem ihr die gemeinsame Liste durchgesehen habt, versucht eine Liste mit gesunden, respektvollen Verhaltensweisen zu erstellen. Das Verfassen eines Vertrags über faires Streiten dient unter anderem dazu, dass sich jeder während eines Konflikts sicher fühlt. Wenn beide sich auf die respektvollen Verhaltensweisen auf der Liste einigen, werden sie in der Lage sein, bei einer Auseinandersetzung sich wirklich auf den Inhalt zu konzentrieren. Wir legen Paaren dringend nahe, diese Übung mit ihrem Sponsorpaar oder Berater/Therapeutin zu machen. Wenn wir uns sicher fühlen, sind wir möglicherweise eher bereit, unsere Gefühle oder Wünsche gegenüber dem Partner zu äußern. Manche Paare entscheiden sich vielleicht dafür, ihre Wut, Frustration oder andere Gefühle nicht auszusprechen, aus Angst, damit in einen hitzigen Streit zu geraten. Doch wenn wir mit unseren Partnern nicht über unsere Gefühle sprechen, enden wir möglicherweise darin, uns voneinander zu entfremden und unsere Intimität zu opfern.

Nachdem der Vertrag fertiggestellt ist, muss das Paar ihm zustimmen, damit er funktioniert. Wenn sich nicht beide Partner verpflichten, den Vertrag zu befolgen, wird sich das Verhalten nicht ändern, so dass der Vertrag sinnlos wäre. Gewohnte Verhaltensweisen sind sehr schwer zu ändern. Wichtig ist die Bereitschaft, es zu versuchen. Die bewusste Wahrnehmung unseres Verhaltens ist ein Anfang und wenn wir dann in alte Verhaltensweisen zurückfallen, können wir uns entschuldigen, tief Luft holen und erneut versuchen, ein gesundes Verhalten anzunehmen. Mit der Zeit fällt es immer leichter, wenn das neue Verhalten mehr und mehr zur Normalität wird. Anfangs mag es merkwürdig erscheinen, Ich-Botschaften aus dem Sicherheitsleitfaden zu verwenden, aber irgendwann ist das die normale Art, unsere Gefühle auszudrücken. Allmählich ersetzen die neuen Verhaltensweisen die alten, ungesunden.

Im Laufe der Zeit kann der Vertrag ergänzt oder verändert werden, wenn z.B. die Kinder heranwachsen, der Gesundheitszustand sich verändert oder die Paargenesung den Partnern mehr Selbsterkenntnis und persönliches Wachstum ermöglicht hat. Manche Paare haben mehr als einen Vertrag. Sie haben einen für Konflikte, einen für Intimität und einen Familienvertrag, der ihre Kinder beim Thema Erziehung mit einbezieht. Der Vertrag hat auch symbolische Wirkung und erinnert die Partner an ihr Versprechen, gesündere Entscheidungen zu treffen, um ihre Partnerschaft zu verbessern.

Beispielvertrag für faires Streiten

Ein Vertrag über faires Streiten kann in etwa so aussehen:

Ziel dieser Vereinbarung ist es, für Zeiten, in denen wir einen Streit austragen, einen sicheren und vertrauten Rahmen zu schaffen. Diese Leitlinien und Grenzen für „faires Streiten" sollen uns helfen, unsere Gefühle auf gesunde Weise auszudrücken und sicherzustellen, dass jeder Partner gehört wird.

1. Wir sind uns einig, dass wir Verbündete sind und am selben Strang ziehen.

2. Wir vereinbaren, diese Vereinbarung häufig zu überprüfen.

3. Wir sind beide bereit, diese Vereinbarung einzuhalten.

4. Am Anfang lesen wir den RCA-Sicherheitsleitfaden.

5. Wenn einer von uns eine „Auszeit" braucht, um sich zu beruhigen, vereinbaren wir *im Voraus*, dass die erste Auszeit eine begrenzte Dauer (z.B. 15-30 Minuten) haben wird. Die Person, die die Auszeit braucht, sagt so etwas wie „Ich brauche eine Auszeit von einer Viertelstunde. Ich will nicht unsere Beziehung beenden, ich brauche nur etwas Zeit, um mich zu beruhigen." Bei Bedarf kann um mehr Zeit gebeten werden.

6. Wir vereinbaren, Aussprachen über hochemotionale Themen auf 20 Minuten zu begrenzen. Wenn die Zeit vorbei ist, legen wir fest, wann wir das Thema zu Ende besprechen. Wir werden nicht versuchen, vor 9 Uhr oder nach 21 Uhr hochemotionale Themen zu besprechen.

7. Wir vereinbaren, einander nicht zu beschimpfen, zu beschämen, keine beleidigende Sprache zu benutzen oder uns gegenseitig Vorwürfe zu machen.

8. Wir vereinbaren, dass wir weder körperlichen noch emotionalen Missbrauch ausüben. Darunter fallen u.a. Schubsen, Schlagen, Türen zuknallen oder mit Gegenständen werfen. Wir wollen auch nicht auf bedrohliche Verhaltensweisen zurückgreifen, von denen wir wissen, dass sie unserem Partner Angst machen, wie z.B. mit Verlassen oder Ausziehen drohen. Wenn einer von uns beiden aufgrund des Konflikts Angst vor dem Anderen bekommt, wollen wir diese Gefühle ehrlich äußern. Danach werden wir die Aussprache erst fortsetzen, wenn beide Partner sich sicher fühlen, z.B. bei einem Treffen mit unseren Sponsoren.

9. Wir vereinbaren, klar zu benennen, um welches Problem es geht und uns in der Diskussion auf dieses Thema zu konzentrieren.

10. Wir vereinbaren, in den folgenden Situationen nicht zu versuchen, einen Konflikt zu lösen oder Streit anzufangen: beim Autofahren; im Bett; während eines Arbeitstags bzw. auf der Arbeit; wenn die Gefahr besteht, dass Feindseligkeit eskaliert; und/oder wenn einer der Partner sich angeschlagen, verletzlich, müde, hungrig oder der Aufgabe nicht gewachsen fühlt.

11. Wir vereinbaren außerdem, dass wir nicht versuchen, Konflikte in der Öffentlichkeit oder im Kreis der Familie auszutragen.

12. Wir vereinbaren, unser Sponsorpaar oder ein anderes Paar zu Hilfe zu rufen, wenn einer von uns sich nicht in der Lage fühlt, beim Versuch der Konfliktlösung respektvoll zu bleiben.

Diese Vereinbarung treffen wir bereitwillig und in Liebe:

Partnerin   _____

Partner   _____

Datum   _____

Sponsorin   _____

Sponsor   _____

Datum   _____

Notizen

FSC
www.fsc.org
MIX
Papier | Fördert
gute Waldnutzung
FSC® C083411

Zeitfracht Medien GmbH
Ferdinand-Jühlke-Straße 7
99095 Erfurt, Deutschland
produktsicherheit@kolibri360.de